D1574127

Erwin Born
Die Kunst zu Drechseln

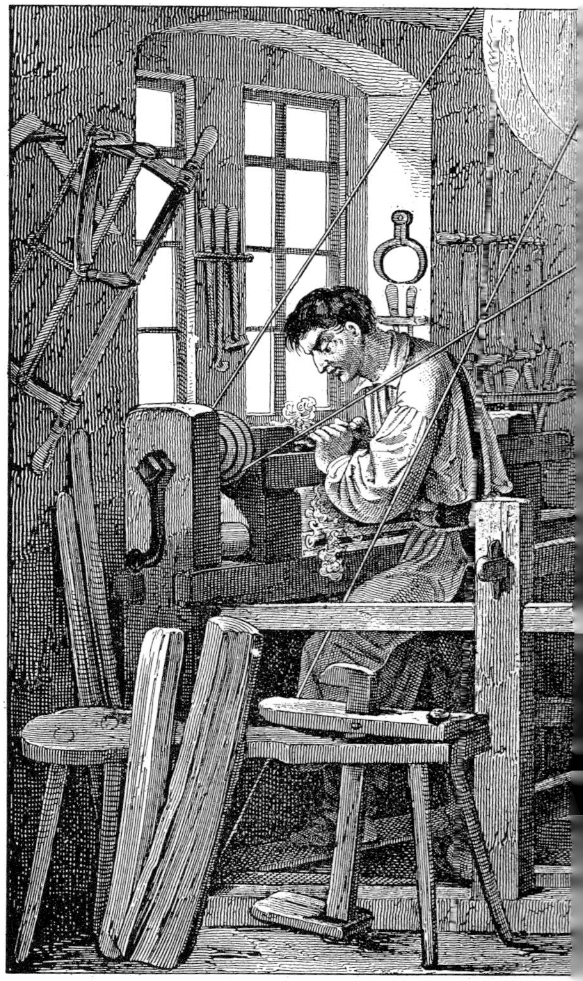

Erwin Born

Die Kunst zu Drechseln

Entwurf · Ausführung · Beispiele

Verlag Georg D. W. Callwey, München

Zu den Bildunterschriften:
Die Beschreibung der Objekte erfolgt von oben nach unten (v.o.n.u.) und von links nach rechts (v.l.n.r.).

Abkürzungen:
- B *Breite*
- D *Durchmesser*
- H *Höhe*
- L *Länge*
- R *Radius*
- T *Tiefe*

- D. *Drittel*
- H. *Hälfte*
- Jh. *Jahrhundert*
- Kr. *Kreis*
- Lkr. *Landkreis*
- V. *Viertel*

Zu Seite 2:
1 Der Drechsler, Lithographie von G. M. Kirn, um 1835

CIP-Kurztitelaufnahme der Deutschen Bibliothek
Die Kunst zu Drechseln: Entwurf, Ausführung, Beispiele /
Erwin Born. – München: Callwey, 1983.
ISBN 3 7667 0662 4
NE: Born, Erwin (Bearb.)

© 1983 by Verlag Georg D. W. Callwey, München
Alle Rechte vorbehalten, auch die des auszugsweisen Abdruckes,
der photomechanischen Wiedergabe und der Übersetzung
Schutzumschlaggestaltung Baur + Belli Design, München,
unter Verwendung der Abbildungen 146 und 262
Herstellung Heide Hohendahl
Satz, Montage und Druck Kastner & Callwey, München
Lithos Brend'amour, Simhart GmbH & Co., München, und
Eurocrom, Villorba/Italien
Bindung Hans Klotz Verlagsbuchbinderei GmbH, Augsburg
Printed in Germany
ISBN 3 7667 0662 4

Einführung 7	Aus der Geschichte des kunsthandwerklichen Drechselns 7	
	Zur Geschichte der Möbel und Geräte mit gedrechselten Konstruktionselementen 8	
	Bäuerliches Holzgerät 11	
	Musikinstrumente 11	
	Kunstdrechslerei 11	
Bildteil 13	Geräte und Hausrat 13	
	Musikinstrumente 69	
	Spielzeug 72	
	Kunsthandwerkliche Drechselarbeiten 77	
	Technisches Gerät 78	
	Gedrechselte Konstruktionselemente an Bauwerken 84	
	Gedrechselte Konstruktionselemente im Innenausbau 92	
	Kleinmöbel 98	
	Möbel mit gedrechselten Konstruktionselementen 113	
	Zierteile an Möbeln 154	
Hauptteil 157	Berufsbild des Drechslers 157	
	Entwerfen, Anfertigen und Lesen von Zeichnungen 158	
	Unfallverhütung 164	
	Die Werkstatt 164	
	Die elektrische Anlage in der Drechslerwerkstatt 165	
	Beschaffung, Lagerung und Trocknung der Werk- und Hilfsstoffe 166	
	Hilfsmaschinen 167	
	Drechselmaschinen 172	
	Werkzeuge 172	
	Überblick 172	
	Schärfen der Werkzeuge 174	
	Meß- und Prüfwerkzeuge 174	
	Pflege der Werkzeuge 176	
	Werkstoffe 176	
	Holzarten und ihre Verwendung 178	
	Oberflächenbehandlung 178	
	Auffassungen und Fragen zur künstlerischen Gestaltung gedrechselter Gegenstände 180	
	Vorbereitung der Werkstoffe zum Drechseln 181	
	Spannen und Befestigen des Werkstücks 183	
	Einführung in das Drechseln an der Drechselmaschine 186	
	Arbeitsvorgang und Technik des Runddrechselns: Das Langholz-, Querholz- und Freidrechseln 186	
	Schablonen- und Automatendrehen in Holz 188	
Zeichnungen 189	Geräte und Hausrat 189	
	Gedrechselte Konstruktionselemente an Bauwerken und im Innenausbau 191	
	Kleinmöbel 196	
	Möbel mit gedrechselten Konstruktionselementen 199	
Anhang 205	Dank 205	
	Glossar 206	
	Literatur 209	
	Register 210	
	Standortverzeichnis 211	

Einführung

Dieses Buch soll dem Fachmann neue Anregungen geben und dem Freizeithandwerker zur Einweisung in die Drechslerkunst dienen. Weiter beabsichtigt es, den Kunsthistoriker und Lehrer zu informieren, den Liebhaber von Möbeln und Geräten mit gedrechselten Konstruktionselementen zu erfreuen und dem Schreiner, Zimmermann und Architekten verschiedenartige Ideen zu vermitteln.

Die in den letzten Jahren erschienenen Fachbücher für Drechsler beinhalten detailliertes Fachwissen, dieses Buch dagegen erhebt nicht den Anspruch auf ausführliche und lückenlose Darstellung der Fachtheorie für Drechsler, sondern es enthält einen technischen Teil mit wesentlichen Erklärungen, bildlichen und zeichnerischen Darstellungen und eine Bildsammlung schöner alter Drechslerarbeiten, vornehmlich in Holz.

Doch auch Erzeugnisse aus jüngster Zeit in modernen Formen und Inhalten finden Eingang in unsere Auswahl.

In den theoretischen Erörterungen ist auf eine klare sprachliche Darstellung des Wesentlichen Wert gelegt worden.

Das Buch gibt einen Überblick der Drechslerkunst sowohl in Herstellung als auch im Arbeitsergebnis. Wer sich mit den besonderen Techniken und speziellen Arbeitsabläufen intensiver beschäftigen möchte, kann zur reinen Fachliteratur greifen, die am Schluß unseres Buches angeführt ist.

Aus der Geschichte des kunsthandwerklichen Drechselns

In welchem Kulturkreis unserer Erde das Kunsthandwerk des Drechselns seinen Ursprung hatte, ist wissenschaftlich nicht erwiesen. Älteste Überlieferungen von Darstellungen auf Steinreliefs ägyptischer Grabdenkmäler zeigen uns, daß bereits in vorgeschichtlicher Zeit mit dem Fiedelbohrer (Feuerquirl) Arbeiten der Dreh- oder Drechselkunst in Stein und Holz gemacht worden sind.

Durch Drechseln konnte man ein eckiges Werkstück aus Holz oder Elfenbein rund drehen. Dieses wurde erreicht, indem man an das rotierende Werkstück Schneidwerkzeuge in Form scharfer Meißel heranführte und durch Schaben oder Schneiden feine Späne abhob.

Bereits um 1200 vor unserer Zeitrechnung soll man nach F.M. Feldhaus eine primitive Universal-Werkzeugmaschine gekannt haben, an der auch gedrechselt werden konnte. Die Drehbewegung erreichte man durch eine um das Werkstück geschlungene Schnur, die hin- und hergezogen wurde.

Vom 13. Jahrhundert an verwendete man die Fußdrehbank, vergleichbar dem Fußantrieb vom Trittwebstuhl und Spinnrad.

Die Fußdrehbank mit Wippe, auch Wippdrehbank genannt, war mit einer galgenartig gelagerten Prellstange versehen. Der Antrieb erfolgte durch eine Schnur, die um die Schnurrolle mit Werkstück geschlungen wurde. Die durch den Fußantritt gespannte Wippe bewirkte durch ihre federnde Kraft eine gegenläufige Bewegung der Welle, so daß die Werkzeuge des Drechslers nur angesetzt werden konnten, wenn sich die Welle zum Drechsler hin bewegte.

Erst die um 1500 entwickelte Konstruktion Leonardo da Vincis – eine Fußdrehbank mit verkröpfter Welle – bewirkte eine fortlaufende Drehung des Werkstücks. Weitere Entwicklungen der Drehbank vollzogen sich in Frankreich, England, Italien und im deutschsprachigen Raum.

Durch Einführung des Schwungrades und Transmissionen wurde der Antrieb erleichtert. Der in der Eisentechnik entwickelte Support ermöglichte ein sicheres Heranführen des Werkzeugs an das Werkstück.

Doch erst im 20. Jahrhundert fand die motorische Kraft Eingang in die Drechslerwerkstätten. Jetzt wurde die Ende des 19. und Anfang des 20. Jahrhunderts vorherrschende Holzdrehbank von der eisernen Drehbank mit Vorgelege für Transmissionsantrieb abgelöst.

Die nahezu vollkommene Drehmaschine mit Elektromotorantrieb, mühelos verstellbaren Tourenzahlen, idealen Befestigungsmöglichkeiten und automatischer Herstellung bereits geschliffener Drehteile – wie wir sie heute kennen – benötigte eine Entwicklungszeit von etwa 90 Jahren (Rodekamp, S. 40).

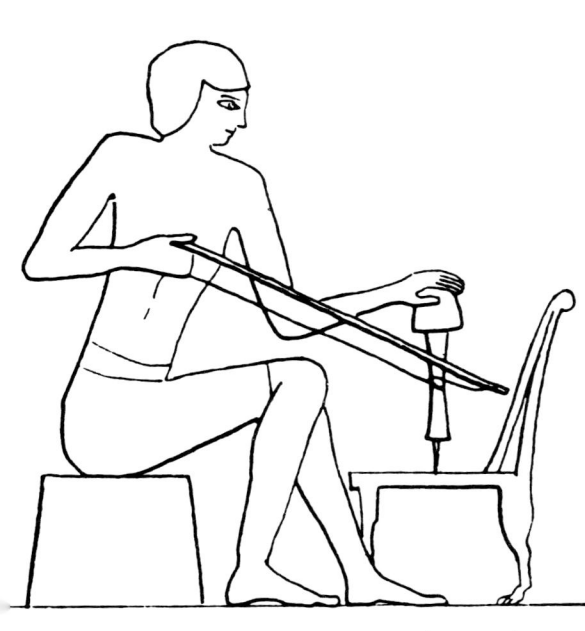

2 Darstellung eines Bohrvorgangs (Drehen) mit dem Fiedelbohrer, um 1400–1300 v. Chr.

Zur Geschichte der Möbel und Geräte mit gedrechselten Konstruktionselementen

Bereits in frühgeschichtlicher Zeit waren die Holzmöbel mit gedrechselten Konstruktionselementen in gehobenem Gebrauch. Nach Heinrich Kreisel hat man schon in der Antike Betten mit gedrechselten Füßen nachgewiesen.

In den »Beiträgen zur Geschichte des Herrschersitzes im Mittelalter« zeigt Horst Appuhn Abbildungen, aus denen man den frühen Ursprung von Möbeln mit gedrechselten Pfosten und Docken ersehen kann. So sieht man an einem Relief am Westlettner im Dom zu Naumburg (um 1250) Pilatus auf einem gedrechselten Richterstuhl sitzen. Ebenso zeigt ein Relief am Taufstein aus Dortmund-Aplerbeck (gegen 1200) Joseph in erhabener Sitzhaltung auf einem gedrechselten Stuhl.

Nach den Ausgrabungsfunden unter dem Kölner Dom hat Otto von Doppelfeld 1959 einen hölzernen Stuhl und eine Liege (Bett) eines fränkischen Prinzen aus dem 6. Jahrhundert rekonstruiert. An beiden Gebrauchsmöbeln waren gedrechselte Teile. Nicht die Kistler, sondern die Drechsler sind nach urkundlicher Überlieferung des Mittelalters die Handwerker, die sich in frühester Zeit mit der Herstellung der Möbel befaßten und auch als erste Möbelhandwerker einen genossenschaftlichen Zusammenschluß bildeten.

Weiteres Zeugnis alter Drechslerkunst legt der um 1200 entstandene niedersächsische Kastenthron ab. Dieses bewegliche Gebrauchsmöbel ist zu einem Chorpult umgebaut worden und befindet sich im Kloster Isenhagen (Lüneburger Heide). Mit reichem gedrechseltem Schmuck versehen sind auch ein Stuhl in Husaby (Schweden), um 1100, und eine Thronbank in der Kirche Alt-Upsala (Schweden), um 1160.

Zu den Seltenheiten in Deutschland zählen zweifellos die Chorbank (um 1100) aus der Klosterkirche Alpirsbach (Schwarzwald) und eine Schöffenbank (um 1300) aus dem alten Berliner Rathaus, welche im Märkischen Museum Berlin aufbewahrt wird.

Holzschalen, Dosen, Schüsseln, Kannen, Feldflaschen und Leuchter waren Gebrauchsgegenstände, welche bei Ausgrabungen von Oberflacht (Württemberg) in einer alemannischen Totenbettstatt (6. bis 7. Jahrhundert n. Chr.) gefunden worden sind. Aus der Rekonstruktion dieser aus gedrechselten Pfosten, Docken und Sprossen zusammengesetzten Totenbettstatt kann man ersehen, in welcher Gestaltungsvielfalt der Drechsler mit seinen primitiven Hilfsgeräten arbeiten konnte.

An vereinzelt erhaltenen Reliquienschränken aus dem späten 13. Jahrhundert beobachtet man bei den meist zweitürigen Fassaden dreipaßförmige Bögen auf gedrechselten frühgotischen Säulchen (Kreisel I).

Leider sind aus der Zeit der Romanik und der Frühgotik nur wenige Möbel und Gebrauchsgeräte mit gedrechselten Konstruktionselementen erhalten geblieben, doch dürfen wir aus den vorhandenen Fragmenten durchaus auf eine große Vielfalt der Drechslerkunst, auch in dieser Zeit, schließen.

Wohl erst Ende des 15. Jahrhunderts sind die sogenannten Stollenbettstätten mit zum Teil gedrechselten Baldachinstützen für den »Himmel« konstruiert worden. Als Sitzmöbel hat der Dreipfostenstuhl seit der Spätgotik bis ins 19. Jahrhundert seine Beliebtheit behalten.

Der Tisch war im 15. Jahrhundert noch ein recht primitives Möbelstück. Er bestand aus zwei Böcken, über die man Bretter legte und diese mit einem Tafeltuch abdeckte. Nach Gebrauch räumte man Geschirr und Tisch beiseite. Doch auch unter diesen einfachen Möbelstücken fand man gedrechselte Bockgestelle.

Die Vielseitigkeit des uralten Drechslerhandwerks beweist auch der Fund hölzerner Nietbrillen aus Buchsbaum- und Lindenholz im Kloster Wienhausen bei Celle. Horst Appuhn fand diese Brillengestelle und konnte sie dem 13. bis 14. Jahrhundert zuordnen, Günter Clauser hat sie auf der Drechselbank rekonstruiert. Nach recht einleuchtenden Überlegungen kommt Clauser zu dem Schluß, daß die ältesten Brillen auf der Wippdrehbank in Klosterwerkstätten gedrechselt worden sind.

Bereits im 14. Jahrhundert erfolgte eine Verzweigung der Holzhandwerker in Drechsler und Stuhlmacher, Zimmerer und Bauzimmerer, Schreiner oder Kistler, Schnitzer und Holzbildhauer. Nachweislich hatten die Drechsler zu dieser Zeit in Hamburg als die ältesten Möbelbauer eine eigene Zunft. Durch die Blüte des Handels Anfang des 15. Jahrhunderts konnte sich das Handwerk rasch entwickeln.

Zu Beginn der Renaissance erfährt das Möbel in allen Ländern Europas, besonders in den Häusern der Oberschicht, eine hohe Wertschätzung.

3 Alte Drechselbank
Hersbruck, Deutsches Hirtenmuseum

4 Drechsler bei der Arbeit, Hariput/Pakistan, 1955

Bis dahin bestand das Mobiliar meist aus Sitz- und Liegemöbeln, sowie zur Aufbewahrung des Hausrats aus Eichen- oder Nadelhölzern gefertigten Truhen und Truhenbänken.

Mit zunehmendem Wohlstand wurden auch die Wohnräume mit beweglichen Schränken ausgestattet, die bislang nur in Kirchen eingebaut waren und zur Aufbewahrung liturgischer Geräte und Gewänder dienten.

Die Drechsler waren die gefragten Kunsthandwerker, und ihr Handwerk gelangte zu hohem Ansehen. In der ersten Hälfte des 17. Jahrhunderts war es Herzog Maximilian I. von Bayern, der als Kunstliebhaber den aus Weilheim stammenden Drechsler, Elfenbeinschnitzer und Kunstschreiner Christoph Angermair zum »Hofdrechsler« bestellt hatte. Außer Angermair werden der Augsburger Ebenholzkistler Jakob Schaur und der Nürnberger Kunstdrechsler Lorenz Zick hervorgehoben, der oval, gewunden und auch geflammt zu drehen vermochte. Mit Stolz erfüllt es die Drechsler, daß Herzog Kurfürst Maximilian I. von Bayern, der Erzherzog Karl von Österreich und Kaiser Ferdinand II.

das Drechslerhandwerk erlernten und Kunstdrechselarbeiten ausführten.

An der Möbelherstellung waren nun viele Holzhandwerker beteiligt. Kunstschreiner, Holzbildhauer, Schnitzer, Elfenbein- und Holzdrechsler fertigten nach eigenen Entwürfen und im Auftrag von Architekten und Baumeistern die erlesensten Möbel, an welchen wir uns heute zum Teil noch erfreuen können. Gedrechselte Konstruktionselemente integrierte man in die Entwürfe für fast alle Möbel. Am Kastenmöbel wurden gerillte, gewundene und geflammte Säulen vorgestellt oder als Halb- und Dreiviertelsäulen angesetzt. Die Lisenen an Truhen und Truhenbänken erhielten kunstvoll gedrechselte Halbsäulen.

Tischbeine wurden in verschiedenen Dicken in gedrungenen Balusterformen gedrechselt und mit Kannelüren versehen.

Die Vielfalt der Konstruktionsmöglichkeiten zeigte man durch kugelige oder länglich sich verjüngende Rundungen, die in verschieden breiten Ringen als Hohlkehlen, als Rundstäbe – durch schmale Platten unterbrochen – oder als Karnies die Form bereicherten.

Mitte des 17. Jahrhunderts (Kreisel I) hat man Säulen für Tischbeine spiralförmig (gewunden) in einfachem, doppeltem und mehrfachem Wund hergestellt. Seltener fand man geflammte Säulen, da diese kunstvolle Technik nur wenige Drechsler beherrschten. Die Einrichtung in reichen Bürgerhäusern zeigte in der zweiten Hälfte des 17. Jahrhunderts ein Übermaß an Möbeln und Gebrauchsgeräten mit eben diesen kunstvoll gedrechselten Säulen.

Außer den Prunkbetten mit Balustersäulen des Baldachins fanden Kleinmöbel wie Leuchtertische (Gueridons) mit gewundenen Säulen großen Anklang.

An den Sitzmöbeln wurden die Pfosten und Verstrebungen mit mehrfachem Wund gedrechselt. Auch auf die Auswahl der Holzart wurde mehr Wert gelegt, so daß ab 1660 bereits die Sessel- und Stuhlbeine aus Nußholz gedrechselt wurden. Beim Hausrat waren nicht nur Zweckmäßigkeit, sondern auch Formgefälligkeit gefragt. Wäschetrockner, Leinen- und Wäschepressen stellte man auf schön gedrechselte Beine, so daß diese als Möbelstücke durchaus in einer »guten Stube« ihren Platz behaupten konnten.

Spinnräder und Garnhaspeln wurden immer häufiger kunstvoll gedrechselt und zählen heute in den Museen zu gern betrachteten Geräten.

Trotz Verzweigung der Handwerksberufe fand man Kunsthandwerker, die schreinern und drechseln konnten. Als noch die Schnitzer und Holzbildhauer zur gegenseitigen Befruchtung der Ideen im Möbelbau beitrugen, entstanden einzigartige Möbel-Kunstwerke. Ein Augsburger Kabinettschrank wurde zu Beginn des Dreißigjährigen Krieges für etwa 6000 Gulden gehandelt und übertraf damit schon den damaligen Preis für ein wertvolles Gemälde.

Zu Beginn des 17. Jahrhunderts hat der Baudrechsler zusammen mit dem Zimmermann den reichen Fassadenschmuck der Häuser wesentlich mitgestaltet. Die weit auskragenden Dachvorsprünge am Giebel des Hauses sind durch Zierbinder verstärkt und die Giebelspitzen mit sogenannten Krönungen versehen worden. An Gaupen und Vordächern führte man Hängesäulen über den First und ließ diese als Krönung enden. Die gedrechselten und teilweise geschnitzten Hängesäulen wurden aus wetterbeständigem Eichenholz ausgeführt.

Für Abschlüsse von Balkons, Veranden, Emporen und Treppenplätzen wählte man Brüstungen aus Balustern oder Docken in recht aufwendigen Konstruktionen. Neben der Reihung von Balustern ist die Brüstung, also Schwelle und Brüstungsholz, durch kleine Pfosten verbunden worden. Für die entstandenen quadratischen oder rechteckigen Felder hat man mit Hilfe von Zwischenpföstchen, Querriegeln, Mittelrosetten und speichenartigen gedrechselten Elementen recht dekorative Lösungen gefunden. Doch nicht nur zur Zierde von Fassaden mit reichen Holzkonstruktionen benötigte man den Drechsler.

Im Innenausbau wurden die Säulen und Rosetten an Wandvertäfelungen und Raumteilern sowohl in zierlichen als auch in rustikalen, gedrungenen Drechselformen ausgeführt. Die senkrechten Verbandhölzer, wie Standsäulen für Treppengeländer und Hängesäulen waren mit zahlreichen Kehlungen und Wölbungen versehen. An das Ende drechselte man eine kugelige Abrundung, einen Knopf oder einen Knauf. Diese Endungen konnte man als Fuß oder Kopf verwenden. In der üppigen Formenvielfalt der Geländerstäbe erkennt man den Einfallsreichtum und die Experimentierfreudigkeit der Drechsler.

5 Drechselbank mit Patrone, Kupferstich, 1578

6 Der Pfeifenmacher, Kupferstich, 1698. Aus: Weigl, Abbildungen der gemeinnützlichen Hauptstände, Regensburg 1698.

Bäuerliches Holzgerät

Inzwischen erfreut sich die Volkskunst in unseren Museen großer Beachtung. Sie bewahren auch zahlreiche gedrechselte Geräte, die aus dem ländlichen Lebensbereich stammen.

Im deutschsprachigen Süden nannte mancher Bauer eine Werkstatt sein eigen, in welcher außer der Hobelbank eine selbstgefertigte Drechselbank stand. Aus abgenutzten Feilen wurden Drechslerröhren und Meißel geschliffen und in den langen Wintermonaten drechselte man Bindeknüppel, Werkzeuggriffe, Leuchter, Schüsseln und vielerlei Hausrat aus Hart- und Weichhölzern und, wegen der schönen Maserung, auch aus Obstbaumhölzern und Zirbe.

Musikinstrumente

Die Pfeifen und Flöten zählen zu den ältesten Instrumenten aus der Gruppe der Holzblasinstrumente. Sie wurden ursprünglich aus einem Stück mit zylindrischer Bohrung und dünner Wandstärke gedrechselt. In immer schönerer Form entstand die barocke Blockflöte, die nun aus zwei und drei Teilen gefertigt wurde.

Aus dem 14. Jahrhundert stammen die Schalmei und der Dudelsack, für die der Drechsler edle Hölzer und Horn verwendete.

Die Oboe ist in Frankreich im 17. Jahrhundert aus der Schalmei entwickelt worden. Durch die enge und konische Bohrung klingt sie weicher und kann als eine Verfeinerung der Schalmei betrachtet werden.

Das 137 cm hohe Fagott wird meist aus Ahornholz gefertigt und tauchte um die Mitte des 16. Jahrhunderts auf. Das Instrument hat ein doppeltes konisches Rohr und wird aus einem Stück Holz gedrechselt.

Instrumentenbauer und Drechsler waren an dem Bau formvollendeter Instrumente gleichermaßen beteiligt. Als man Cembali und Klaviere auf gedrechselte Beine stellte und ihren Korpus aus edlen Hölzern fertigte, wurden sie zu Schmuckstücken des Musikzimmers.

Kunstdrechslerei

Neben den im 17. Jahrhundert erwähnten Kunstdrechslern dürfen wir J. E. Hermann Saueracker (1855–1943) aus Nürnberg nicht vergessen. Bis zu seinem 85. Lebensjahr drechselte er komplizierte Gegenstände in Holz und Elfenbein an seiner hölzernen Drehbank mit Stufenschwungrad auf durchgehender Welle.

Dem Bayerischen Gewerbemuseum Nürnberg überließ er 123 Gegenstände, die er in den Jahren 1882 bis 1907 »neben seinem Beruf in freien Stunden« gedreht hatte. In einem noch vorhandenen »Verzeichnis nach Drehareten« waren u. a. angeführt:

1. Bild-, Schrift- und Relief-Drehen
2. Eckigdrehen
4. Ketten und Ringe, mehrfache aus einem Stück drehen
5. Kugeldrehen, mehrfach ineinander
6. Ovaldrehen
7. Passigdrehen
9. Schiefdrehen
10. Spitzen, bewegliche in Körper eindrehen
11. Sterndrehen aus einem Stück
12. Versetzt drehen
14. Verschiedene Drehareten vereinigt

Saueracker war zu seiner Zeit in der Kunstdrechslerei ein anerkannter Künstler von Rang, und noch heute bewundern seine Kollegen die herausragenden Ergebnisse seiner Arbeit.

In welcher Vielfalt gedrechselte Gegenstände von den Nürnberger Kunstdrechslern gefertigt worden sind, kann man aus dem Jahresbericht der Drechsler- und Metalldrücker-Innung von 1921 ersehen:

»Die Kunstdrechslerei in alter Zeit.
Nürnberger Kunstdrechsler.
In dem … Preistarif aus dem Jahre 1683 sind leider nur die für den Handel bestimmten Erzeugnisse der Drechsler in Elfen- und Ochsenbein aufgeführt. Aber was arbeiteten sie sonst noch alles, sowohl in diesen beiden Materien, als auch in Holz, Horn und Metall! So manche Drechsler brachten wahre Kunstwerke hervor, die in ihrer virtuosen Ausführung ihresgleichen suchten, die allgemeine Bewunderung erregten und heute noch in den Museen einen vollgültigen Beweis ihrer hohen Vollendung erbringen. Die Nürnberger Spruchsprecher, die auch die Handwerke in ihrer Kunstleistung besangen, hoben gerade die Drechsler über alle Künstler hinaus. Der bekannte Spruchsprecher Hans Weber hat wie anderen Handwerken,

so auch dem löblichen Handwerk der ›Holz-, Metall- und Beindrechsler‹ zu Ehren im Jahre 1589 einen ›schönen Spruch‹ gedichtet, aus dem die mannigfachen Arbeiten der Drechsler zu ersehen sind. Nachdem er von Jubal berichtet, der die ersten Pfeifen und das Drehwerk zum Saitenspiel erfunden, von Moses, der in der Wüste eine Hütte dem Herrn baute, wozu man viel Knöpfe und Säulen drehte, von Salomon, der im Tempel Säulen fünferlei Art, Kunstgebäu, Drehwerk auf schönen Postamenten, Gänge mit gedrehten Säulen und andere Dreharbeiten verwendete, geht er auf die vielerlei Arten der Drechslerarbeit seiner Zeit und wohl besonders der in Nürnberg gefertigten über. Da gibt es Schreibzeuge und Streubüchsen in der Kanzlei, Siegelbüchsen, groß und klein, darin man die Briefe verwahrt, Fadenbüchsen in Kugel- und Eierform, wohinein man Bindfaden legt, der von der Diele herabhängt, schönes Drehwerk, wie Geländer mit gedrehten Säulen, ferner Säulen zu springenden Brunnen, Futterale für kunstvolles Trinkgeschirr und Gläser, Kredenzscheiben für die Messerschmiede, schöne Leuchter mit Füßen, wonach die Rotschmiede ihre Formen für den Guß herstellen, für die Schreiner Säulen zu Tischen und Bänken, Betten und Wiegen, für die Goldschmiede ›schöne Posamente‹, die sie von Gold und Silber gießen, und für ihre Hämmer und Grabstichel große und kleine Stiele, für den Zimmermann die Rädlein im Zug und für den Steinmetzen die Scheibe im Kranich, ebenso die Scheiben für die Ziehbrunnen, Scheiben und Radspulen für die Scheibenzieher, große und kleine Spulen mit den Rollen für die Goldspinner, Räder und Scheiben für die Safranmühlen, Scheiben für die Steinschneider, den Kürschnern runde Stöcke, ›darüber machens schön erzene Hauben‹, dem Huter gedrehte Stöcke, worüber er die Hüte formt, Hefte mancherlei Art für Zirkel- und Kupferschmiede, Schuster und Beutler, vielerlei Spulen für die Weber.

Ton, Gold, Silber, Horn auch trehen wir,
Metall, Agtstein [Achatstein], von Bein mit Zier,
Geschoben, geflammt, ablangs, gewunden,
Ganz ecket und gar künstlich erfunden,
Viel schöne Bilder von freier Hand getreht,
Wie herrlich sieht oft aus ein Panquet.

Für die Barbiere drehen sie Scheidler [zum Scheitelziehen] und Ohrlöffel, zart und rein, für die Bürstenbinder schneeweiße Stiele, dann vielerlei Knöpfe von Horn und Bein, die dem Wams eine Zier geben, schöne Schrauben für die Stube, um daran Mantel, Hut und Haube aufzuhängen, Handzwehlhölzer zum Händewaschen, Stühle mit gedrehtem Geländer, schöne Sterne in die Stube für die Wäsche, Teller, Schüsseln, gedrehte Würzbüchsen mit vielen Fächern, gedrehte Leuchter für die Kirchen, wie einer auch im Chor von St. Lorenz hänge, dann wieder Spinnrädlein und Rocken, woran die armen Kinder spinnen, auch die Piepen [Röhren mit Drehhahn] auf dem Weinfaß beim neuen Wein, Kugeln und Kegel für jedermann, besonders Krämerware, wie Ludeln, Becher und Schlottern, Kindsständer, Hausrat aller Art, Zwerchpfeifen [Querpfeifen], Fagotte, Flöten und Zinken mancherlei Art.

Dann was ein Mensch auf Erd begehrt
Vom Trehwerk, das wird er gewehrt,
Es sei Messing, Stahl und Eisen,
Von Bein und Holz, roten und weißen,
Wie auch von Gips sie können trehen.

Es fehlen in diesem Verzeichnis nur die Schachfiguren und Steine im Brettspiel, die sie auf das kunstvollste anfertigten.«

7 Der Holzdrechsler von Jost Ammann, Holzschnitt, 1568. Aus: Eygentliche Beschreibung aller Stände, Frankfurt 1568.

Geräte und Hausrat

8   Leuchten- und Kerzenleuchtermodelle. Fichte, Linde und zum Teil gefaßt.
Dürnbach, Drechslerei Peter Saurle

9   Deckenleuchte, 1973. Buche, grün und gold gefaßt.
Schliersee-Neuhaus, Erwin Born

10   Tischleuchte, 1974. Buche, grün und gold gefaßt.
Schliersee-Neuhaus, Erwin Born

11   Standleuchte, Dürnbach, 1981. Fichte. H 120 cm, Fußplatte D 30 cm.
Dürnbach, Drechslerei Peter Saurle

12   Tischleuchte, Dürnbach, 1974. Linde, grün und gold gefaßt. H 28 cm, D 14 cm.
Dürnbach, Drechslerei Peter Saurle

13 Leuchte. Linde. Gesamt H 22 cm, Sockel H 8,5 cm, D 9 cm. Sockel und Korpus mit Rundzapfen verbunden.
Miesbach, Drechslerei Benno Schieder

14 Wandleuchte, Dürnbach, 1979. Linde. Rohling als Halbsäule weiß grundiert. H 38 cm, D 9 cm.
Dürnbach, Drechslerei Peter Saurle

15 Leuchte, Tegernsee, 1978. Eiche gesandelt. Rohling, mit gewundener Säule. Zwei Teile. Gesamt H 62 cm, Sockel D unten 24 cm, H 11 cm, Wund D 7 cm.
Tegernsee, Drechslerei Rolf Strecker

16 Tischleuchte, Bad Wiessee, 1970. Linde. Gesamt H 30 cm, D unten 10,5 cm, Teller D 6,5 cm.
Dürnbach, Drechslerei Peter Saurle

Gegenüberliegende Seite:

17 Tischleuchte, Dürnbach, 1980. Birke. H 60 cm, D 24 cm.
Dürnbach, Drechslerei Peter Saurle

18 Leuchte, Dürnbach, 1977. Erle. H 26 cm, D 11 cm.
Dürnbach, Drechslerei Peter Saurle

19 Schreibtischleuchte, Dürnbach, 1975. Erle. H 21 cm, D unten 11,5 cm.
Dürnbach, Drechslerei Peter Saurle

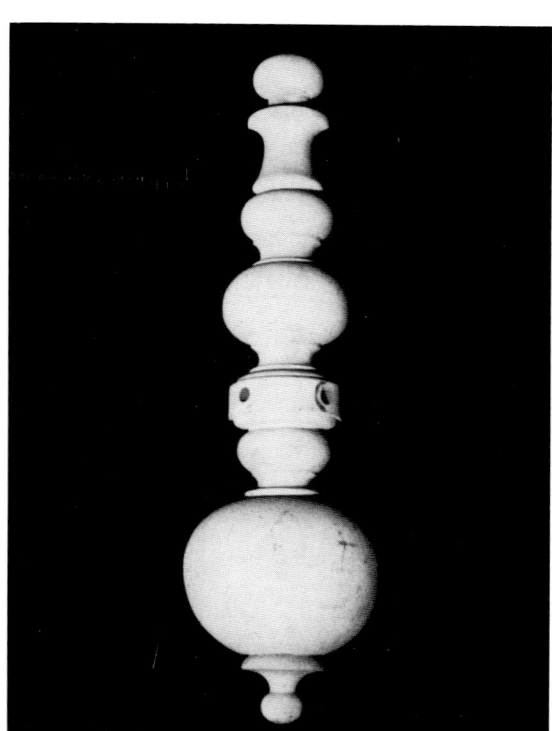

17 △   18 ▽

20 Tischleuchte, St. Quirin, 1981. Buche, grün und gold gefaßt. Korpus H 40 cm.
St. Quirin, Der Kunstladen

21 Tischleuchte, Rottach-Egern, 1981. Silber gefaßt.
Rottach-Egern, Einrichtungshaus Rohrbach-Hugenberg

22 Tischleuchte, 1981. Ahorn, grün und gold gefaßt. Korpus H 36 cm, Sockel D 12 cm.
St. Quirin, Der Kunstladen

23 Hockerleuchte, Ruhpolding, 1981. Kiefer, hell gebürstet. Korpus H 38 cm.
Ruhpolding, Menzel Werkstätten

24 Leuchte, Dürnbach, 1978. Linde, Silber bronziert. H 50 cm.
Dürnbach, Drechslerei Peter Saurle

25 Standleuchte, 1975. Eiche, dunkel gebeizt und gebürstet. Korpus H 125 cm, Sockel D 35 cm.
Schliersee-Neuhaus, Erwin Born

26 Leuchte, 1981. Altes Birnbaumholz, gebürstet. Korpus H 55 cm, Sockel D 18 cm.
St. Quirin, Der Kunstladen

17

◁ 27 Altarleuchter, spätes 18. Jh. Holz versilbert und vergoldet. H ohne Dorn 30 cm. – Grödner Altarleuchter, farbig gefaßt. H ohne Dorn 15,5 cm.
Innsbruck, Tiroler Volkskunstmuseum

28 Lichtständer, Kaunertal. Kerbschnitzverzierung mit Lichttiegel. – Innsbruck, Tiroler Volkskunstmuseum

29 Standleuchter mit Birkenholzsockel und Kerzentülle. H 19,5 cm. – Innsbruck, Tiroler Volkskunstmuseum

30 Leuchter mit sechseckiger Standplatte. Linde, farbig gefaßt. H 26 cm. – Standleuchter, Zillertal. Fichte, bunt bemalt. H 22 cm. – Innsbruck, Tiroler Volkskunstmuseum

31 Standleuchter. Buche, schwarz gebeizt. H 29 cm. – Holzleuchter in der Form eines gotischen Zinnleuchters. Buche, rot gestrichen. H 20 cm. – Leuchter, wohl 16. Jh. Birnbaum, rotbraun gefaßt. H 37 cm. – Altarleuchter. Ahorn, zum Teil versilbert. H 16 cm.
Innsbruck, Tiroler Volkskunstmuseum

32 Standleuchter mit fünfeckiger Traufschale. Birke. H 19 cm. – Standleuchter mit fünfeckiger Traufschale auf drei Knopffüßen. Zirbelholz. H 20,5 cm. – Leuchter, Tirol. Buche. H 19 cm. – Innsbruck, Tiroler Volkskunstmuseum

29 △ 30 ▽ 31 △ 32 ▽

◁ ◁ *33 Altarleuchter, Tegernsee, 1955. Linde. Ganz in Blattgold gefaßt. H 59 cm, D unten 18 cm, Teller D 8 cm.*
Tegernsee, Drechslerei Rolf Strecker

◁ *34 Altarleuchter, Tegernsee, 1976. Linde. Gefaßt in Blattgold und Blattsilber. H 49 cm, D unten 13 cm, Teller D 6 cm.*
Tegernsee, Drechslerei Rolf Strecker

35 Leuchter, Italien, um 1800. Silber gefaßt. H 80 cm. St. Quirin, Der Kunstladen ▷

36 Altarleuchter, Tegernsee, 1949. Linde. Weiß gefaßt mit Blattgold. Nachbildung aus der Tegernseer Klosterkirche. H 70 cm, D unten 24 cm, Teller D 9 cm.
Tegernsee, Drechslerei Rolf Strecker ▷ ▷

21

22

Gegenüberliegende Seite:
37 Standleuchter. Birke. Schmaler Becher für die Fidibusse mit breiter Standplatte trägt den zepterförmig gedrechselten Kerzenträger. H 39 cm.
Innsbruck, Tiroler Volkskunstmuseum

38 Lichtknecht, Salmshausen/Schwalm-Eder-Kreis, 1870. Buche, farbig gefaßt. H 82 cm.
Nürnberg, Germanisches Nationalmuseum

39 Lichtstock (Schmalzleuchter). Birn- und Buchenholz. In Kerbschnitt verzierte Lichtschale mit Fuß. Lichttiegel aus Speckstein.
Innsbruck, Tiroler Volkskunstmuseum

40 Kerzenleuchter, Irschenberg, 1978. Kirschbaum. H 15 cm, größter D 6,5 cm.
Schliersee-Neuhaus, Erwin Born

41 Kerzenleuchter, Dürnbach, 1978. Linde, zinnfarbig gefaßt. H 21,5 cm, D unten 13,5 cm, D oben 11,5 cm.
Dürnbach, Drechslerei Peter Saurle

39 △

40 ▽

42 Leuchter, Dürnbach, 1968. Esche, braun gebeizt und gebürstet. H 12 cm, Teller D unten 8 cm, oben 15 cm.
Dürnbach, Drechslerei Peter Saurle

43 Leuchter. Buche. Grün gefaßt, Blattgold. H 12,5 cm, D 10,5 cm. – Leuchter. Kirsche, gewachst. H 17 cm, D 7,5 cm. – Leuchter. Rüster, gewachst. H 10 cm, D 4 cm.
Schliersee-Neuhaus, Erwin Born

44 Leuchter, Bad Wiessee, 1972. Kirsche, matt lackiert. H 13,5 cm, größter D 5,5 cm.
Dürnbach, Drechslerei Peter Saurle

Gegenüberliegende Seite:
45 Kerzenleuchter mit dreifachem Hohlwund, Dinkelscherben, 1980. Kirschbaumholz mit durchlaufender Maserung des Unterteils. Im Sockel befindet sich ein Geheimfach, Sockel und Oberteil durch Bajonettverschluß verbunden (vgl. auch Abb. 462).
Dinkelscherben, Rudolf Schönknecht

46 Leuchter. Eiche, naturbelassen. H 23 und 30 cm.
Dürnbach, Drechslerei Peter Saurle

47 Barockleuchter. Ahorn, in gold gefaßt. H 31 cm, D unten 14,5 cm.
München, Drechslerei Peter Seiler

48 Leuchter. Linde. Mehrfach gewundener Schaft. H 25 cm.
München, Drechslerei Peter Seiler

49 Leuchter. Eiche, gewachst. H 82 cm, D unten 20 cm, D oben 14,5 cm.
Schliersee-Neuhaus, Erwin Born

45 △   46 ▽   47 △   48 ▽

25

51 Holzschalen, Montenegro, wohl 18. Jh. Buchenholz.
Miesbach, Familie Schachenmeier

◁ 50 Holzkanne, gefunden 1969. Lindenholz. H 22 cm,
Boden D 11 cm.
Lüneburg, Museumsverein für das Fürstentum Lüneburg

Gegenüberliegende Seite:
52 Feldflasche. Ahorn. Gedrückte Form, mit konzentrischen Kreisen verziert. Fuß und zwei Henkel zum Durchziehen der Schnur vorgesehen. H 24 cm, D 21,5 cm. – Tragflasche. Ledermontierung und Zinnverschluß. H 18,5 cm.
Innsbruck, Tiroler Volkskunstmuseum

53 Holzflaschen, Oberbayern, 19. Jh. Links und Mitte Ahorn. Von links: H 25,5 cm, B 17 cm; H 29 cm, B 16,5 cm; H 28,5 cm, B 21 cm.
Tittmoning, Heimathaus des Rupertiwinkels

52 △

53 ▽

27

54   Teller. Rüster, mattiert. H 5 cm, D 40 cm.
Miesbach, Drechslerei Hans Ransberger

55   Krapfenschüssel, Pustertal. Linde. D 47,5 cm.
Innsbruck, Tiroler Volkskunstmuseum

56   Teller. Fichte, gebürstet. H 3,5 cm, D 33 cm.
Schliersee-Neuhaus, Erwin Born

57   Teller. Nußbaum, mattiert. H 5 cm, D 32,5 cm.
Schliersee-Neuhaus, Erwin Born

58 Teller, Tegernsee, 1950. Linde, braun gebeizt. Rand handgeschnitzt. H 3 cm, D 43 cm.
Tegernsee, Drechslerei Rolf Strecker

59 Schale. Nußbaum, mattiert. H 6 cm, D 32 cm.
Miesbach, Drechslerei Hans Ransberger

60 Teller, Tegernsee, 1951. Nußbaum, matt lackiert. Rand handgeschnitzt. H 4 cm, D 38 cm.
Tegernsee, Drechslerei Rolf Strecker

61 Teller. Rüster, mattiert mit Intarsien in Palisander. D 40 cm.
Dürnbach, Drechslerei Peter Saurle

◁ 62 Obstschale. Altes Lindenholz, naturbelassen.
H 9 cm, D unten 13,5 cm, D oben 22,5 cm.
Miesbach, Drechslerei Hans Ransberger

63 Schale, 1965. Kirschbaum. H 7 cm, D 13 cm.
Nürnberg, Drechslerei Leonhard Wild ▽

◁ 64 Schüsseln in verschiedenen Größen, Tegernsee,
1982. Zirbe, naturbelassen.
Tegernsee, Drechslerei Rolf Strecker

Gegenüberliegende Seite:
65 Schüssel, Tegernsee, 1982. Zirbe, naturbelassen.
Tegernsee, Drechslerei Rolf Strecker

66 Schüsseln aus Nußbaumholz, mattiert.
Bad Wiessee, Franz Lenbach

65 △

66 ▽

67 Schale. Kirschbaum mit eingearbeiteten Griffen.
D 38 cm.
Dettingen, Drechslerei Werner Beck

68 Schale. Essigholz. H 10 cm, D 15 cm.
Dettingen, Drechslerei Werner Beck

69 Repräsentationsschale, 1947. Birnbaumholz mit Ornamentrand. D 40 cm.
Reutlingen, Drechslerei Karl Pfänder

Gegenüberliegende Seite:
70 Schale mit eingezogenem Rand, 1977. Zebrano.
H 7 cm, D 28 cm.
Beuren, Hildegard Joos

71 Detail aus Abb. 69

72 Schale. Rubinie (Akazie), geraucht mit weißem Splint.
Dettingen, Drechslerei Werner Beck

70 △   71 ▽   72 ▽

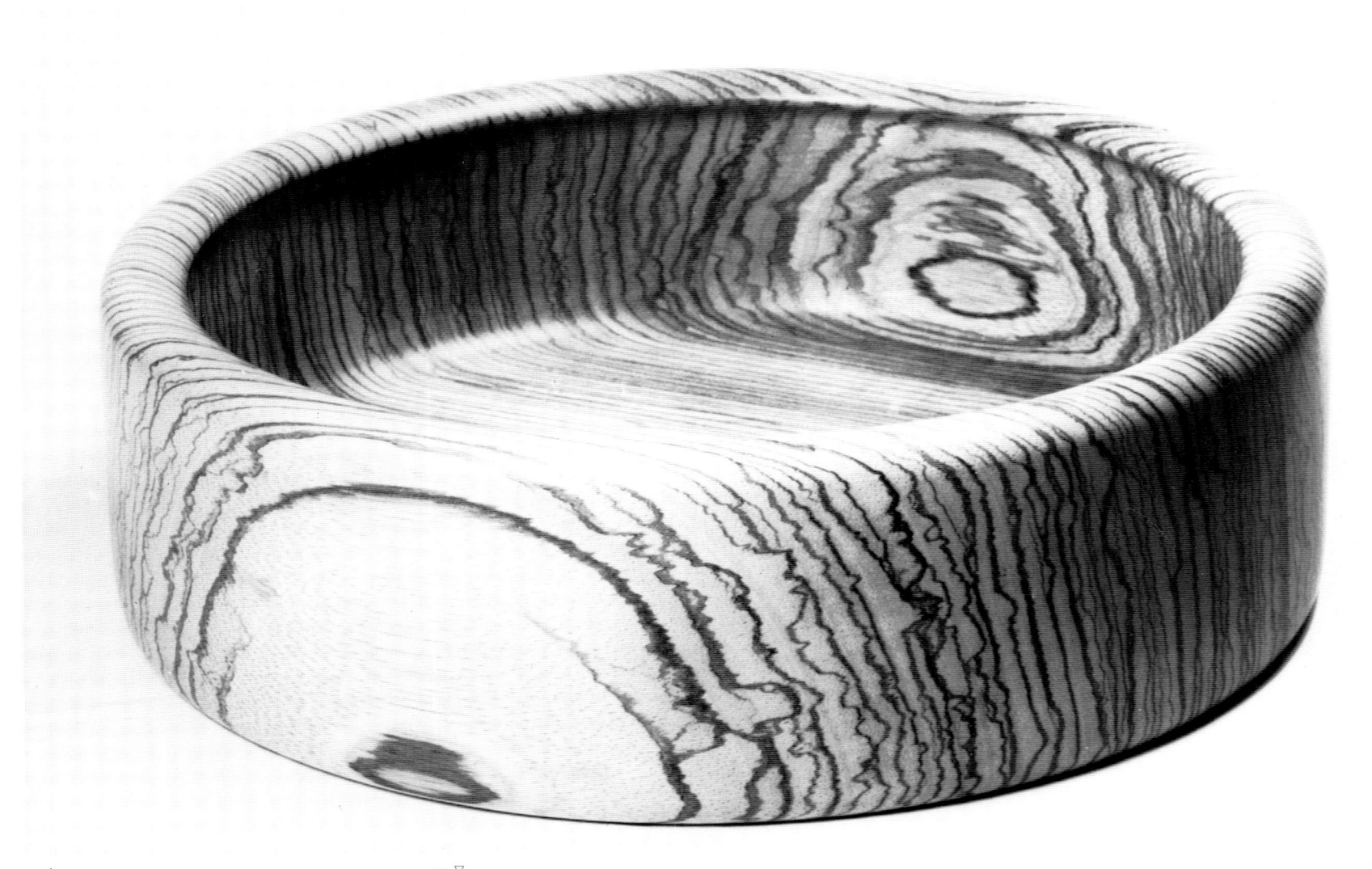

73 Kelch mit Deckel und Haube. Rechts unten ineinanderpassende Kelche, aus einem Stück gedrechselt. H 30,5 cm, D 8,3 cm. Meisterstück.
Innsbruck, Tiroler Volkskunstmuseum

74 Doppelmaserbecher, schwäbisch, um 1500. Zirbelkiefer mit silbervergoldeter Fassung. H 14,6 cm.
Coburg, Kunstsammlungen der Veste

75 Dose, Gröden. Birnbaum, durchbrochen. H 7 cm, D 10 cm.
Innsbruck, Tiroler Volkskunstmuseum

◁ 76 Durchbrochene Dose, Berchtesgaden. H mit Knopf 9 cm, größter D 9 cm.
Miesbach, Drechslerei Benno Schieder

77 △   78 ▽

79 △

77 Gewürznuß (?). Steinnußholz, zweiteilig. Das Unterteil ist als durchbrochener Korb ausgebildet. Der anschraubbare Deckel in Melonenform ist mit eingeschnittenen ornamentierten Rippen versehen. H 5,5 cm, D 5,2 cm.
Innsbruck, Tiroler Volkskunstmuseum

78 Walzenförmige Dose mit Deckel zur Aufbewahrung des Kelches Abb. 73.
Innsbruck, Tiroler Volkskunstmuseum

79 Dose. Birnbaum, durchbrochen. H 10 cm, D 13 cm.
Innsbruck, Tiroler Volkskunstmuseum

◁ 80 Hornbüchschen. D 5 cm.
Innsbruck, Tiroler Volkskunstmuseum

81 Dosen, München, 1943. Ebenholz. H 3 cm, D 6 cm. – Rüster, handgeschnitzt. H 9 cm, D 7 cm. – Birke. H 4,5 cm, D 7 cm.
Tegernsee, Drechslerei Rolf Strecker

82 Dosen, München, 1940 und 1960. Birnbaum. H 8 cm, D 8 cm. – Zigarettendose. Kirsche. H 10 cm, D 6 cm.
Tegernsee, Drechslerei Rolf Strecker

83 Dose, Sandelholz.
Tegernsee, Drechslerei Rolf Strecker

*84 Dose, Miesbach, 1930. Birke, gerillt und mattiert.
H 5 cm, D 10 cm.*
Miesbach, Drechslerei Benno Schieder

*85 Dosen, Miesbach, 1938. Kirsche und Rüster, lackiert.
H mit Knopf 15 cm, D 14 cm; H mit Knopf 6,5 cm,
D 10,5 cm.*
Miesbach, Drechslerei Benno Schieder

*86 Dosen, Tegernsee, 1954. Nußbaum. H ohne Knopf
6 cm, D 14,5 cm. – Nußbaum mit Elfenbeinknopf. H ohne
Knopf 3,5 cm, D 16,5 cm. – Handgeschnitzt.*
Tegernsee, Drechslerei Rolf Strecker

84 ▽   85 △   86 ▽

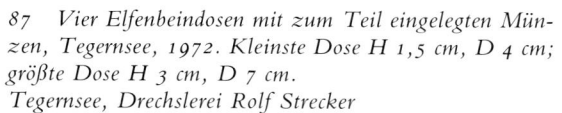

87 Vier Elfenbeindosen mit zum Teil eingelegten Münzen, Tegernsee, 1972. Kleinste Dose H 1,5 cm, D 4 cm; größte Dose H 3 cm, D 7 cm.
Tegernsee, Drechslerei Rolf Strecker

88 Geschlossene Dose, 1968. Palisander. Eingelegte Münze: Kaiser Wilhelm II. H 3 cm, D 9,2 cm. – Offene Dose, 1968. Nußbaum. Eingelegte Münze: Immanuel Kant. H 3,5 cm, D 9 cm.
Tegernsee, Drechslerei Rolf Strecker

89 Dose, München, 1943. Ostindisches Rosenholz mit Elfenbeineinlage. Korpus H 5,5 cm, Deckel H 1,5 cm, D 8 cm.
Tegernsee, Drechslerei Rolf Strecker

Gegenüberliegende Seite:
90 Dose, München, 1912. Ebenholz mit guillochiertem Dekor. H 3 cm, D 10 cm.
Tegernsee, Drechslerei Hans Strecker jun.

91 Drei Dosen: Ovale Dose, München, 1895. Ebenholz mit Elfenbeinknopf. H ohne Füße und Knopf 4,5 cm, kleiner D 6,3 cm, großer D 11 cm. – Tintenfaß, München, 1898. Ebenholz mit Bernsteinknopf, passig gedrehtes Dekor. H mit Knopf 9,5 cm, D unten 8,5 cm. – Runde Dose, Tegernsee, 1980. Ebenholz guillochiert und passig gedrehtes Dekor. H mit Knopf 8 cm, D 11 cm.
Tegernsee, Drechslerei Hans Strecker sen. und Rolf Strecker

90 △

91 ▽

39

92 △ 93 ▽ 94 △ 95 ▽

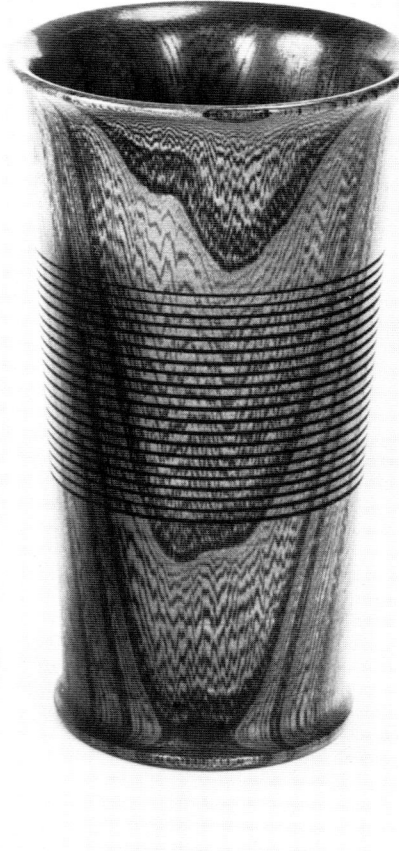

92 Teebüchse, Nürnberg, 1955. Nußbaum, matt poliert. H mit Knopf 16 cm, D 6 cm. – Büchse, Nürnberg, 1950. Nußbaum, matt poliert. H 10,5 cm, D 9 cm.
Nürnberg, Drechslerei Leonhard Wild

93 Becher, Nürnberg, 1950. Kirschbaum, halbmatt poliert. H und D 11 cm. – Becher, Nürnberg, 1960. Rüster mit feinen Rillen. H 13,5 cm, D 8 cm.
Nürnberg, Drechslerei Leonhard Wild

94 Dose, Tegernsee, 1950. Eiche, matt. H ohne Knopf 7,5 cm, D 16,5 cm. – Geöffnete Dose, Tegernsee, 1950. Nußbaum, matt. H ohne Knopf 6,5 cm, D 14 cm.
Tegernsee, Drechslerei Rolf Strecker

95 Dose, Miesbach, 1930. Ulme, matt lackiert. H 8 cm, D 6 cm.
Miesbach, Drechslerei Benno Schieder

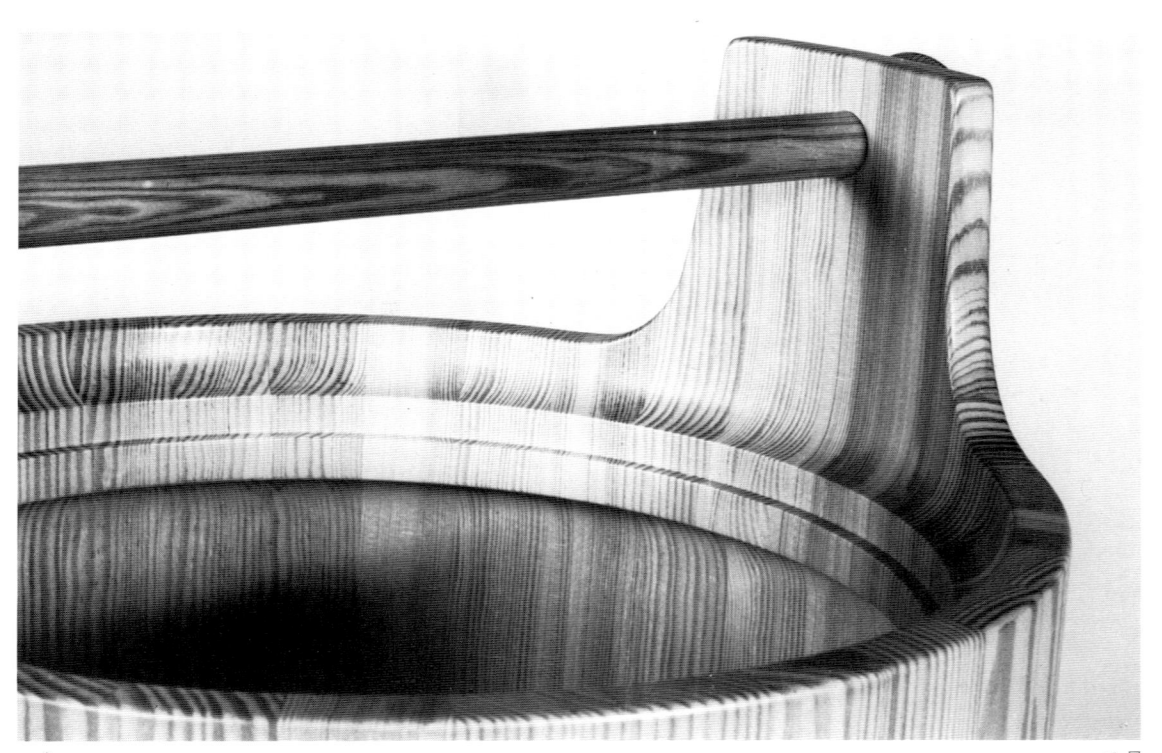

96 Große Spielzeugdose, 1981. Kiefer, Lamellen verleimt. 1. Bundessieger 1981.
Urach, Ursula Meyer

97 Detail zur Spielzeugdose Abb. 96

98 Melkeimer für die Alpfahrt, Appenzell/Schweiz, um 1895. Tanne und Ahorn. Weißküblerei, hergestellt von Johann Jakob Frick. H 23 cm, D oben 32 cm, unten 23,5 cm.
Appenzell, Sammlung Bruno Bischofberger

99 Duft- und Handschmeichlerdöschen. Wacholder. D 7 cm.
Dettlingen, Drechslerei Werner Beck

100 Dose aus Birke. H 12 cm, D 8,5 cm.
Dettingen, Mirjam Beck

101 Dose, 1979. Finnische Birke. H 15 cm.
Reutlingen, Karl-Heinz Pfänder

102 Vorratsdose, 1970. Eiche. H 18 cm, D 12 cm.
Reutlingen, Drechslerei Karl Pfänder

103 Bemalte Apothekenbüchse, deutsch, 2. H. 18. Jh.
Köln, Einhorn-Apotheke

104 Dose, Miesbach, 1978. Zebrano. H 12 cm, D 12 cm.
Osterhofen, Familie Schaupner

101 △ 102 ▽ 103 △ 104 ▽

105 Döschen aus Birke. H 4 cm, D 6 cm.
Dettingen, Drechslerei Werner Beck

106 Duft- und Handschmeichlerdöschen aus Wacholder.
D 7 cm.
Dettingen, Drechslerei Werner Beck

107 Apothekenbüchsen.
Wetzlar, Haupt-Apotheke

108 Gewürz- und Konfektdose, Anfang 17. Jh.
Heidelberg, Deutsches Apotheken-Museum

109 △   110 ▽

Gegenüberliegende Seite:
109   Bilderrahmen. Linde, mattiert. D außen 16 cm, innen 10 cm.
Miesbach, Familie Schachenmeier

110   Tintenfaß, München, 1898. Palisander, poliert. Dekor: eingelassene Silberdrahtstifte. H 8 cm, D unten 8 cm.
Tegernsee, Drechslerei Hans Strecker sen.

111   Federkielhalter, 1965. Nußbaum, halbmatt poliert. H 7,5 cm, D 6,5 cm.
Nürnberg, Drechslerei Leonhard Wild

112   Standleuchte. Kiefer, hell gebürstet. H 180 cm.
Ruhpolding, Menzel Werkstätten

113   Notenständer. Weiß und gold gefaßt. H 125 cm.
München, Musikhaus Hieber

*114 Pfeifenträger, Tirol, 19. Jh. Birnbaum, gewachst.
H 22 cm, B 25 cm, T 13,5 cm.
Schliersee-Neuhaus, Erwin Born*

*115 Alter Baluster. Fichte, unbehandelt. H 83 cm, Fuß 11 × 11 cm, größter D 11 cm. – Alter Baluster. Fichte, braun gefaßt. H 78 cm, Fuß 8,5 × 8,5 cm, größter D 8,5 cm.
Rottach-Egern, Gretel Schultes/Zimmerei Johann Strohschneider*

116 Schale mit Perlenketten, 1978. Schale aus Ulmenholz. H 7,5 cm, D 11,5 cm. – Perlenketten aus verschiedenen Hölzern.
Schliersee-Neuhaus, Erwin Born

117 Geschlossene Dose, München, 1920. Elfenbein. H mit Knopf 5 cm, D 10 cm. – Offene Dose, München, 1920. Elfenbein mit Ebenholz. H mit Knopf 6 cm, D 8 cm. Passigdekor.
Tegernsee, Drechslerei Hans Strecker jun.

118 Lebkuchenmodel in Walkerform. Birnbaum. L 51 cm. Obere Walze dreiteilig mit Frucht- und Blumenranken geschnitten. – Untere Walze sechsteilig mit Hund und Lamm mit Blumen, Rosetten mit Ranken und Schwänen mit Blumen geschnitten. Sterzing. L 40 cm.
Innsbruck, Tiroler Volkskunstmuseum

119 Nußknacker, Seiffen/Erzgebirge, um 1930. Meist Fichte. H 30–50 cm.
Seiffen, Erzgebirgisches Spielzeugmuseum

120 Kreiselpuppe, Berchtesgaden. Linde, bunt bemalt. H 9 cm, größter D 5,5 cm.
Schliersee-Neuhaus, Erwin Born

121 Wachsmodel-Stempel, Miesbach, Mitte 17. Jh. Kirschbaum. Zum Ausdrucken von Blumenmustern für Kerzenverzierung.
Miesbach, Lebzelter

122 Wachsmodel-Rollholz, Miesbach, Anfang 18. Jh. Buchsbaum. Zum Ausrollen von Borten und zur Kerzenverzierung.
Miesbach, Lebzelter

123 Nußknacker, Miesbach, 1950. Ahorn, natur.
H 25 cm, D 20 cm.
Miesbach, Drechslerei Benno Schieder

124 Amulett, Miesbach. D 4 cm.
Miesbach, Drechslerei Benno Schieder

125 Apfelschälmaschine, Graubünden/Schweiz, 19. Jh.
Kirsch- und Nußbaumholz. Mit Holzschrauben zu befestigen. H 43 cm, B 26 cm, L 38 cm.
Chur, Rätisches Museum

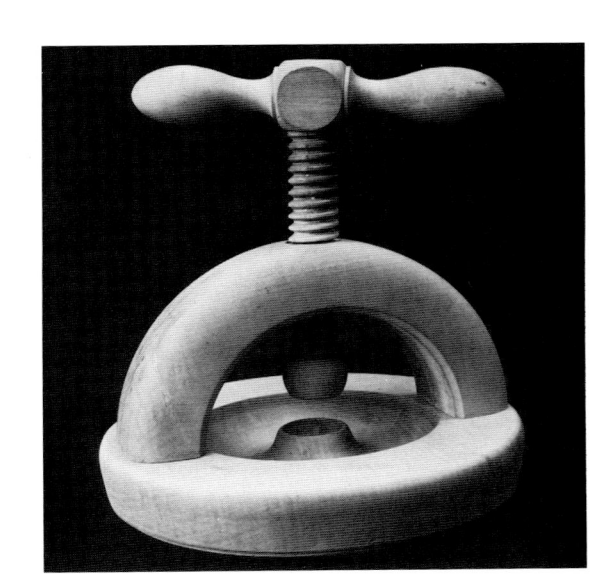

126 Klöppelkissen auf Säule und Fußbank. H 89 cm.
Innsbruck, Tiroler Volkskunstmuseum

127 Nähstockhalter, süddeutsch, um 1900. H 28,6 cm.
Coburg, Kunstsammlungen der Veste

128 Garnspindel mit Kerbschnitt verziert.
Innsbruck, Tiroler Volkskunstmuseum

◁ ◁ 129 Nadelkissen zum Anschrauben, Starnberg/
Oberbayern, 19. Jh. Rillen- und Kerbschnittdekor.
Starnberg, Städtisches Museum

◁ 130 Stopfschwammerl. L 12 cm, D 6 cm.
Innsbruck, Tiroler Volkskunstmuseum

131 *Wollschläger.* L 41 cm.
Innsbruck, Tiroler Volkskunstmuseum

132 *Nähstock*, Sarntal, 1874. Ahorn mit rot-weiß gefärbten Kerbschnittrosetten verziert. H 24 cm. – *Nähstock*, 19. Jh.
Innsbruck, Tiroler Volkskunstmuseum

133 *Strickliesel.* Farbig gefaßt. Zum Herstellen von Wollschnüren.
Innsbruck, Tiroler Volkskunstmuseum ▷

134 *Zwirn- und Nadelständer.* Eiche, mattiert. H 11,5 cm, D 14 cm.
Miesbach, Drechslerei Benno Schieder ▷▷

◁ ◁ 135 Kaffeemühle, Sterzing. Birnbaum. H mit Kurbel 27 cm, Korpus H 19 cm, D 11 cm.
Innsbruck, Tiroler Volkskunstmuseum

◁ 136 Kaffeemühle. Buchenholz. Korpus H 21,5 cm.
Innsbruck, Tiroler Volkskunstmuseum

137 Handmühle, Deutschland, um 1820. Kleiner Deckel und Kurbel abnehmbar. H 23 cm, Bienenkorb D 7 cm.
Privatbesitz ▽

◁ ◁ 138 Handmühle, Deutschland, 1840. Kirschbaum. H 22 cm, Fuß D 8 cm.
Privatbesitz

◁ 139 Schoßmühle, um 1930. Aus einem Stück gedrechselt. H 21 cm, Bodenplatte 13 × 13 cm.
Privatbesitz

Gegenüberliegende Seite:
140 Pfeffermühle. Korpus Nußbaum im Kupferzylinder. H 48 cm, D 8,5 cm.
Rottach-Egern, Einrichtungshaus Rohrbach-Hugenberg

141 Handmühle, Holland, um 1850. H 23 cm, Bodenplatte D 11 cm, Deckplatte D 9 cm.
Privatbesitz

142 Tischmühle, um 1930. H 33 cm, Bodenplatte D 17 cm, Trichter D 10 cm. Künstlicher Holzwurmbefall.
Privatbesitz

143 Tischmühle. H 26 cm, D 29 cm. Künstlicher Holzwurmbefall.
Privatbesitz

◁ 140   141 △   142 △   143 ▽

53

◁ 144 Wäschepresse, Deutschland, um 1700.
Köln, Kunstgewerbemuseum (teil-zerstört)

145 Wäschepresse, Danzig, um 1700. Eiche und Nußholz. H 160 cm, B 71 cm, T 45 cm.
Berlin/DDR, Kunstgewerbemuseum, Schloß Köpenick
▽

146 Detail aus dem Spinnrad Abb. 178 ▷

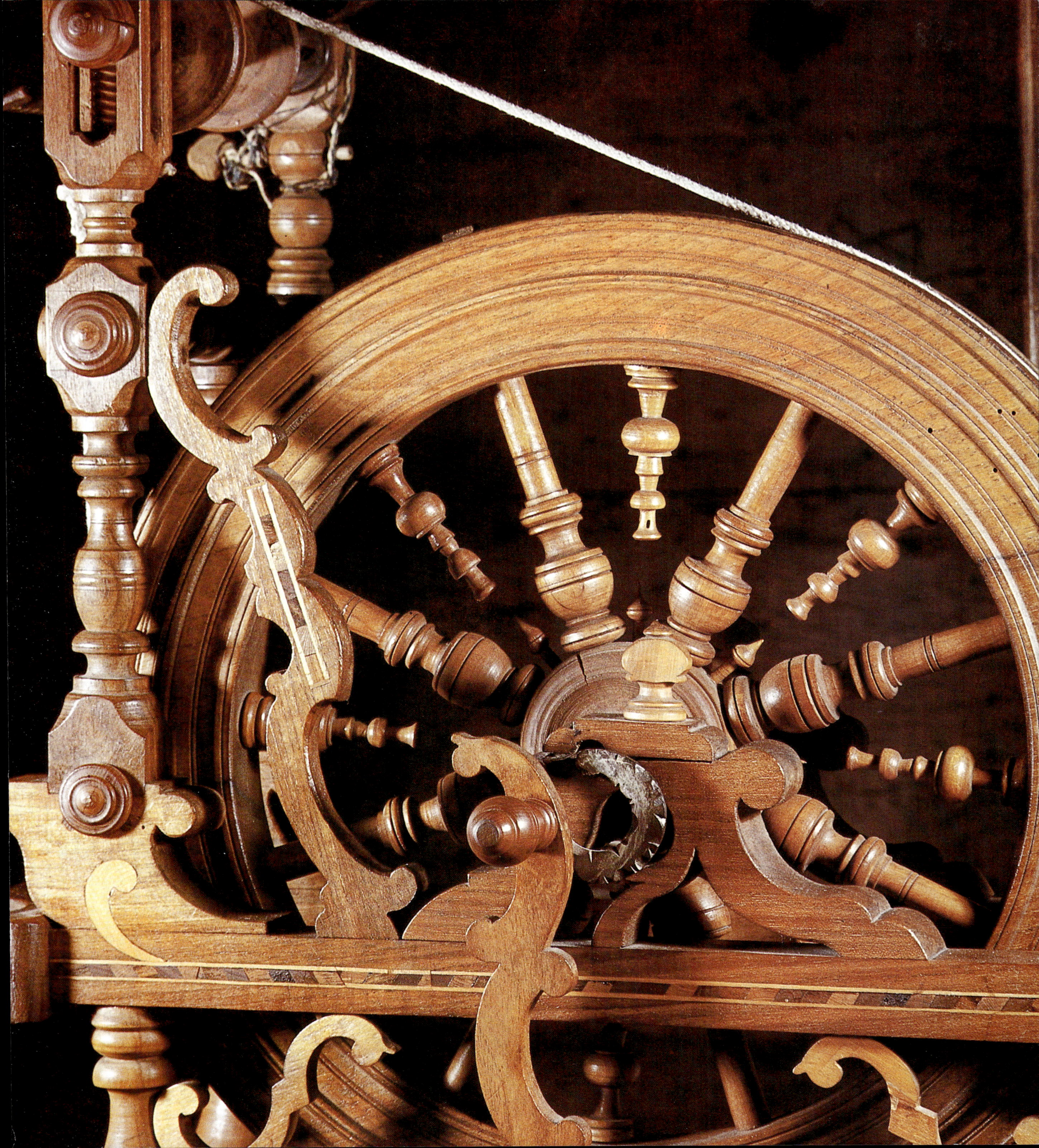

*147 Zwei Taschenuhren, Rußland, um 1820. Werk und Gehäuse der beiden Uhren vollständig aus Elfenbein bzw. aus Buchsbaumholz hergestellt. Signiert im Gehäusedeckel in kyrillischer Schrift: Bronnikoff, Wjatka. D 4,6 cm.
Zürich, Museum der Zeitmessung Beyer*

*Gegenüberliegende Seite:
148 Mangelbretter mit Rolle, Friesland, um 1790 und 1795. Hartholz. H 58 und 70 cm, B 16 cm.
Hamburg, Altonaer Museum*

*149 Handtuchhalter, Niedersachsen, 19. Jh. Braun gefaßt. H 54 cm, B 57,7 cm.
Hannover, Historisches Museum am Hohen Ufer*

*150 Wäschetrockner, Wilstermarsch/Hamburg, 1806. B 59 cm, T 39 cm.
Hamburg, Altonaer Museum*

*151 Trockengestell, Oldenburg, 18. Jh. Weichholz. H 60 cm, B 55 cm, T 70 cm.
Oldenburg, Landesmuseum für Kunst und Kulturgeschichte, Schloß*

148 △ 149 ▽ 150 △ 151 ▽

57

152 △ 153 ▽ 154 △ 155 ▽

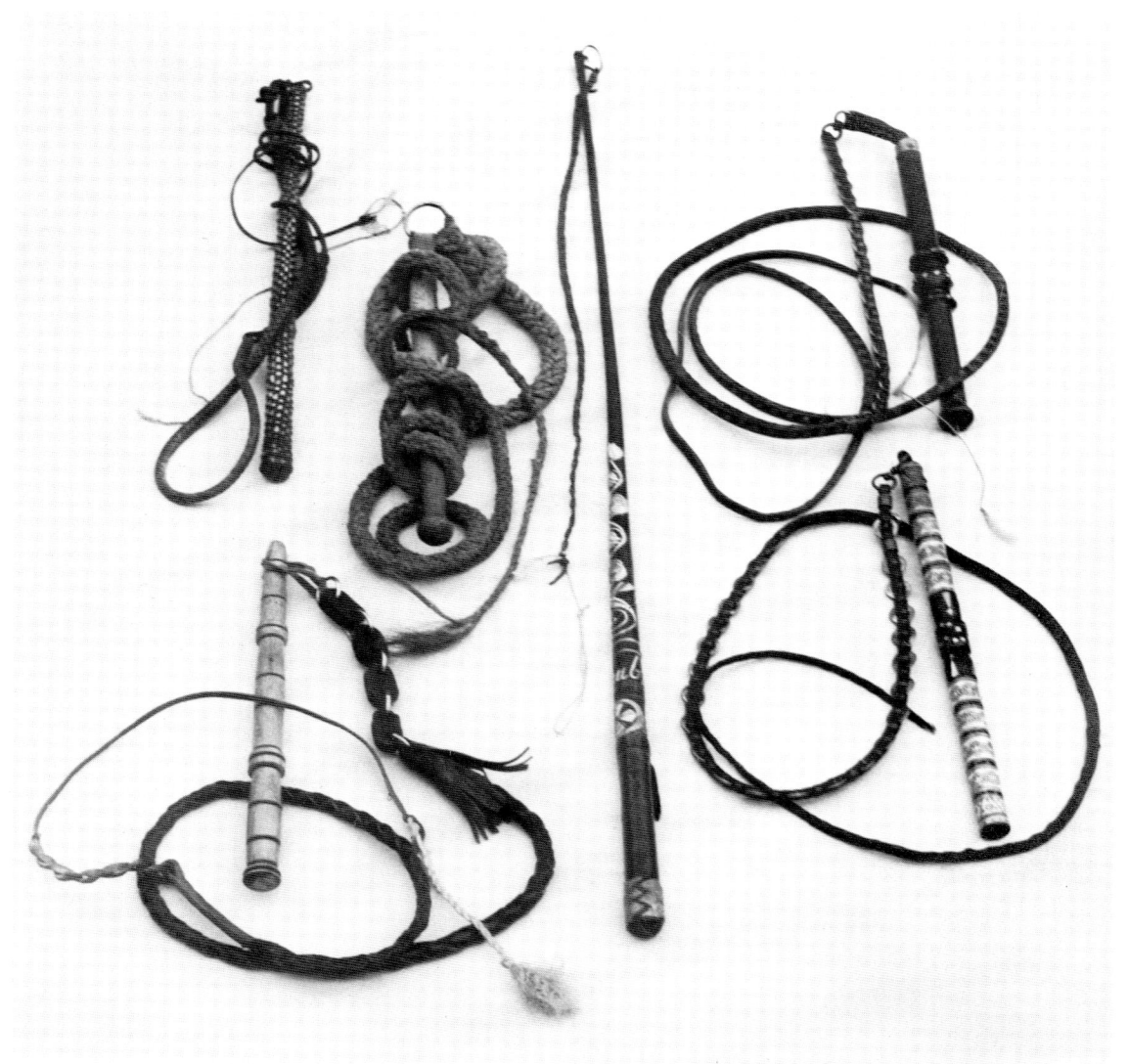

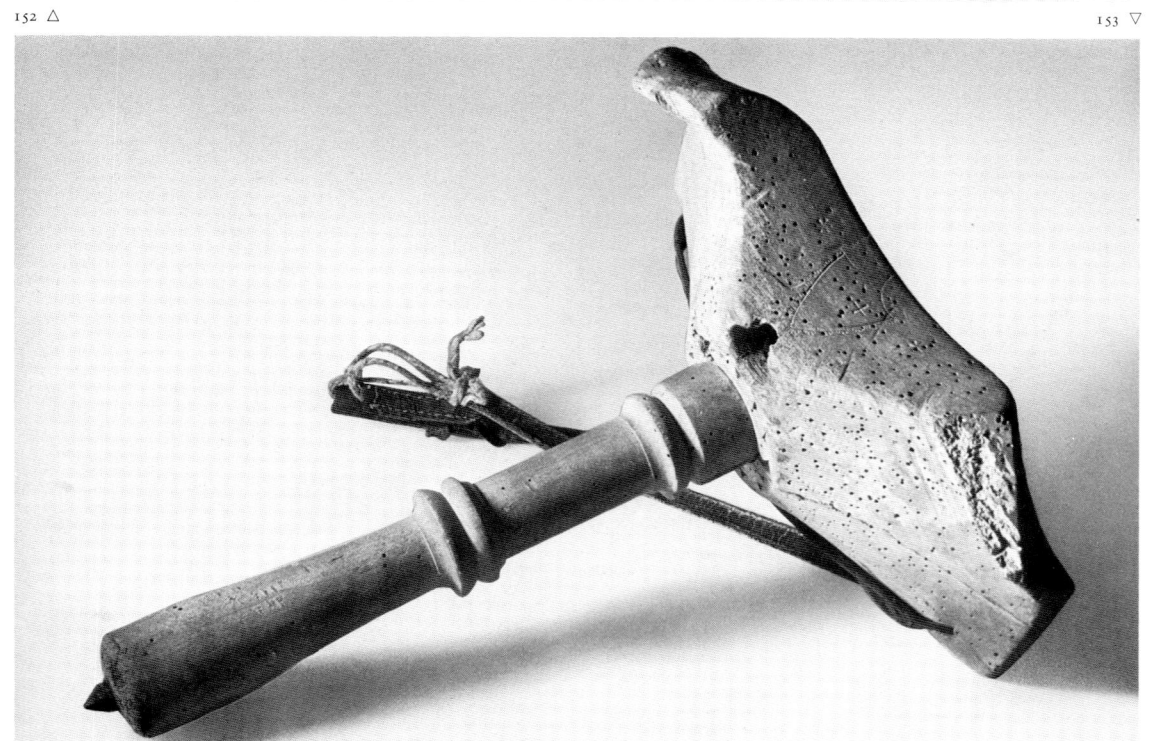

58

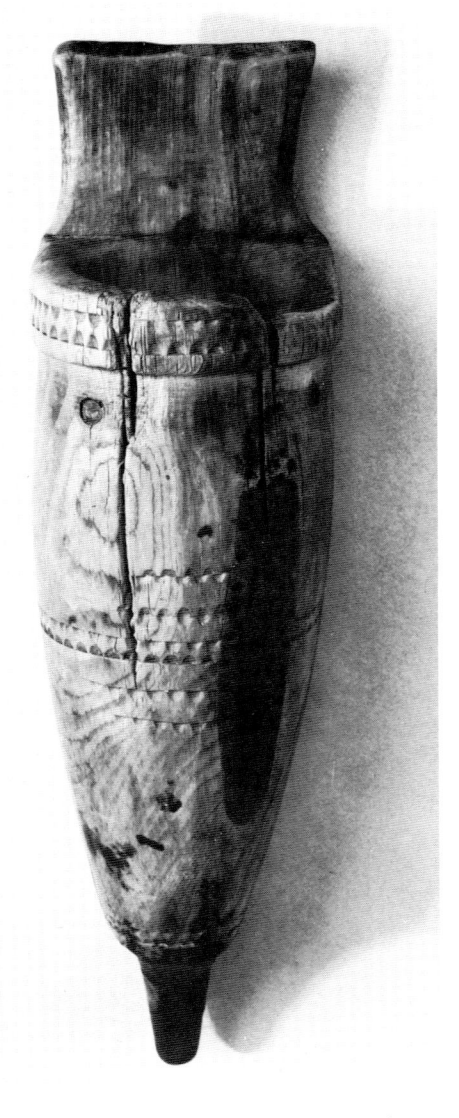

152 Hirtenpeitschen mit Rillendekor und Zinneinlagen, Franken, 19. Jh. (?).
Hersbruck, Deutsches Hirtenmuseum

153 Melkschemel, Allgäu, vermutlich 19. Jh.
Weiler, Heimatmuseum

154 Rührfaß, Bozen/Italien, 1860.
Bozen, Stadtmuseum

155 Melkstuhl, erworben in Bozen, um 1895. Fuß aus Birke, Sattel aus Zirbelholz.
Innsbruck, Tiroler Volkskunstmuseum

156, 157, 159 Wetzsteinkumpfe aus Südtirol. Zirbelkiefer. H 20 cm.
Privatbesitz

158 Butterform, Niedersachsen. Ahorn. D 16 cm.
Privatbesitz

160 Bindeknüppel, Lkr. Celle/Niedersachsen, 19. Jh. (?). H (rechts) 31 cm.
Celle, Bomann-Museum

161 Drei Serviettenringe, 1960. Nußbaum. H 5 cm, D 4,5 cm.
Nürnberg, Drechslerei Leonhard Wild

162 Zwei Serviettenringe, München, 1928 und 1940. Ebenholz, passig gedreht, und Nußbaum, handgeschnitzt.
Tegernsee, Drechslerei Hans Strecker jun.

163 Tellerhalter, Altes Land bei Hamburg, 1787. Linde. H 103 cm, B 34 cm, T 18 cm.
Hamburg, Altonaer Museum

164 Salzmetze, Sachsen, vermutlich 19. Jh. Bemalt.
Glauchau, Museum

165 Eierbecher. Ahorn. H 7 cm, D 4 cm. Modell.
Miesbach, Drechslerei Benno Schieder

166 Salzstreuer, München, 1936. Nußbaum, handgeschnitzt. H 8 cm, D 5 cm.
Tegernsee, Drechslerei Hans Strecker jun.

167, 168 Eierbecher. Buche. H 6,5 cm, D 4,5 cm. –
Kiefer, gewachst. H 6,5 cm, D 4,5 cm.
Schliersee-Neuhaus, Erwin Born

62

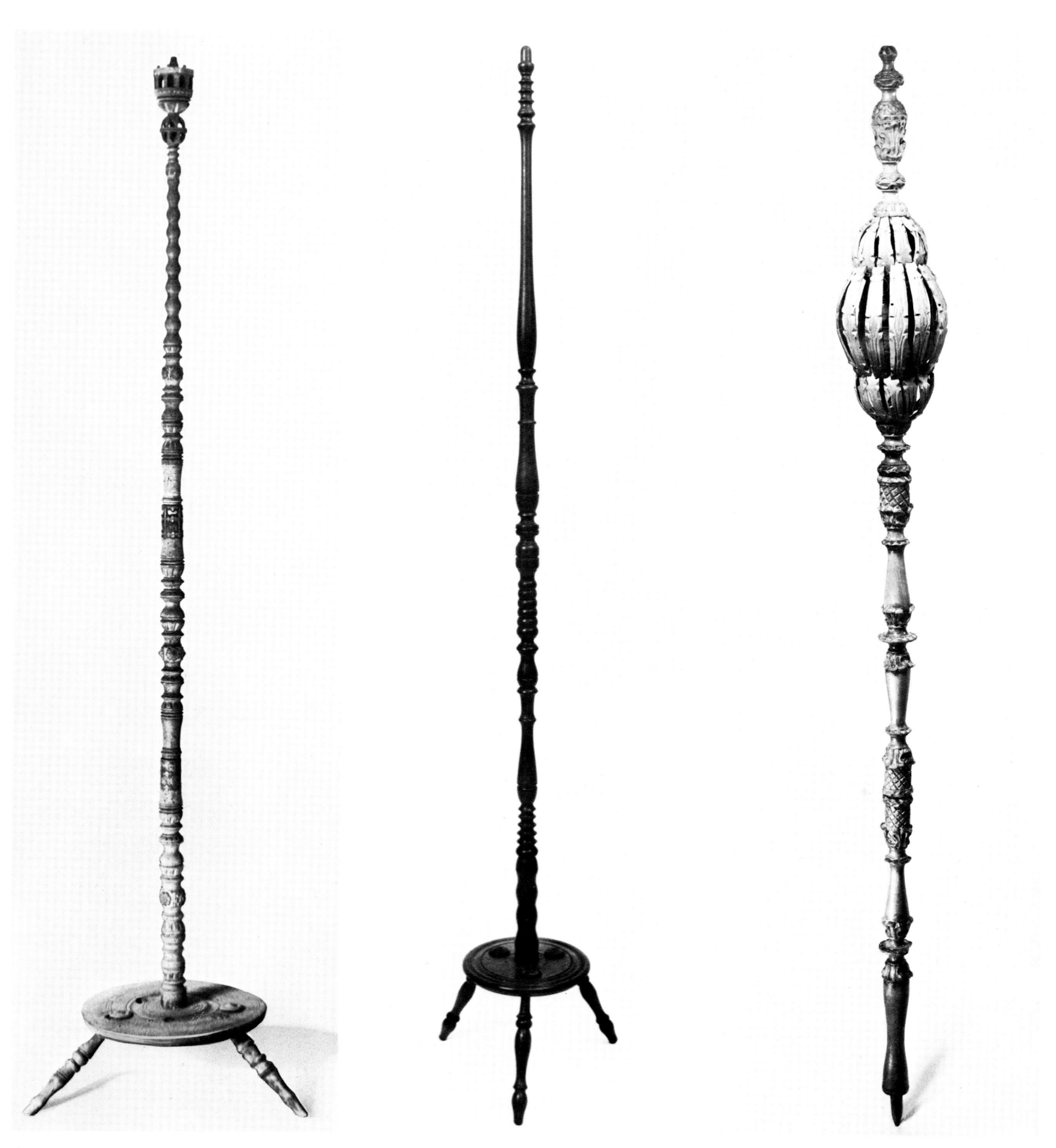

172 Radl mit Kurbel für ein Spinnrad, 1870. Fichte. D 54 cm.
Schliersee-Neuhaus, Familie Schram

173 Flachshechel, Schleswig-Holstein, um 1760. H 126 cm, B 63 cm, T 45 cm.
Hamburg, Altonaer Museum

Gegenüberliegende Seite:
169 Rockenständer, Tittmoning, vermutlich um 1800. Rotbuche. An der Spitze laternenartige Durchbruchschnitzerei. H 173 cm.
Tittmoning, Heimathaus des Rupertiwinkels

170 Rockenständer, Tegernsee, 1982. Mahagoni. H 145 cm, Teller D 20 cm.
Tegernsee, Drechslerei Rolf Strecker

171 Spinnrocken (zepterförmig). Brautgabe. In vier Teilen gedrechselt. H 64,5 cm, D 2 cm.
Innsbruck, Tiroler Volkskunstmuseum

174 *Haspel, Umland Braunschweig, Mitte 19. Jh. Buche und Birke, Teile farbig gefaßt. H 91,5 cm.*
Nürnberg, Germanisches Nationalmuseum

175 *Spinnrad, Schwalm (Hessen), Mitte 19. Jh. Buche, Teile farbig gefaßt. H 122 cm.*
Nürnberg, Germanisches Nationalmuseum

176 *Garnweife, 19. Jh.*
Coburg, Kunstsammlungen der Veste

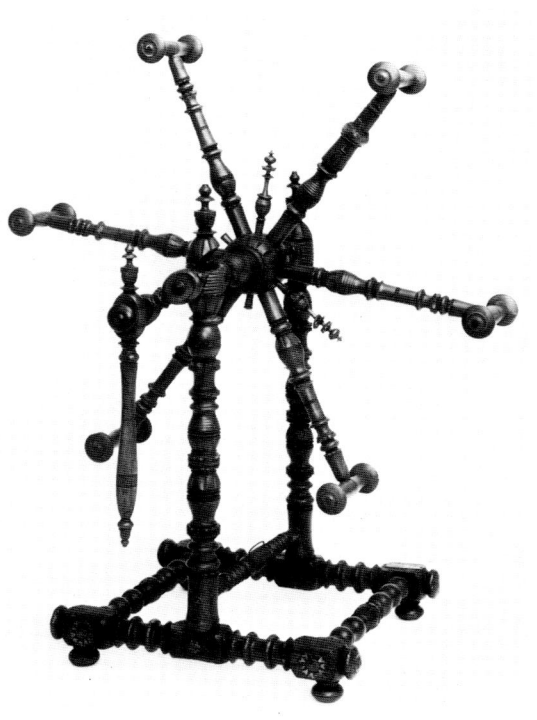

177 Tiroler Spinnrad mit Rocken.
München, Deutsches Museum

178 Spinnrad. Die vier gedrechselten Füße aus Ahorn. Die geschweiften Fußleisten mit Dockengalerie aus Birnbaum. Der eingelegte Radrahmen, die Radfelge, die ausgeschnittene Treibstange und das Fußbrett aus Nußholz. H 80 cm. Detail vgl. Abb. 146.
Innsbruck, Tiroler Volkskunstmuseum

179 Spinnrad, Munsala/Finnland, vermutlich Anfang 19. Jh.
Helsinki, Nationalmuseum

180 Spinnrad. Vier im oberen Bereich gewundene Füße. Die Fußleisten und die Speichen aus Birnholz, die durchbrochene und geschnitzte Treibstange, der Radrahmen und die eingelegte Felge aus Hartholz. H 78 cm.
Innsbruck, Tiroler Volkskunstmuseum

181 Spinnrad. Birnholz. Der reich geschnitzte Radständer ist mit Silberauflagen versehen. Radfelge mit geschnitztem Zopfband. H 134 cm.
Innsbruck, Tiroler Volkskunstmuseum

182   Spinnrad. Birnbaum. Der bewegliche Träger für die Rockenstange ist an der Bohrung mit Zinn beschlagen. H 69 cm.
Innsbruck, Tiroler Volkskunstmuseum

183   Garnwickler, Uetersen/Holstein, 2. H. 18. Jh. H 113 cm, D 86 cm, T 40 cm.
Hamburg, Altonaer Museum

184   Haspel. Kirschbaum. H 85 cm, D 72 cm, T 44 cm.
Rothenburg ob der Tauber, Privatbesitz

185   Haspel, 19. Jh.
Celle, Bomann-Museum

186   Haspel, 19. Jh.
Marburg, Universitätsmuseum

68

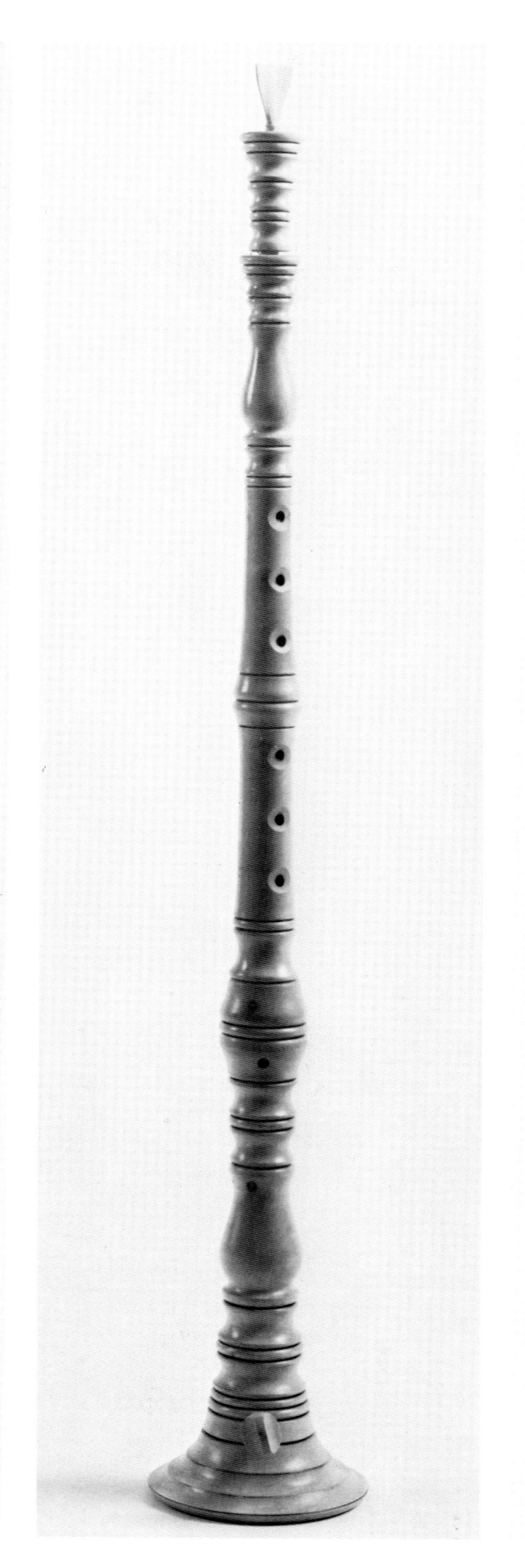

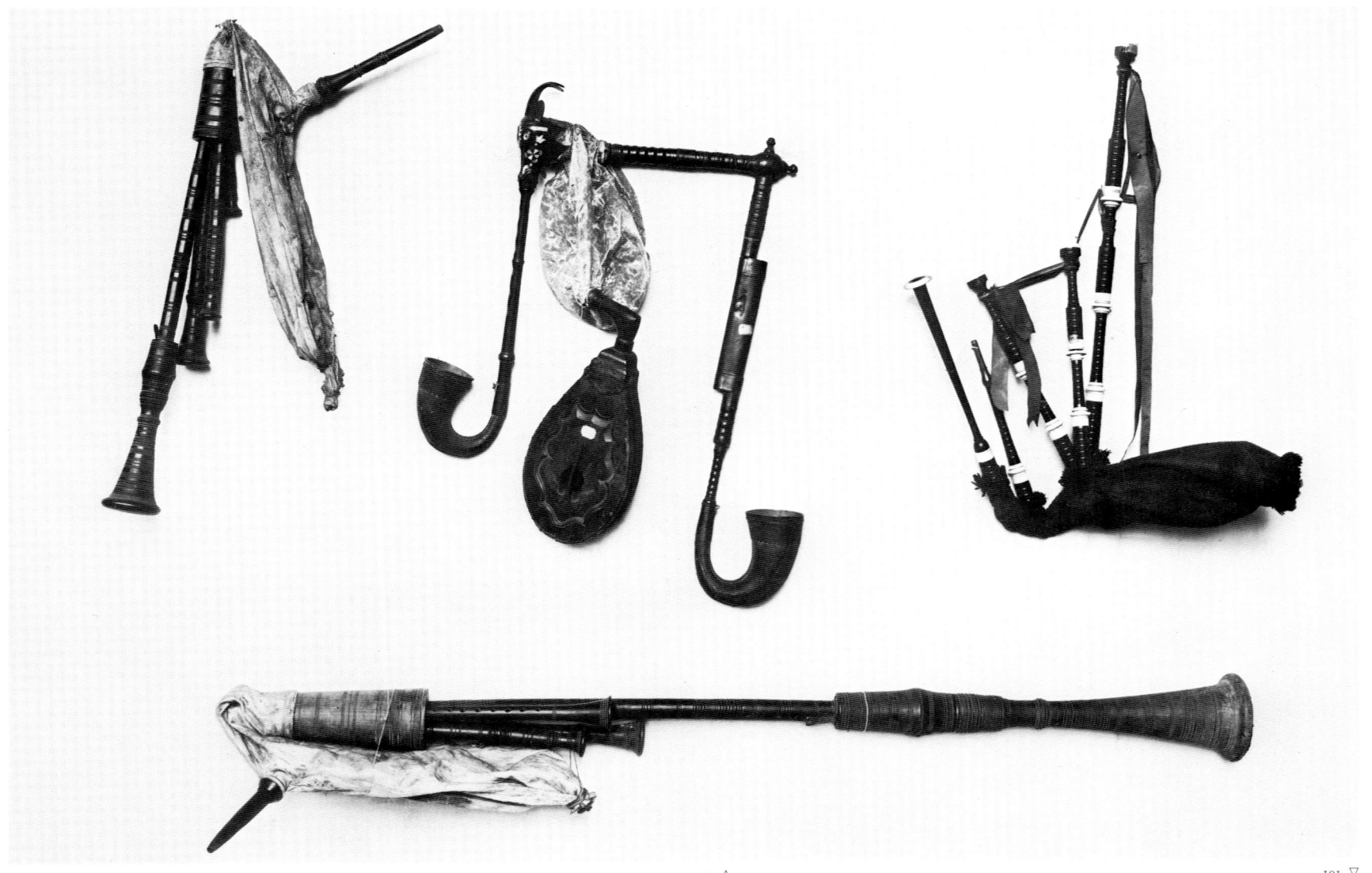

Musikinstrumente

Gegenüberliegende Seite:
187 Musettebaß (Bassettoboe), um 1800.
München, Deutsches Museum

188 Velo Sopelo, istrische Schalmei, 1978.
München, Deutsches Museum

189 Blockflöten, 18. Jh.
München, Deutsches Museum

190 Vier Sackpfeifen (Dudelsäcke), Blasinstrumente mit Windbälgen. Deutscher Dudelsack, 17. Jh. – Slowenischer Dudelsack, 18. Jh. – Schottischer Dudelsack, 17. Jh. – Unten: Italienischer Dudelsack, 17. Jh.
München, Deutsches Museum

191 Gaita gallega (Dudelsack), Galicien (Nordwestspanien), um 1930.
München, Deutsches Museum

192 △ 193 ▽   194 △ 195 ▽

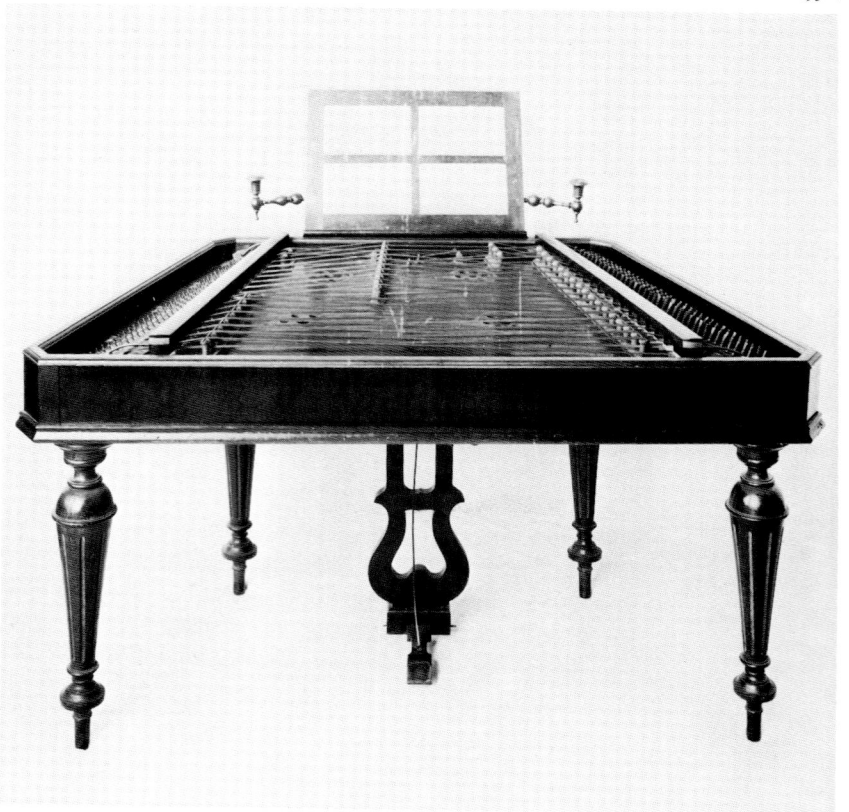

70

Gegenüberliegende Seite:
192 Tangentenflügel, Regensburg, 1800. Detail. Signiert: Friedr. Schmahl.
München, Deutsches Museum

193 Italienischer Kielflügel, 1561.
München, Deutsches Museum

194 Pianino mit Janko-Klaviatur. Detail.
München, Deutsches Museum

195 Ungarisches Cymbal von V. J. Schunda, Budapest, 19. Jh.
München, Deutsches Museum

196 Konzertflügel (Aliquot-Piano-Patent) von Blüthner, Leipzig, um 1926. Detail.
München, Deutsches Museum

197 Pfeifen-Orchestrion von M. Welte & Söhne, 1900. Detail.
München, Deutsches Museum ▷

Spielzeug

198 Baukasten, 1981. Ahorn, roh. Grundmaß der Bausteine 3 × 3 cm.
Urach, Ursula Meyer

199 Tanzgruppe aus dem Grödner Tal. Zirbenholz.
St. Ulrich, Grödner Heimatmuseum

200 Drei Kreisel, Miesbach, 1975. Ebenholz, Stiel Ahorn. H 6 und 8 cm, D 3 und 5 cm.
Miesbach, Drechslerei Hans Ransberger

201 Totzen, Rotbuche. L 4,8 cm, D 3,8 cm. An der Spitze geschmiedeter Nagel. Geschicklichkeitsspiel.
Innsbruck, Otto Vogth

202 Sparmandl (Spardose). Kiefernholz, mattiert. H 19,5 cm, D 6 cm.
Schliersee-Neuhaus, Erwin Born

203 Drei Kreisel, Berchtesgaden. Kirschbaum. H 3–5 cm.
Schliersee-Neuhaus, Erwin Born

204 Hutladen. Birke, Ahorn, Kirsche, Nußholz, Mahagoni, Apfel, Pflaume, Palisander und Birnbaum. Gestell 22 × 12,5 cm. Figuren H 11 und 12 cm. Hüte zwischen 1 und 2,5 cm.
Miesbach, Drechslerei Benno Schieder

205 Figuren in Trachten: Zillertaler Tracht, Grödner Brauttracht, Ötztaler Tracht, Iseltaler Tracht. Entworfen und bemalt von Grete Karasek, Innsbruck. Durchschnittliche Größe 10,5 cm, Kinder 4–5 cm.
Innsbruck, Tiroler Volkskunstmuseum

206 Zitrone aus Buchenholz mit zwanzig gedrechselten Küchengeräten. H 8 cm.
Innsbruck, Tiroler Volkskunstmuseum

207 Eierservice, Nürnberg, 1910. Ahorn, handbemalt. Tablett D 10 cm.
Nürnberg, Johann Wild

208 Puppenwiege, 18. Jh. Kirschbaumholz.
Basel, Historisches Museum

209 Metzgerladen. Würste und Schinken aus verschiedenen Holzarten: Linde, Buche, Birne, Kirsche, Nuß, Ahorn und Mahagoni. Gestell 19 × 16 cm. Würste 4–12 mm, Schinken bis 18 mm.
Miesbach, Drechslerei Benno Schieder

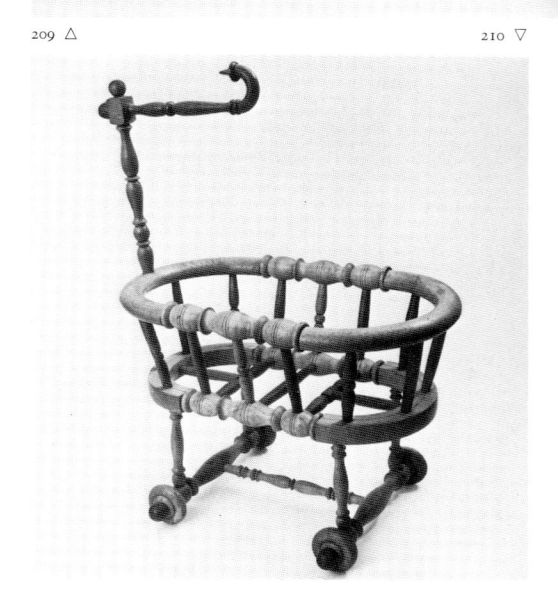

210 Puppenwagen, 1948. Kirsche. H 20 cm, L 28 cm, B 17 cm.
Miesbach, Drechslerei Benno Schieder

211 Puppenwagen. Rotbuche. H 8,5 cm, L 10,5 cm, B 6,5 cm.
Miesbach, Drechslerei Benno Schieder

212 Zweigeschossiges offenes Puppenhaus. Möbel und Geräte aus verschiedenen Holzarten.
Nürnberg, Drechslerei Leonhard Wild

213 Waschservice. Ahorn, bemalt. Schüssel D 6,5 cm.
Nürnberg, Johann Wild

214 △   215 ▽   216 ▽   217 △   218 ▽

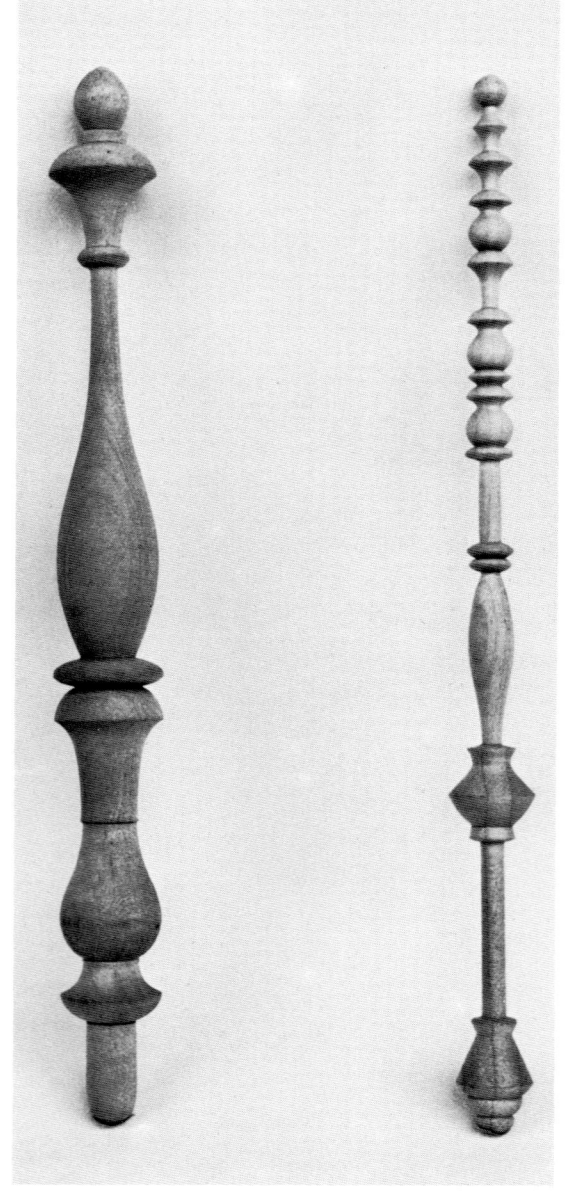

Kunsthandwerkliche Drechselarbeiten

*214 Passigdreharbeit in Rhombusform, Nürnberg, 1939. Speckstein. Seiten L 7,5 cm.
Nürnberg, Familie Saueracker*

*215 Osnabrücker Madonna mit Zepter, um 1980.
Starnberg, Alpenland Kunstwerkstätten*

*216 Zepter für Osnabrücker Madonna. Ahorn. L 21,5 cm, D 0,4–2 cm.
Bad Wiessee, Drechslerei Max Saurle*

*217 Siegelbüchse, Nürnberg, Anfang 19. Jh. Ahorn, getönt. Siegelabdruck der Drechslerinnung Nürnberg.
Nürnberg, Drechslerinnung*

*218 Studie in Längs- und Querpassig gedreht, Nürnberg, 1911. Nußbaum. H 9,5 cm, D 5 cm.
Nürnberg, Familie Saueracker*

*219 Kugel von Hermann Saueracker, sechsfach ineinander gedreht, Nürnberg, 1942. Olivenholz, hell.
Nürnberg, Familie Saueracker*

*220 Drechslersonne, 1979. Eichenholz, Buchs- und Apfelbaum. Im Kugellager drehbar, aus 135 Einzelteilen bestehend. D 100 cm.
Jestetten, Bildhauer- und Drechslermeister Gerhart Rieber*

*221 Drehstudie, Nürnberg, 1913. Buchsbaum. D 10 cm.
Nürnberg, Familie Saueracker*

*222 Durchbrochene Dreharbeiten, Nürnberg. Elfenbein. Versetztdreherei. D 4,5 mm, Stärke 2 mm.
Nürnberg, Familie Saueracker*

*223 Herzornament, Nürnberg, 1935. Buchsbaum. Passigdreharbeit.
Nürnberg, Familie Saueracker*

*224 Gitterwerk, München, 1898. Buchsbaum und Ebenholz, 101 Teile. 10 × 10 cm.
Tegernsee, Drechslerei Hans Strecker sen.*

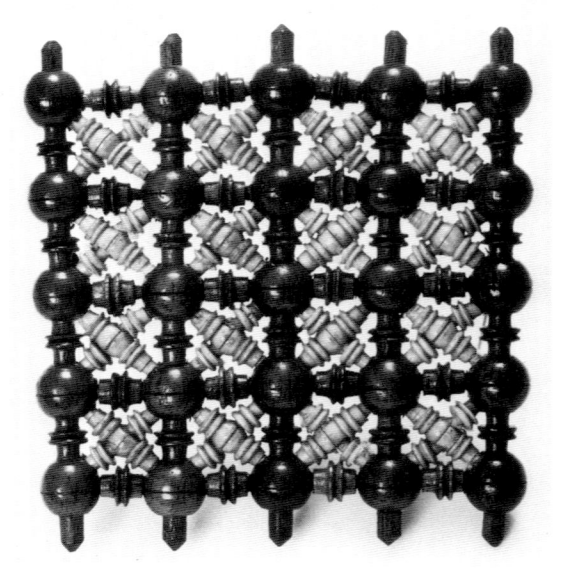

Technisches Gerät

225 Nuthobel. Nußbaum. Durch Holzschrauben verstellbar. L 25,5 cm.
Innsbruck, Tiroler Volkskunstmuseum

226 Leimpfanne mit gedrechseltem Ahornstiel. L 40 cm.
Innsbruck, Tiroler Volkskunstmuseum

227 Zunfthammer mit Drechslerwappen, Nürnberg, 1959. Nußbaum. Gesamt L 33 cm, Hammer L 12 cm, D 6,5 cm. Ehrengabe anläßlich des Drechslertages in Nürnberg.
Nürnberg, Ehrenobermeister Leonhard Wild

228 Krapfenradl. Holzgriff mit weißer Beinverzierung und messinggefaßt.
Innsbruck, Tiroler Volkskunstmuseum

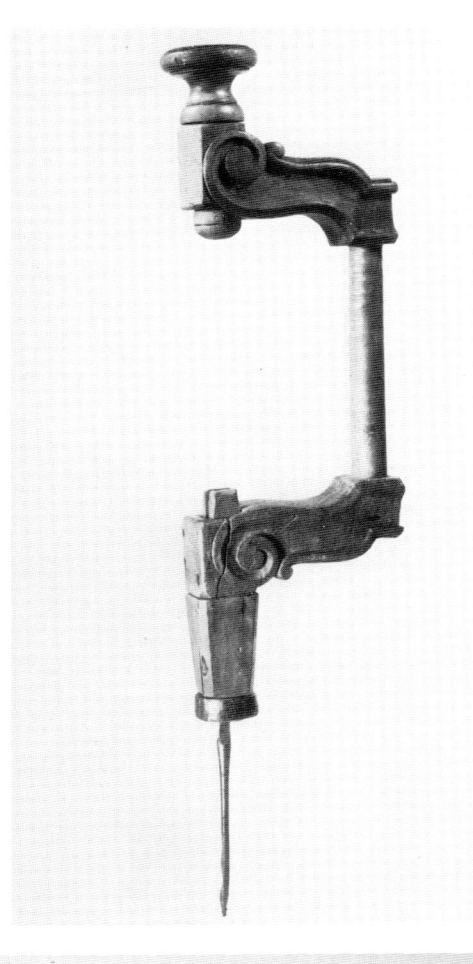

◁ 229　Bohrwinde. Birnbaum. L 48 cm.
Innsbruck, Tiroler Volkskunstmuseum

230　Bohrleier. Mit Handschnitzereien und Einlegearbeiten verziert.
München, Deutsches Museum

231　Alte Drechslereisen. Buchenholz. L 50–53 cm.
Innsbruck, Tiroler Volkskunstmuseum

232　Profilhobel in Form eines Rosenschneidmessers. Säge mit Ahorngriff. L 43 cm.
Innsbruck, Tiroler Volkskunstmuseum

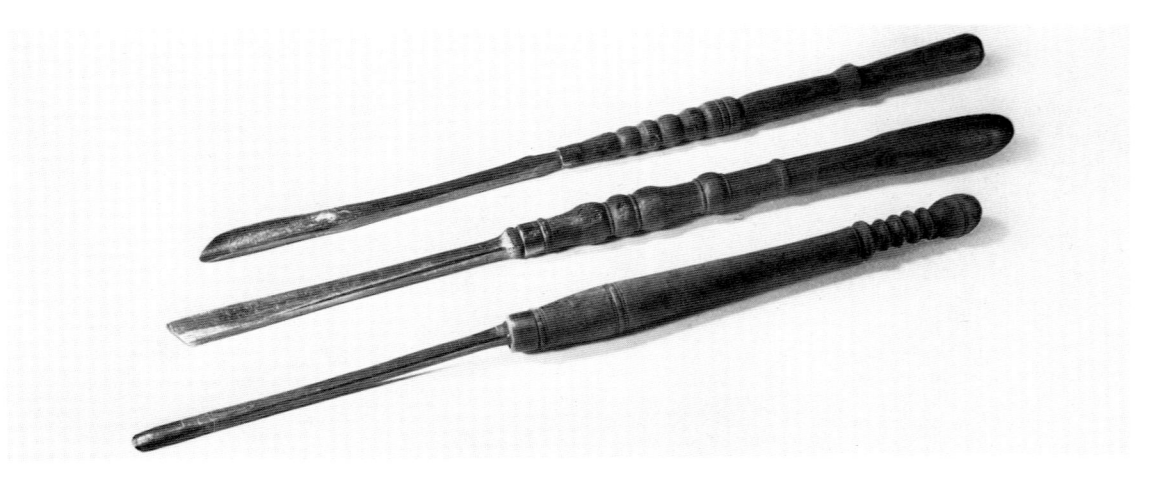

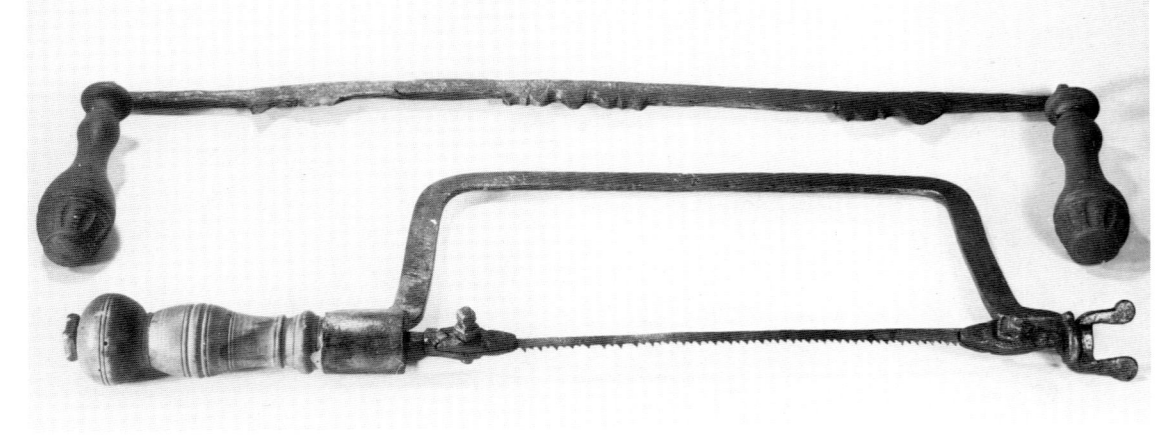

◁ 233   Gutsherren-Regulator. Eiche. H 41,5 cm, B 22,5 cm, T 10,4 cm.
Trossingen, Selva-Technik

234   Hölzerne Taschenuhr, Rußland, lt. Signatur des Uhrmachers Bronnikow und seines Sohnes in Wjatka, 1827. Hergestellt aus sieben verschiedenen Holzarten. Das Gehäuse besteht aus Maser-Wuchsholz (Birkenkropf). Uhrkette, Zifferblatt und Uhrwerk sind aus Palmenholz gefertigt. Die Uhrzeiger bestehen aus Geisblatt, die Uhrfeder aus Bambusrohr. Das einzige Metallteil in der Uhr ist die Spiralfeder, die Unruh.
Wuppertal, Uhrenmuseum ▽

Gegenüberliegende Seite:
235   Stundenglas, Italien, um 1720. Elfenbein, geschnitzt und gedrechselt.
Wuppertal, Uhrenmuseum

236   Mörser mit Stößel aus Elfenbein, England, 16. Jh.
Basel, Schweizerisches Pharmazie-Historisches Museum

237   Sanduhr, Coburg, 1977. Nußbaum. H 23 cm, D 12 cm. Ehrengabe an den Bundesinnungsmeister.
Nürnberg, Leonhard Wild

238   Mörser mit Stößel (Pistill), Chur/Schweiz, 18. Jh. Mörser Eiche, Stößel Ahorn. H 28 cm, D unten 11, oben 12,5 cm.
Chur, Rätisches Museum

239   Sanduhr, Pfalz. Nußbaum. H 20 cm, D 13,5 cm.
Osterhofen, Familie Schaupner

240   Kleiner Holzmörser mit Eisenstößel, Gröden. H 20 cm. – Mörser. Ahorn. H 24 cm.
Innsbruck, Tiroler Volkskunstmuseum

235 △ 236 ▽ 237 △ 238 ▽ 239 △ 240 ▽

81

241 Gerät nach L. Zubler zur Anfertigung von Wandsonnenuhren. 17. Jh. – München, Deutsches Museum

242 Älteste Form eines einfachen Mikroskopes. Um 1685. – München, Deutsches Museum

243 Baukörper und Rosette. Ahorn, gebeizt. Miesbach, Staatliche Berufsschule

244 Handmikroskop. – München, Deutsches Museum

245 Stethoskop, München, 1940. Ulme. Tegernsee, Drechslerei Rolf Strecker

246 Gewinde für Nußknacker. Mahagoni. Schliersee-Neuhaus, Thomas Schram

247 Zerlegbare Wildwaage, deutsch, 1610. H 200 cm. Coburg, Kunstsammlungen der Veste

248 Kübelspritze, um 1850. Arme L 88 cm, 79 cm, 75 cm. Coburg, Kunstsammlungen der Veste ▷

249 Gewinde an einer Fruchtkelter, Ruhlkirchen/Hessen, 18. Jh. Eiche. Fruchtkelter H 172 cm. Marburg, Universitätsmuseum ▷▷

Gedrechselte Konstruktionselemente an Bauwerken

250   Außentreppe und Laubengang. Fischerhaus, Hofseite. Bamberg, Kapuzinerstr. 1

◁ 251   Speicher vom Gehöft Grimsgard in Nes, wahrscheinlich um 1700 gebaut. Bygdøy-Oslo, Norwegisches Volksmuseum

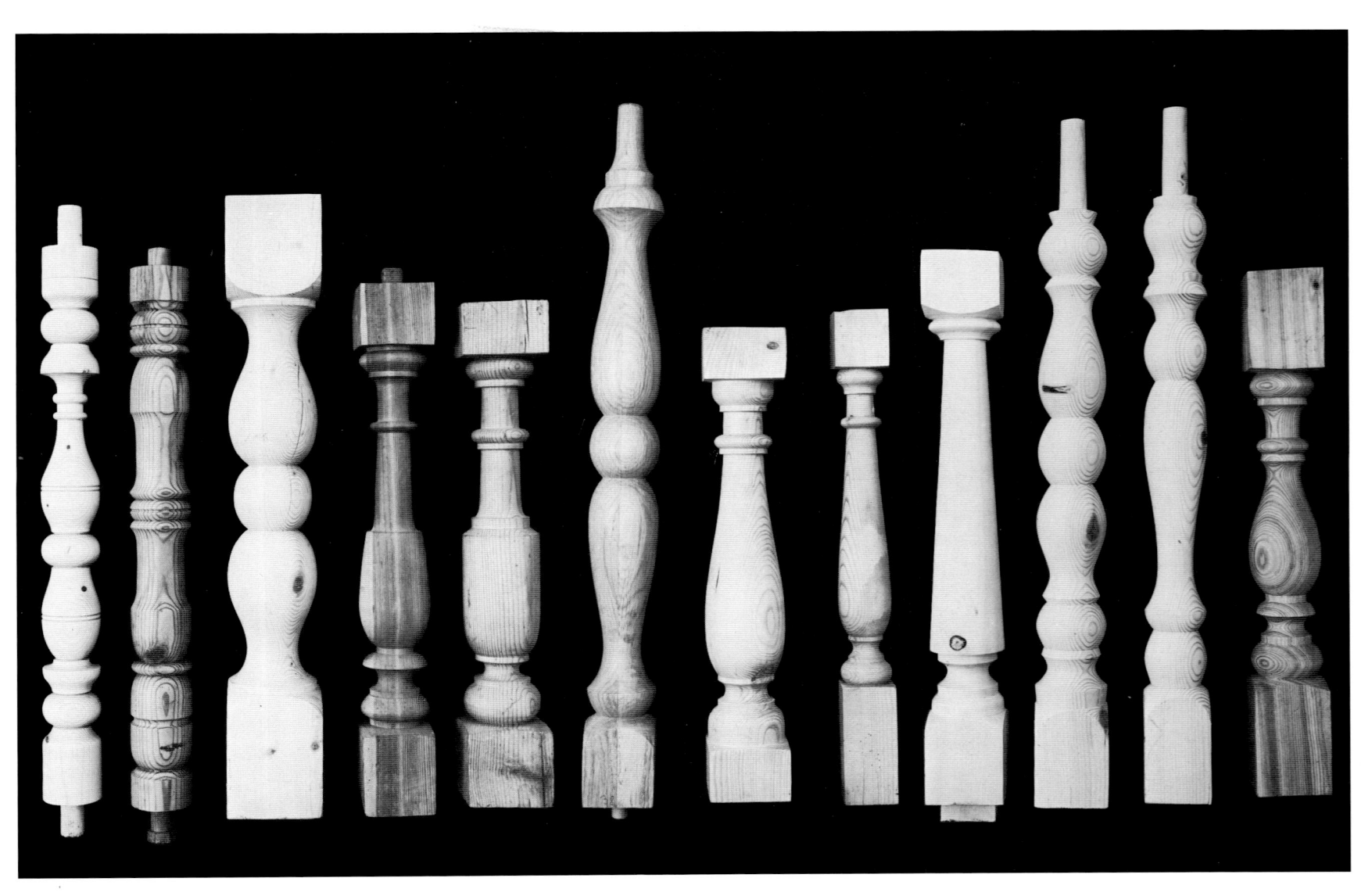

252 Baluster für Balkons und Emporen. Fichte, Kiefer, Eiche und Lärche.
Kreis Miesbach, Zimmerei Anton Bammer / Zimmerei Klaus Erlacher / Zimmerei Johann Strohschneider

◁ ◁ 253 Ecksäule an einem alten Holzhaus in Norwegen

◁ 254 Alte Treppengeländerstäbe und Balkonbaluster. Eiche, Fichte. Zum Teil bemalt.
Schliersee-Neuhaus, Erwin Born / Rottach-Egern, Zimmerei Johann Strohschneider

255 Balkonbrüstung. Braun gestrichen.
Ampaß, am Glockenturm der Pfarrkirche

256 Balusterbalkon. Unbehandelt.
Kolsass, Bauernhaus

257 Balusterbalkon an einer Villa im Innsbrucker Land.
Braun gestrichen.

Gegenüberliegende Seite:
258 Balusterbalkon. Rotbraun gestrichen.
Ambras, Schloß

259 Balusterbalkon. Unbehandelt.
Baumkirchen, Bauernhaus

258

259

87

260 △

261 ▽

88

Gegenüberliegende Seite:
260 Balusterbalkon. Braun gebeizte Halbsäulen.
Weerberg, oberer Balkon an einem Haus

261 Balusterbalkon. Unbehandelt.
Weer, Bauernhaus

262 Holzarten: häufig verwendete Nadel- und Laubhölzer (v.o.n.u.):
links: Lärche, Zirbe, Kiefer, Fichte; rechts: Kirsche, Ulme (Rüster), Rotbuche, Eiche.
Beschreibung s. auch S. 176ff.

89

264 Schachfiguren, Österreich/Ungarn, 19. Jh. Buchsbaum.
Bamberg, Sammlung Lothar Schmid

265 Schachfiguren, wohl süddeutsch, um 1780. Nußbaum. König H 7,5 cm, Bauer H 6 cm. Läufer ähnlich den damals eingeführten Kriegsspielen als Kanone dargestellt.
Bamberg, Sammlung Lothar Schmid

266 Schachfiguren, 19. Jh. Buchsbaum.
Privatbesitz

◁ 263 Schachspiel von Professor Th. A. Winde, Dresden, um 1930. Buchsbaum. Größe des Kästchens 15 × 23 cm.
Bamberg, Sammlung Lothar Schmid

267 Balusterbalkon. Unbehandelt.
Weerberg, Bauernhaus

268 Balusterbalkon. Unbehandelt. Mit durchgehendem Blumenkasten.
Weerberg, Bauernhaus

269 Balusterbalkon. Braun gebeizte Halbsäulen.
Weerberg, unterer Balkon an einem Bauernhaus

Gedrechselte Konstruktionselemente im Innenausbau

270 Treppenaufgang. Eichenholz. Gedrechselte und geschnitzte Treppenpfosten. Geländer mit Balustern.

271 Geländerstäbe. Eiche, Palisander, Mahagoni, Lärche.

272 Sprosse und Geländerstäbe. Eiche und Lärche.
Tegernsee, Drechslerei Rolf Strecker

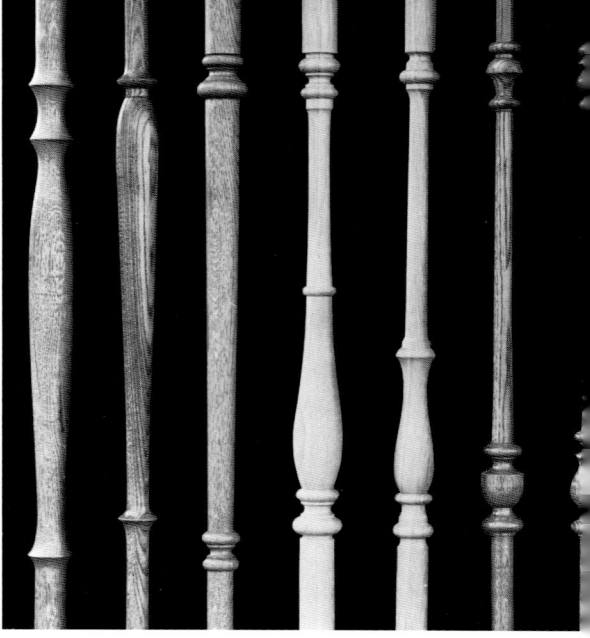

Gegenüberliegende Seite:
273 Geländerstäbe. Eiche, Palisander, Mahagoni und Lärche.

271 △   272 ▽

273 ▽

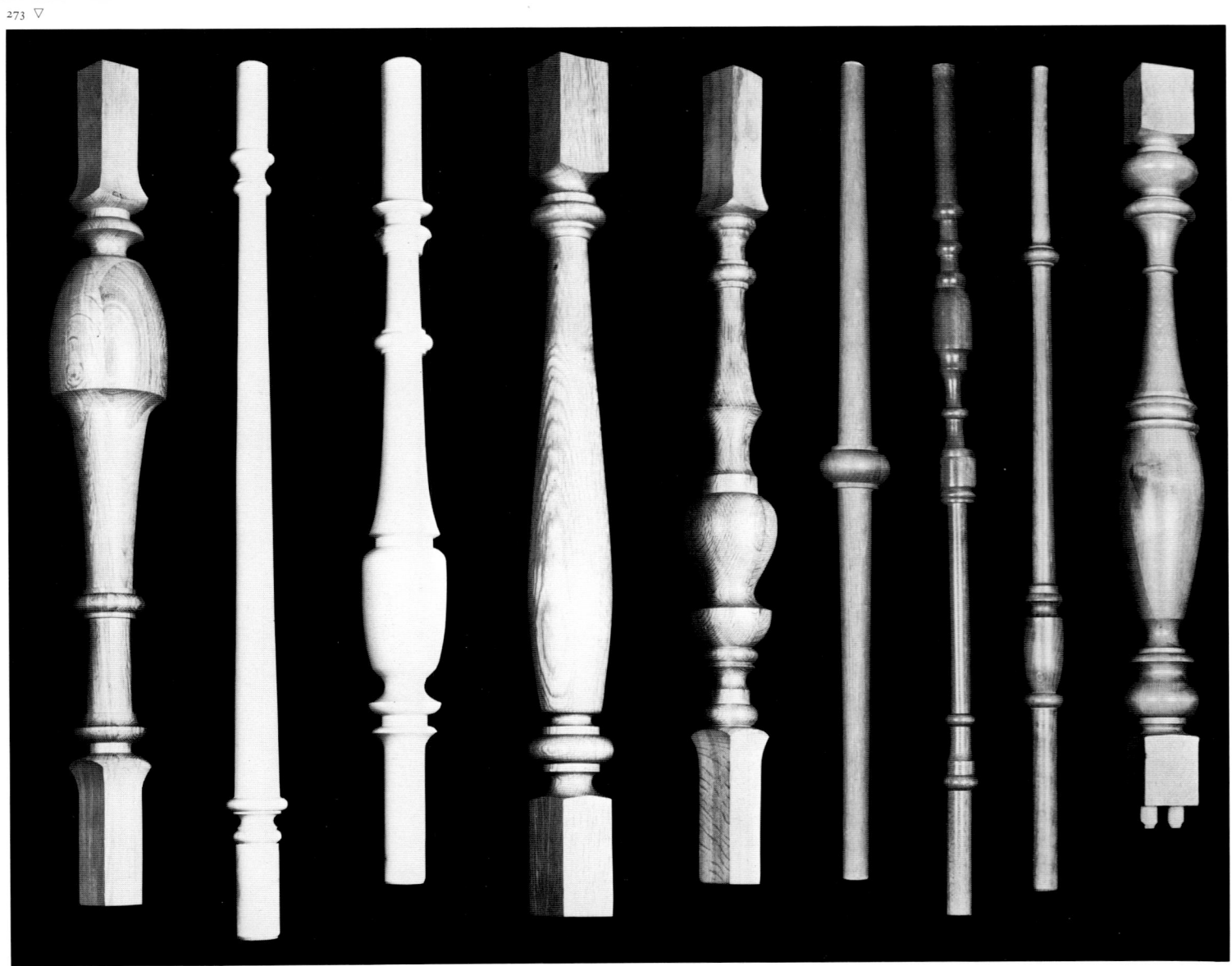

274 △   275 ▽   276 ▽   277 △   278 ▽

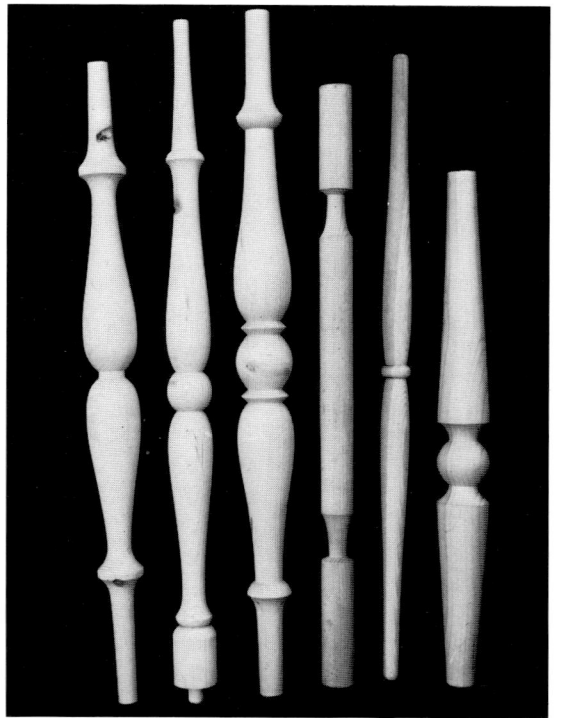

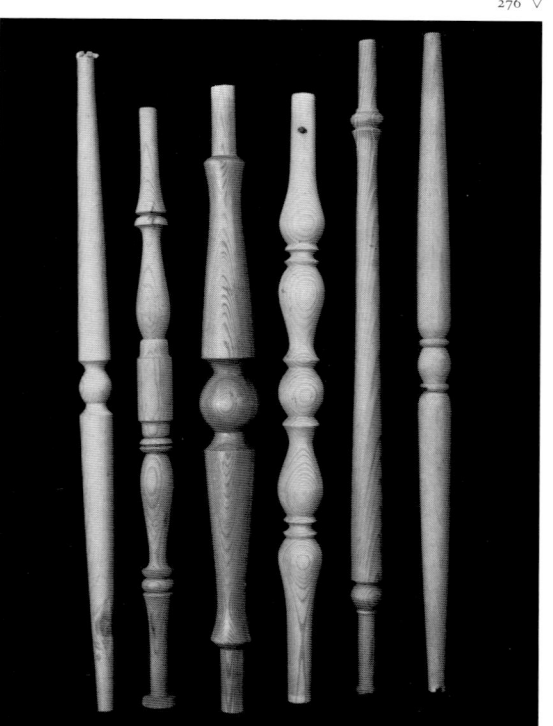

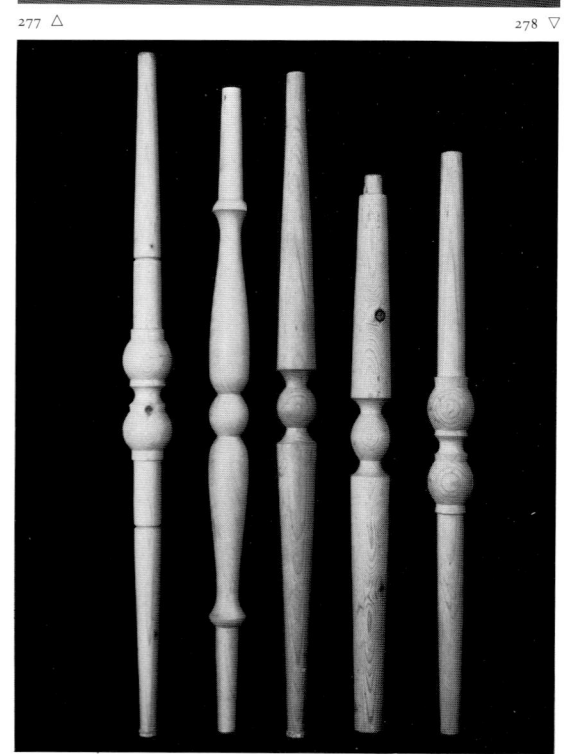

94

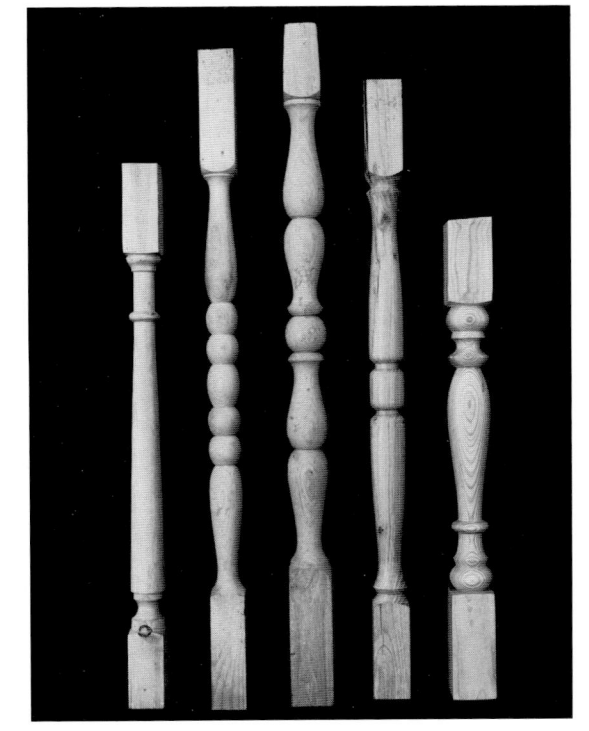

Gegenüberliegende Seite:
274 Treppenaufgang. Treppengeländer mit Doggen über 5 cm.

275, 276, 278, 280 Geländerstäbe. Eiche, Rüster, Kiefer, Lärche.
Kreis Miesbach, Zimmerei Anton Bammer / Zimmerei Klaus Erlacher / Zimmerei Johann Strohschneider / Drechslerei Rolf Strecker

277 Geländerstäbe. Eiche.
Tegernsee, Drechslerei Rolf Strecker

279 Treppen-Antrittspfosten. Fichte. H 115 cm, Fuß 13 × 13 cm.
Dürnbach, Drechslerei Peter Saurle

281 Alte Geländerstäbe. Bemalt und gebeizt.
Rottach-Egern, Zimmerei Johann Strohschneider

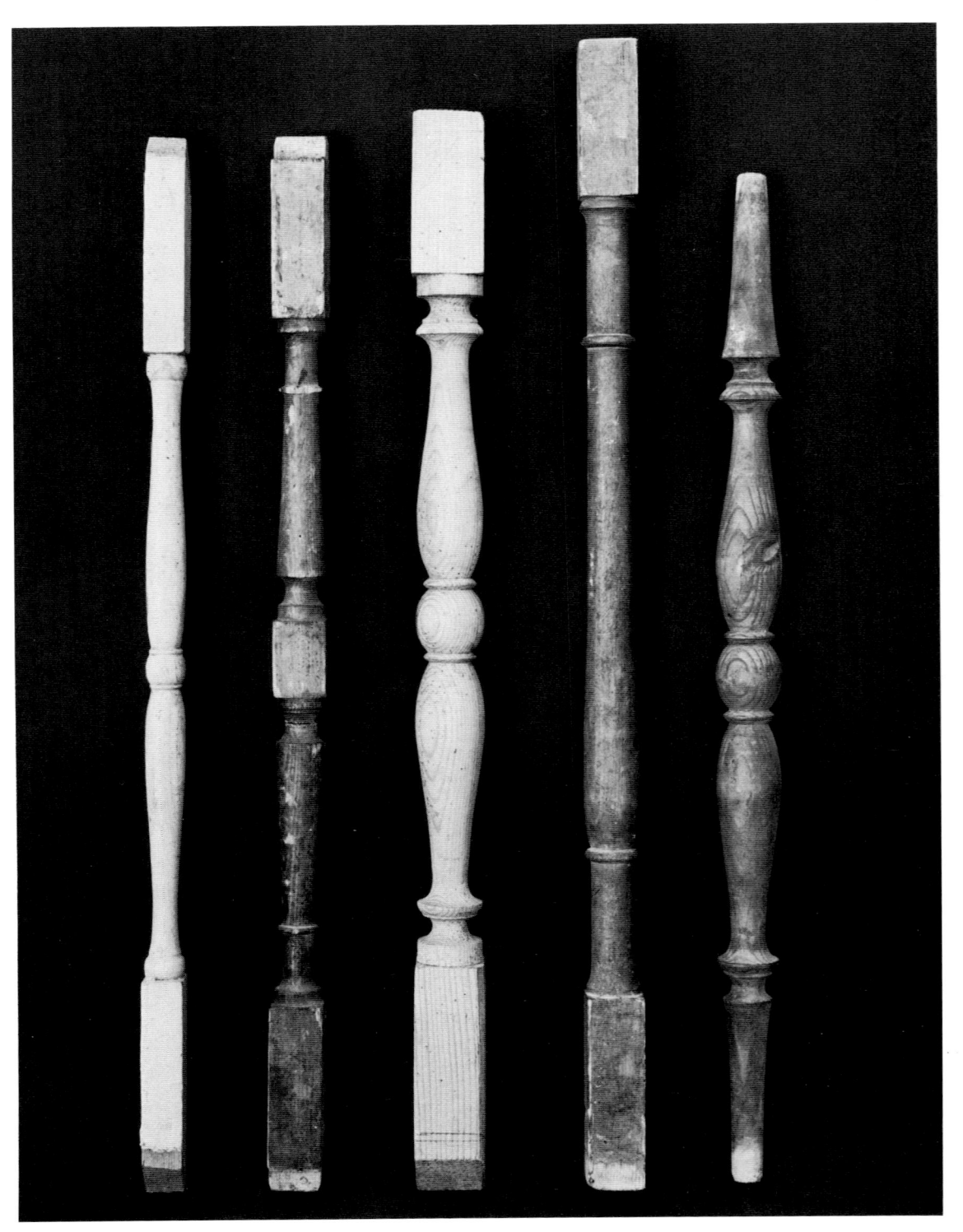

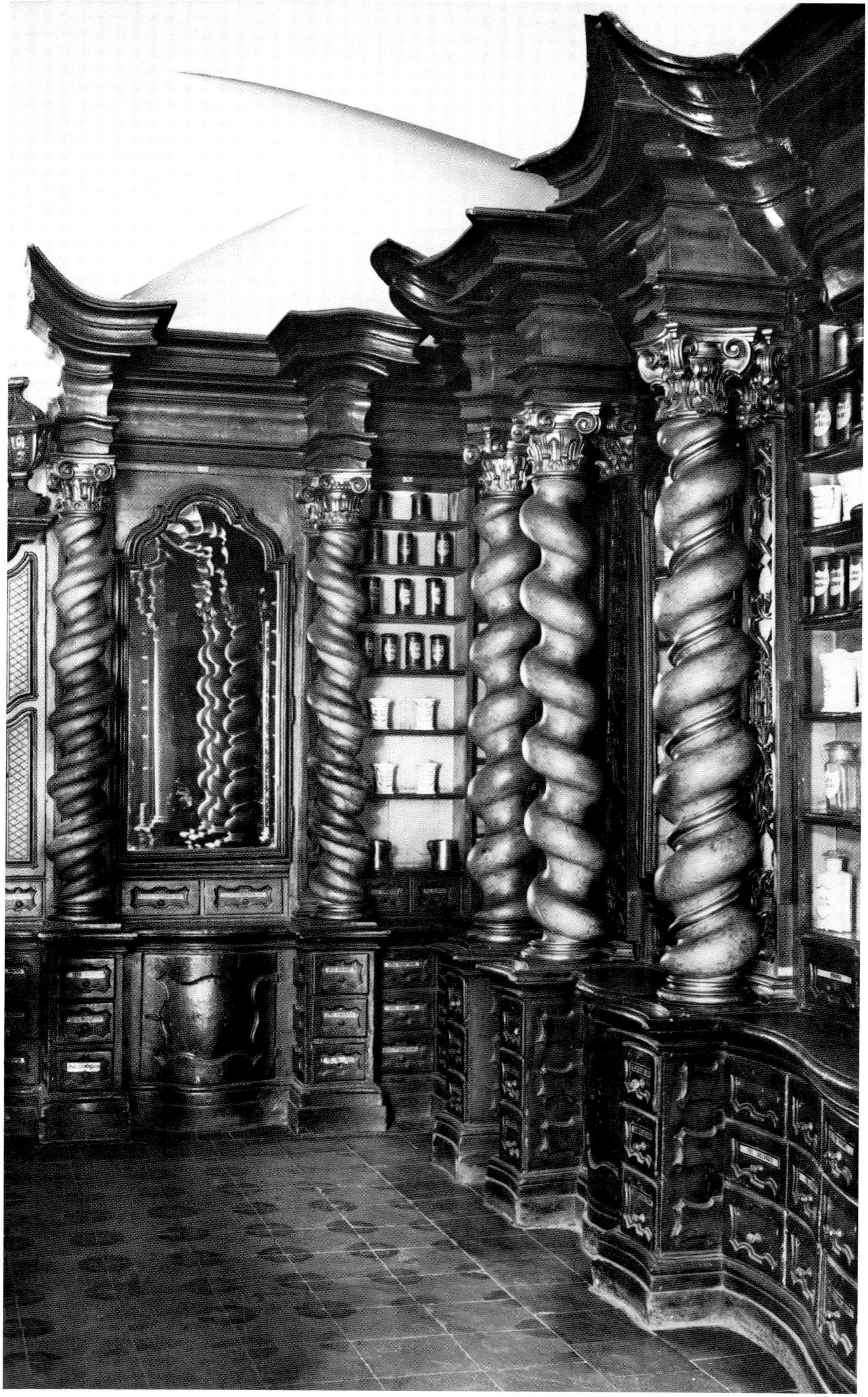

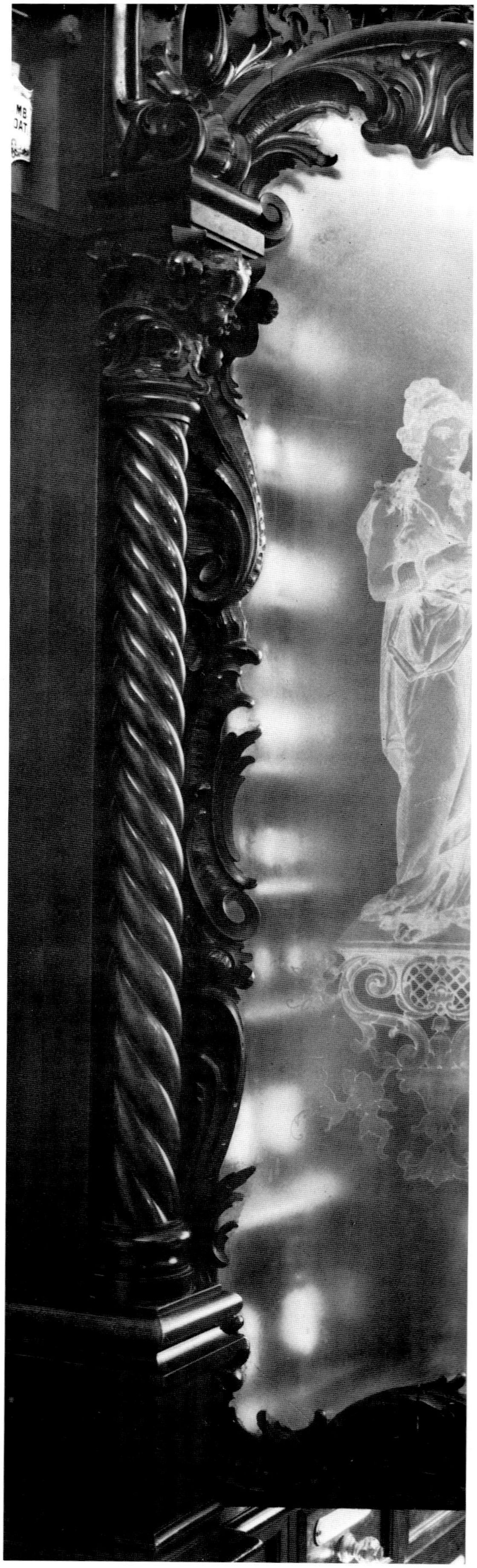

◁ ◁ *282 Gewundene Säulen in einer Apotheke, 1. H. 18. Jh.*
Klatovy (Klattau), CSSR, ehem. Jesuiten-Apotheke

◁ *283 Gewundene Säule in einer Apotheke, 2. H. 19. Jh.*
Bozen, Apotheke zur Madonna

284 Säulen im Innenausbau, Lohr, 1978. Fichte verleimt. Flämisch gewunden. H 205 cm, D 50 cm.
Lohr, Drechslerei Leo Nätscher

285 Säulen an einem Eckregal in einer Apotheke, um 1830.
Bratislava (Preßburg), CSSR, Pharmazeutisches Museum

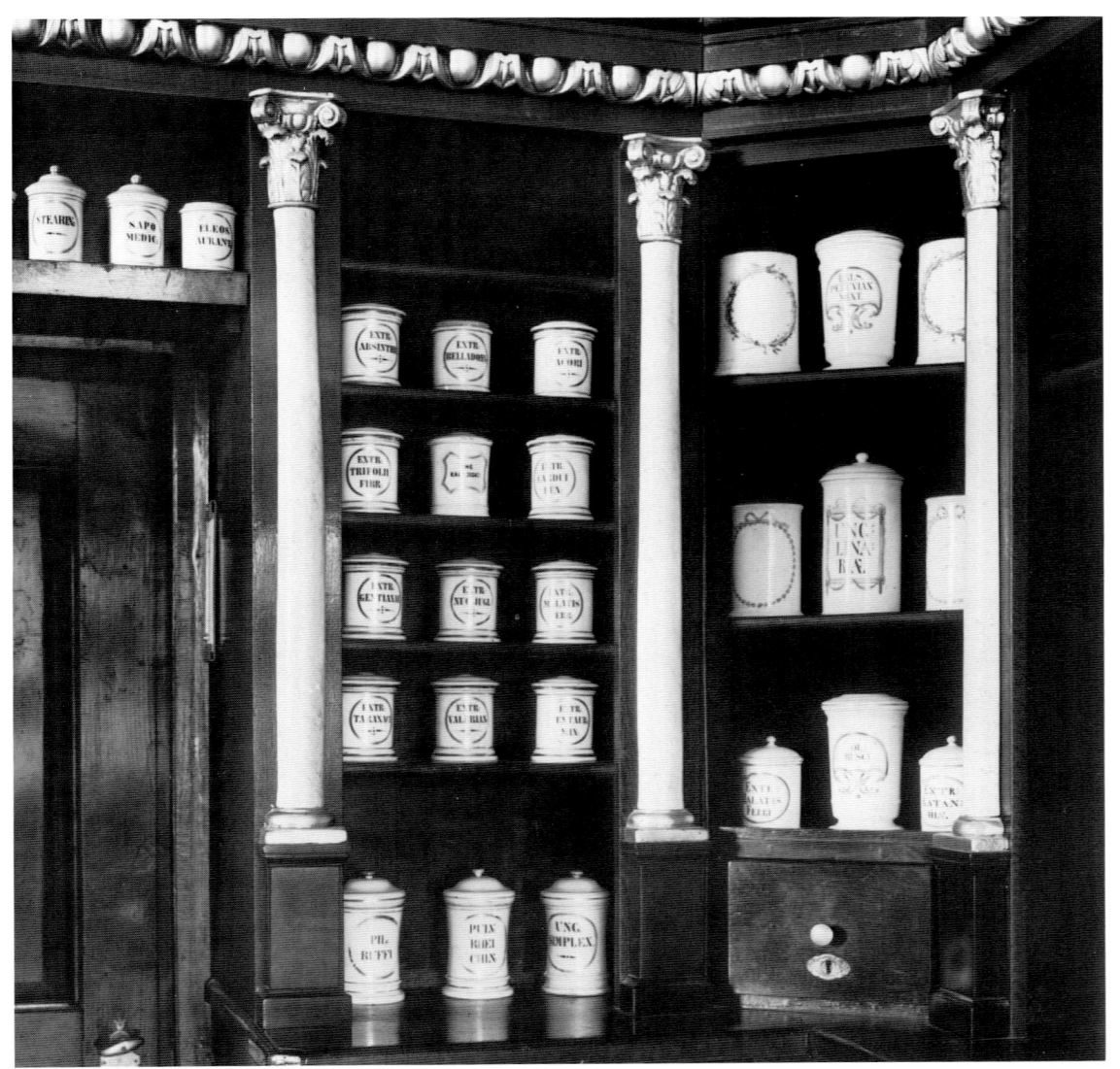

286 Säulen mit Kapitellen, Lohr, 1978. Fichte verleimt. Kapitelle gesondert gedrechselt. Mittelstück flämisch gewunden. H 249 cm, D 50 cm.
Lohr, Drechslerei Leo Nätscher   ▷

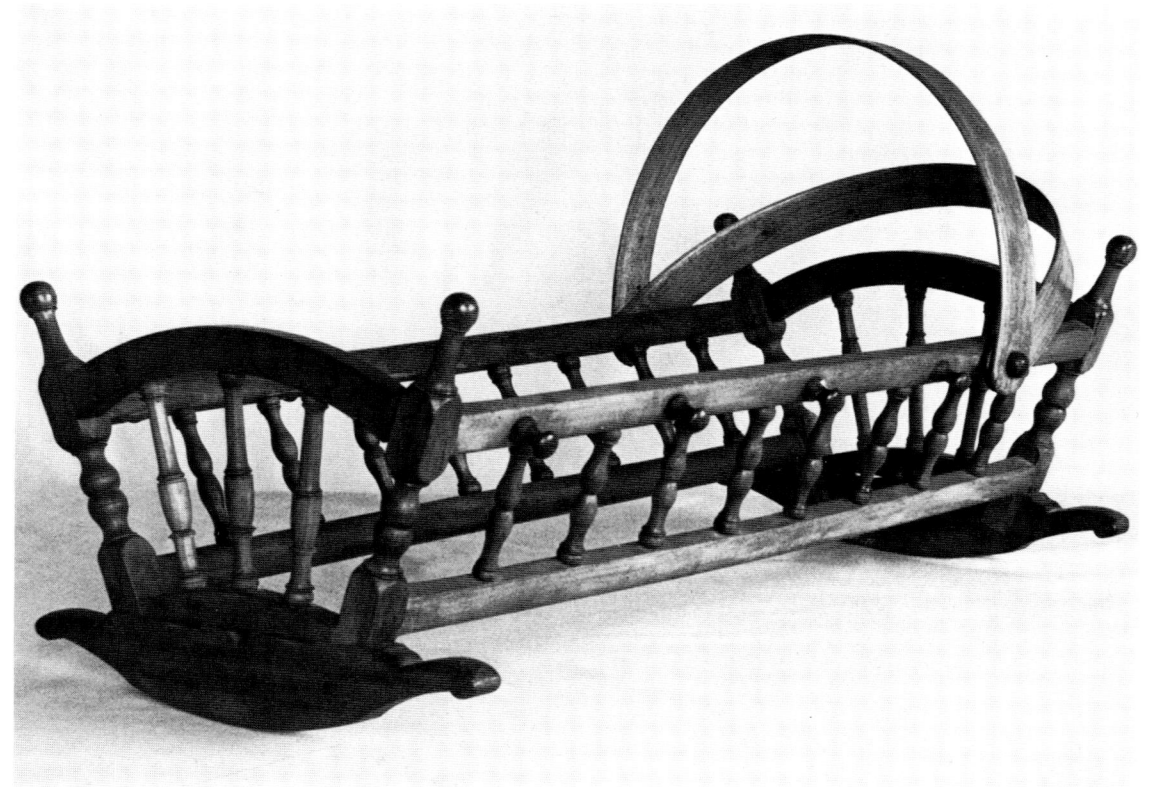

Kleinmöbel

287 *Gitterwiege, Schweiz, 1850.* Verstellbare, ungeschmückte Wiegenbögen.
Bulle/Kanton Freiburg, Schweiz, Musée gruérien

288 *Hohenzollernwiege, Berlin, 17. Jh.* Ebenholz. Indisch/portugiesische Wiege.
Berlin, Stadtschloß

289 *Wiege, süddeutsch (Augsburg?), um 1835.* Nußbaum. 125 × 115 × 60 cm.
Regensburg, Städtisches Museum

290 *Schrank mit gedrechselten Halbsäulen, 1836.* Weichholz. H 193 cm, B 135 cm, T 50 cm.
Aichach, Heimatmuseum

99

*291 Brettsessel, Tótkomlós/Ungarn, 1885. Weichholz, bemalt. H 101 cm, B 66 cm, T 50 cm.
Budapest, Ethnographisches Museum*

*Gegenüberliegende Seite:
292 Kinderwiege, Meschede, 1982. Gedämpfte Buche, gebeizt. Wiegenkorb oberhalb der Träger aufgehängt. Am Kopfende massive Füllungen mit gedrechselten Ornamenten.
Meschede, Gregor Kallabris*

*293 Rollenwiege (Sitzwiege), 1810. Diente Kindern, die bereits aus dem Säuglingsalter herausgewachsen waren, als sogenannte »Sitzwiege«.
München, Bayerisches Nationalmuseum*

*294 Christkindlwiege mit Wachskind, süddeutsch, um 1585. Ahorn und Fichte. Gestell H 36 cm, B 35 cm, T 54 cm.
München, Bayerisches Nationalmuseum*

292 △   293 △   294 ▽

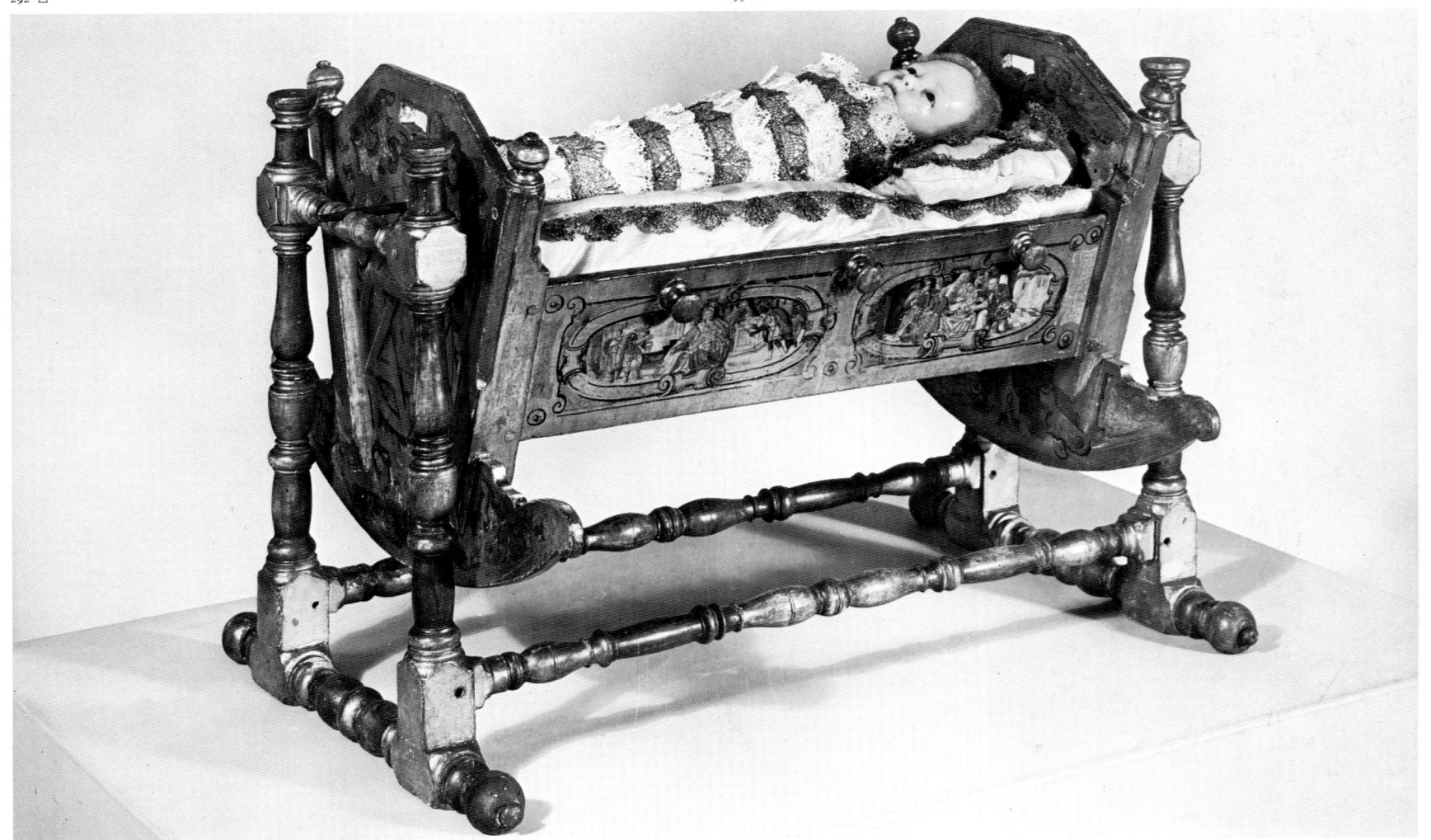

101

◁ 295 Globus-Tisch, Oberbayern, um 1900. Kirsche, gewachst. H 75 cm, B 45 cm, T 45 cm.
Schliersee-Neuhaus, Erwin Born

296 Standregal, süddeutsch, 19. Jh. Ahorn, dunkel gebeizt und poliert. Einzelteile mit Gewinde verschraubbar. H 80 cm, B 45 cm, T 28 cm.
Holzkirchen, Familie Köhler

297 Kaminschirm, Kassel, 1844. Schwarz poliert. 138,5 × 80 × 43 cm.
Eichenzell, Schloß Fasanerie

298 Biedermeier-Spiegelaufsatz, deutsch, 19. Jh. Mahagoni. 62 × 42 × 26 cm.
Lindau, Auktionshaus Michael Zeller

299 Hänge-Garderobe, Miesbach, 1950. Eiche, poliert. Teller D 28 cm. Rechen D 2,5 cm.
Miesbach, Drechslerei Benno Schieder

300 Treppchen, deutsch, um 1900. Mahagoni, dunkel gebeizt und poliert. H 108 cm, R 40 cm.
Schliersee-Neuhaus, Erwin Born

301 Garderobenständer, italienisch, um 1900. Ahorn, dunkel gebeizt und poliert. Schaft in drei Teile zerlegbar. H 185 cm.
Schliersee-Neuhaus, Erwin Born

302 Leuchtertisch (Gueridon), um 1720. H 113 cm, Platte D 30 cm, Fuß D 37 cm.
Weikersheim, Schloßmuseum

303 Leuchtertisch, um 1700. Grün und gold gefaßt. H 109 cm.
Weikersheim, Schloßmuseum

304 Leuchtertisch, Künzelsau, um 1710. Nußbaumholz. Achteckige Platte. H 90 cm. Platte 22 × 22 cm.
Weikersheim, Schloßmuseum

305 Leuchtertisch, Langenburg, um 1715. Schwarz, mit Silbereinlegearbeiten. Achteckige Platte mit Wappen Hohenlohe-Langenburg. H 106 cm, Platte 34,5 × 34,5 cm.
Weikersheim, Schloßmuseum

304 △

305 ▽

306 *Leuchtertisch (Ständertisch), Künzelsau, um 1710. Schwarze, runde Platte. H 96 cm, Platte D 33 cm, Fuß D 34 cm.*
Weikersheim, Schloßmuseum

307 *Leuchtertisch, Berlin, nach 1700. Holz, geschnitzt, gedrechselt und vergoldet. Schaft, spiralig gewundene Säule. H 91 cm, Platte D 27 cm.*
Berlin, Schloß Charlottenburg

308 *Gueridon, Deutschland, 17. Jh. Nußbaum. H 88 cm. Berlin/DDR, Kunstgewerbemuseum, Schloß Köpenick*

309 *Gueridon, Künzelsau, um 1710. Nußbaumholz. Achteckige Platte, Schwarz abgesetzt, vierstrahliger Stern eingelegt. H 94 cm, Platte 27 × 27 cm.*
Weikersheim, Schloßmuseum

◁ 310 Nähtisch, Künzelsau, um 1720. Zusammenklappbar. H 78 cm, Tischfläche 85 × 32 cm.
Weikersheim, Schloßmuseum

311 Tisch, deutsch (?), 1720/30. Tanne, schwarz lackiert mit Porzellaneinlagen. H 74 cm, Tischfläche 79,5 × 59 cm.
Karlsruhe, Badisches Landesmuseum ▽

◁ 312 Tisch nach flämischer Art, Öhringen, 1711. Tischplatte mit eingelegten Ornamenten (Papagei). H 83 cm, Tischfläche 102 × 80 cm.
Weikersheim, Schloßmuseum

313 Kabinett-Tisch, Künzelsau, um 1710. Tischplatte mit Ornamenten eingelegt. H 77 cm, Tischfläche 99 × 66 cm.
Weikersheim, Schloßmuseum

314 Tisch, Öhringen, 1711. Beine mit durchbrochenem Wund. H 80 cm, Tischfläche 106 × 87 cm.
Weikersheim, Schloßmuseum

315 Ziertisch mit Schublade, Künzelsau, um 1720. Tischplatte mit Ornamenten (Stern) eingelegt. H 80 cm, Tischfläche 61 × 92 cm.
Weikersheim, Schloßmuseum

◁ 316 Großer Ziertisch, um 1800 (?). Tischplatte mit eingelegtem Stern. H 80 cm, Tischfläche 120 × 90 cm.
Weikersheim, Schloßmuseum

318 Tisch, um 1700. Marmoriert, nach flämischer Art. H 80 cm, Tischfläche 72 × 95 cm.
Weikersheim, Schloßmuseum

◁ 317 Tisch mit achteckiger, eingelassener Schieferplatte, 19. Jh.
München, Bayerisches Nationalmuseum

319  △ 320 ▽ 321 △

319 Spieltisch, Künzelsau, um 1710. Dreiteilige Tischplatte mit Schublade. H 74 cm, Tischfläche 86 × 62 cm, zusammengeklappt 62 × 43 cm.
Weikersheim, Schloßmuseum

320 Tisch mit Schublade, um 1700. Tischplatte mit eingelegten Ornamenten (Stern). H 80 cm, Tischfläche 114 × 82 cm.
Weikersheim, Schloßmuseum

321 Tisch, 1978. Eiche, gewachst. H 45 cm, Tischfläche 83 × 63 cm.
Schliersee-Neuhaus, Erwin Born

322 Tisch, 1970. Eiche, dunkel gebeizt und gebürstet. H 45 cm, Tischfläche 65 × 48 cm.
Schliersee-Neuhaus, Erwin Born   ▷

◁ 323   Tisch, 1700/12. Oval, mit bezogener Tischplatte. H 81 cm, Tischfläche 89 × 70 cm.
Weikersheim, Schloßmuseum

324   Tischchen, süddeutsch, um 1860. Weiß und gold gefaßt. H 80 cm, Tischfläche 82 × 58 cm.
Karlsruhe, Badisches Landesmuseum   ▽

◁ 325   Tisch, Künzelsau, um 1710. Ovale Tischplatte mit Blumenornamenten. Schwarz gebeizt. H 73 cm, Tischfläche 91 × 68 cm.
Weikersheim, Schloßmuseum

326 Biedermeier-Salontischchen, süddeutsch, 19. Jh. Rüster, Nußbaum, Esche und Obsthölzer. H 73 cm, D 60,5 cm.
Lindau, Auktionshaus Michael Zeller

327 Blumentisch, Karlsruhe, 1840/45. Nußbaum. H 91 cm, D 80 cm.
Karlsruhe, Badisches Landesmuseum

328 Runder Tisch, 19. Jh. Unterbau mit drei gedrechselten Beinen auf Dreiecksplatte. H 77 cm, D 68 cm.
Weilburg, Schloß

329 △   330 ▽   331 ▽

Möbel mit gedrechselten Konstruktionselementen

329 Tisch, Danzig, um 1700. Nußholz. H 89 cm, Tischfläche 149 × 91 cm.
Berlin/DDR, Kunstgewerbemuseum, Schloß Köpenick

330 Ausziehtisch, norddeutsch, letztes V. 17. Jh. Eiche. Gestell mit gedrechselten Kugelfüßen und Kugelbekrönung auf der Stegverbindung. H 84 cm, Tischfläche 115 × 84 cm.
Dresden, Museum für Kunsthandwerk, Schloß Pillnitz

331 Klapptisch, England, Mitte 17. Jh. Eiche. Gestell aus acht Balusterbeinen. H 74 cm, Tischfläche 137 × 117 cm.
Frankfurt/Main, Museum für Kunsthandwerk

332 Wandtisch, norddeutsch, um 1700. Eiche. Halbrunder Tisch auf drei dicken Balusterbeinen mit Kugelfüßen. H 84 cm, B 97 cm.
Frankfurt/Main, Museum für Kunsthandwerk

333 Tisch mit ausziehbarer Platte, Niederlande, Ende 17. Jh. Eiche. H 83 cm, Tischfläche 153 × 92 cm.
Oldenburg, Landesmuseum für Kunst und Kulturgeschichte, Schloß

334 Tisch, Nordwestdeutschland, 2. H. 17. Jh. Eiche. H 86 cm, Tischfläche 137 × 74 cm.
Oldenburg, Landesmuseum für Kunst und Kulturgeschichte, Schloß

332 △   333 △   334 ▽

335 Tisch, deutsch (Köln?), 17. Jh. Nußbaummaserholz. Gestell aus acht gedrechselten Beinen, durch spiralig gewundene Stege verbunden. H 75 cm, Tischfläche 99 × 65 cm.
Köln, Kunstgewerbemuseum

336 Tisch auf zehn gedrechselten (gewundenen und durchbrochenen) Beinen, Deutschland, um 1700. H 77 cm, Tischfläche 112 × 80 cm.
Köln, Kunstgewerbemuseum

337 Ausziehtisch, Norddeutschland oder Niederlande, 2. H. 17. Jh. Nußbaumholz. H 76 cm, Tischfläche 151,5 × 106 cm.
Hamburg, Museum für Kunst und Gewerbe

Gegenüberliegende Seite:
338 Tisch, norddeutsch, um 1700.
Berlin/DDR, Kunstgewerbemuseum, Schloß Köpenick

339 Tisch, England, 17. Jh. Eiche.
London, Victoria and Albert Museum

338 △

339 ▽

115

340 Klapptisch, Schleswig-Holstein, um 1600. Eiche. Gedrechselte und geschnitzte Balusterbeine. H 81,5 cm, Tischfläche 143 × 74 cm.
Flensburg, Städtisches Museum

341 Schreibtisch, Gotha, 1861. Kiefernholz furniert mit Rüster, Birke, Birne und Nußbaum. Schreibtisch von Herzog Ernst dem Frommen von Sachsen-Gotha. H 96 cm, B 132 cm, T 75,5 cm.
Coburg, Kunstsammlungen der Veste

342 Tisch, Bologna, 2. H. 16. Jh. Nußbaum mit Schnitzerei und Eisenstäben. Balusterförmige Pfosten, die sich über kubischen Sockeln erheben. H 81 cm, B und T 129 cm.
Frankfurt/Main, Museum für Kunsthandwerk

343 Tisch, Ende 17. Jh.
Privatbesitz

344 Schreibtisch des Kronprinzen Friedrich Wilhelm IV.,
um 1820.
Potsdam-Sanssouci, Schloß Charlottenhof

345 Tisch, Oberinntal. Zirbe, naturbelassen. H 74 cm, D 130 cm.
Innsbruck, Tiroler Volkskunstmuseum

346 Luthertisch, 16. Jh. Fichte. H 80 cm, Tischfläche 125 × 102 cm.
Coburg, Kunstsammlungen der Veste

347 Tisch, Schweiz oder Süddeutschland, 1. H. 17. Jh. Nußbaum und Weichholz. Schragenkonstruktion mit Balusterbeinen. H 82 cm, B und T 117 cm.
Frankfurt/Main, Museum für Kunsthandwerk

348 Tisch, Baden, 18. Jh.
Nürnberg, Germanisches Nationalmuseum

347 △   348 ▽

118

349 Ausziehtisch, Schweiz oder alpenländisch, Ende 16. Jh. Nußbaum. Balusterförmige Schragen. H 75 cm, B 114 bzw. 205 cm, T 83 cm.
Frankfurt/Main, Museum für Kunsthandwerk

350 Tisch, Harritz/Kr. Tondern, um 1580. Eiche. Gedrechselte und geschnitzte Säulenbeine auf Kufengestell. Beine in Form von doppelten Balusterbeinen. H 87,5 cm, Tischfläche 150,5 × 70 cm.
Flensburg, Städtisches Museum

351 Thronbank, um 1160. Esche. Insgesamt 120 Docken von 7 cm Höhe. Hinterpfosten H 105 cm, Vorderpfosten H 80 cm, B vorn 118 cm, hinten 112 cm. Alt-Uppsala, Schweden, Kirche

352 Chorpult, ursprünglich Thronsitz, Niedersachsen, um 1200. Eiche, gedrechselte Stäbe aus Esche. H 142,5 cm, Sitzfläche 100 × 77 cm. Isenhagen, Kloster

353 Thron, auch Bischofsstuhl, um 1100. Eiche und Esche, zum Teil bemalt. H 121,5 cm, B vorn 70 cm, hinten 65 cm, T 59 cm. Husaby, Schweden, Kirche ▷

121

354 Kinderstuhl, Heimbach/Eifel, 19. Jh.
Köln, Stadtmuseum

355, 356 Dreipfostenstühle.
Altena, Museum der Grafschaft Mark

357 Sessel, Frankreich, letztes D. 16. Jh.
London, Victoria and Albert Museum

358 Chaire, Frankreich, Mitte 16. Jh.
Paris, Musée des Arts Décoratifs ▷

123

◁ *359 Stuhl, Niederlande, 1. H. 17. Jh. Palisander.
H 105 cm, Sitzfläche 42 × 34 cm.
Amsterdam, Rijksmuseum*

*360, 361 Kastensitz, 2. H. 16. Jh. Gedrechselte Pfosten,
in den Feldern der Rückenlehne je fünf in der Länge halbierte
gedrechselte Renaissancedocken.
Isenhagen, Kloster*

360 △

361 ▽

362 Breiter Sessel, England, 2. V. 17. Jh.
London, Victoria and Albert Museum

363 Stuhl, niederländisch, um 1690/1700. Stuhlhöhe 120 cm, Sitzhöhe 50 cm, Sitzfläche 43×45 cm.
Weikersheim, Schloßmuseum

364 Sessel mit durchbrochener Rückenlehne, Frankreich, um 1560.
London, Victoria and Albert Museum ▷

362 △ 363 ▽

365 Polstersessel, Norddeutschland, um 1680/1700.
Hamburg, Kunsthaus Huelsmann

366 Polstersessel, England, um 1765. Gestell teilweise vergoldet.
London, Victoria and Albert Museum

367 Sessel mit sogenanntem »Blason«, Frankreich, Anfang 17. Jh.
Paris, Musée des Arts Décoratifs

Gegenüberliegende Seite:
368 Stuhl, England oder Niederlande, um 1680/1700.
Hamburg, Museum für Kunst und Gewerbe

369 Sessel, Niederlande, um 1700.
Hamburg, Museum für Kunst und Gewerbe

370 Armlehnsessel, Danzig, um 1700. Nußbaumholz. H 145 cm, Sitzfläche 71 × 72 cm.
Berlin/DDR, Kunstgewerbemuseum, Schloß Köpenick

369 △   370 ▽

127

371 Hocker, Künzelsau, 1710. Sitzhöhe 43 cm, Sitzfläche 42 × 40 cm. – Weikersheim, Schloßmuseum

372 Hocker, 1700/1712. Sitzhöhe 45 cm, Sitzfläche 44 × 54 cm.
Weikersheim, Schloßmuseum

373 Armlehnsessel, um 1710. Sesselhöhe 135 cm, Sitzhöhe 45 cm, Sitzfläche 60 × 70 cm.
Weikersheim, Schloßmuseum

374 Sessel, Niederlande, um 1710. Rotlackiertes Gestell.
Hamburg, Museum für Kunst und Gewerbe

375 Sessel, flämisch, frühes 18. Jh. Eiche. H 135 cm, B 37 cm, T 40 cm.
Moers, Familie Dr. H. Schmitz-Habben

376 Captain Chair, England, Mitte 18. Jh. Eibenholz. H 90 cm, Sitzfläche 52 × 45 cm.
Rothenburg ob der Tauber, Privatbesitz

377 Windsorstuhl, England, 18. Jh.
London, Victoria and Albert Museum

379 Sessel mit einer Armlehne, 1767.
Hannover, Kestner Museum

380 Hocker, 18. Jh. Eiche, gebeizt.
Weikersheim, Schloßmuseum

◁ 378 Stuhl, Niederlande oder Hamburg, frühes 18. Jh.
Hamburg, Museum für Kunst und Gewerbe

381 *Armlehnstuhl, Neuengamme/Vierlande bei Hamburg, 1787. Esche, Eiche. Rotbrauner Anstrich.*
Nürnberg, Germanisches Nationalmuseum ▷

382 *Armlehnsprossenstuhl, Vierlande, 1794. H 105 cm, Sitzfläche 73 × 45 cm.*
München, Auktionshaus H. Ruef ▷ ▷

383 *Hocker, 18. Jh. Eiche, gebeizt.*
Weikersheim, Schloßmuseum

384 *Drei Stühle, Westteil des Kantons Freiburg/ Schweiz, 18./19. Jh. Ahorn, Kirsche, Eiche. H 102 cm, Sitzfläche 41 × 37 cm; H 98 cm, Sitzfläche 41 × 35 cm; H 102 cm, Sitzfläche 42 × 34 cm.*
Bulle, Schweiz, Musée gruérien ▷

385   Sofa, um 1855/60. H 130 cm, B 225 cm, T 80 cm.
Aschhausen/Kr. Künzelsau, Schloß

386   Stuhl, Altona, um 1830. H 88 cm.
Hamburg, Jenischhaus

387   Stuhl, Norddeutschland, um 1830/40.
Flensburg, Städtisches Museum

388   Polstersessel, entworfen von Friedrich Schinkel, Berlin, um 1810/20.
Berlin, Schloß Charlottenburg

389   Stuhl, entworfen von Friedrich Schinkel, Berlin, um 1810/20.
Berlin, Schloß Charlottenburg

390 Polsterstuhl im »Elizabethan style«, England, um 1845.
London, Victoria and Albert Museum

391 Polsterstuhl, Norddeutschland, um 1880/85.
Lübeck, Museen für Kunst und Kulturgeschichte ▷

◁ 392 Armlehnstuhl, Altes Land, 1829. Esche, Sitzbrett Kiefer. H 110 cm, Sitzfläche 61 × 41 cm. Hamburg, Altonaer Museum

393 Sprossenstuhl, Norddeutschland, um 1900. Kirschenholz, dunkel gebeizt und poliert. Schliersee-Neuhaus, Erwin Born

394 Stuhl mit sogenannter »Sprossenrückenlehne« und Binsensitz, England (?), 2. H. 19. Jh. München, Privatbesitz

393 △

394 ▽

395 Lederpolstersessel, deutsch, 19. Jh. Kirschenholz. Rothenburg ob der Tauber, Privatbesitz

396 Polsterstuhl, Entwurf Theophil Hansen, Ausführung Anton Fix, Wien, um 1866. Wien, Österreichisches Museum für angewandte Kunst, Leihgabe der Firma Lobmeyr

397 Salonstuhl, deutsch, 19. Jh. Mahagoni. Ornamental geprägter Ledersitz. H 92 cm. Lindau, Auktionshaus Michael Zeller

398 Polsterstuhl, Wien, um 1870. Buche. Wien, Österreichisches Museum für angewandte Kunst

399 Polsterstuhl, Entwurf Oskar Bayer, Wien, 1889. Nußbaum. Wien, Österreichisches Museum für angewandte Kunst

400 Stuhlbein, 19. Jh. Eiche, dunkel gebeizt. Gewundene Säule aus 5,5 × 5,5 cm starkem Kantel. Schliersee-Neuhaus, Erwin Born

135

401 Bettlade mit Antritt, Neunkirchen bei Schliersee, 18. Jh. Weichholz. H 193 cm, B 135 cm, T 191 cm. München, Bayerisches Nationalmuseum

402 Himmelbett mit gewundenen Säulen, Ravensberg/Westfalen, 18. Jh. Eiche. H 199 cm, B 161 cm, T 187 cm. Hannover, Historisches Museum am Hohen Ufer

403 Himmelbett, Ladis/Oberinntal, 1. H. 18. Jh. Fichte und Zirbe, braun und ocker, Kassettengrund blau. Gedrechselte und mit Akanthusblättern verzierte Säulen. H 177 cm, B 148 cm, T 194 cm. Innsbruck, Tiroler Volkskunstmuseum

404 Himmelbett, 1820.
Illerbeuren, Bauernhofmuseum

405 Himmelbett, 1791.
Ruhpolding, Bartholomäus-Schmucker-Heimathaus

406 Himmelbettstatt, nordwestliches Oberbayern, um 1840.
Friedberg, Heimatmuseum

407 *Baldachinbett von Meister David Friedrich, St. Gallen, 1691. Nußbaumholz mit vier in Rillen gedrechselten, am Rückbrett mit zwei spiralig gewundenen Säulen. Aus Schloß Bürglen im Thurgau. H 234 cm, B 170 cm, L 219 cm.*
Zürich, Schweizerisches Landesmuseum

408 *Baldachinbett, Schwaben, letztes D. 17. Jh. Hauptsächlich Nußbaumholz mit eckigen Stollen und gerillten wie gewundenen Säulen. H 236 cm, B 171,5 cm, L 211 cm.*
Ulm, Museum der Stadt Ulm

409 *Himmelbett, aus der Gegend von Waldshut, 2. H. 18. Jh. Weichholz. H 192 cm, B 141,5 cm, L 192 cm.*
Karlsruhe, Badisches Landesmuseum

410 *Himmelbett, England, 1593. Walnuß.*
London, Victoria and Albert Museum

139

◁ 411 Kastentruhe, norddeutsch, Mitte 18. Jh. Eiche.
Cloppenburg, Museumsdorf

412 Truhe, Lechtal, 1693. Fichtenholz, leicht lasiert, mit
leichtem Kammzug. Vier gedrechselte Baluster, welche die
Vorderseite in drei Kassettenfelder mit Perlstabrahmen gliedern. Sockel mit Rumpelleisten und zwei gedrechselten Balustern. Truhe H 58 cm, Sockel H 37 cm, B 169 cm,
T 61 cm.
Innsbruck, Tiroler Volkskunstmuseum

Gegenüberliegende Seite:
413 Lisenen (Halbsäulen), fränkisch, 1978. Fichte natur.
L 26 cm, D 5,5 und 3,8 cm.
Schliersee-Neuhaus, Erwin Born

414 Truhe, Ostbayern, um 1730. Durch halbrunde Säulen gegliedert. Aufgemalte Holzmaserierung.
Tittmoning, Heimathaus des Rupertiwinkels

415 Sockeltruhe, Ötztal, 1716, Zirbe. Gedrechselte
Halbsäulen und Kerbschnitzerei auf dem Rundbogen.
H 96 cm, B 158 cm, T 70 cm.
Wien, Österreichisches Museum für Volkskunde

411 △   412 ▽

413 △ 414 △ 415 ▽

141

416 *Stütze einer Kredenz, Klettgau/Baden-Württemberg, 1666. Nußbaum.*
Nürnberg, Germanisches Nationalmuseum

417 *Schrank, Eiderstedt/Schleswig-Holstein, 1732. Fichte. H 225 cm, B 224 cm, T 84 cm. Gewundene Halbsäulen.*
Kopenhagen, Freilichtmuseum Lyngby

418 *Schrank mit gedrechselten Halbsäulen, Gegend Feuchtwangen/Mittelfranken, 1743. Weichholz. H 192 cm, B 138 cm, T 46 cm.*
Feuchtwangen, Heimatmuseum

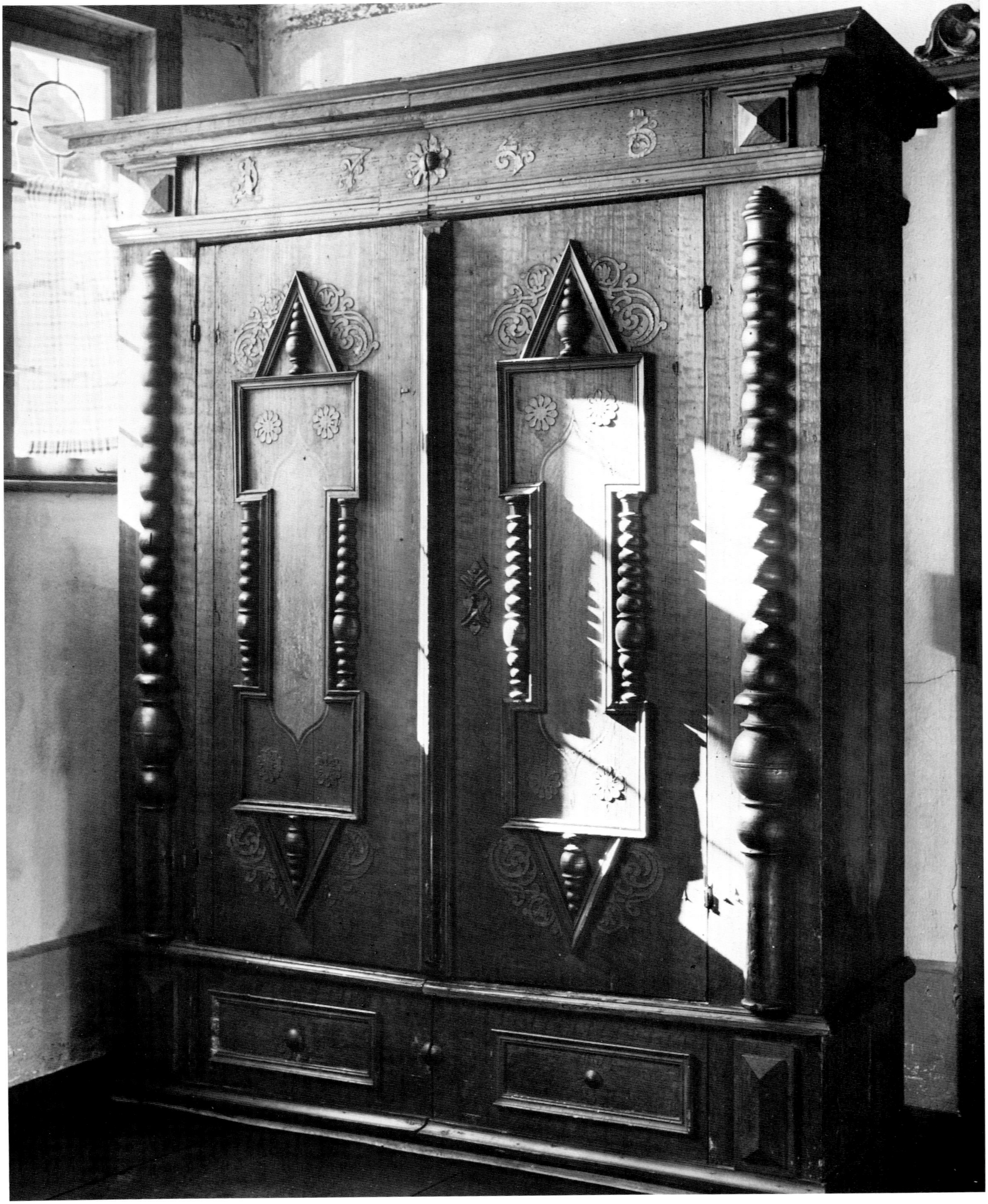

*419 Kleiner Säulenschrank, 17. Jh. Aus dem Zimmer
»Meyer zum Pfeil« (vgl. auch Abb. 429).
Basel, Historisches Museum*

*420 Barock-Aufsatzschrank, deutsch, 17. Jh. Massive
Eiche. Floralintarsien aus Nußbaum, Ahorn und Kirsche.
Quetschfüße und gewundene Säulen. H 204 cm, B 144 cm,
T 58 cm.
Lindau, Auktionshaus Michael Zeller*

421 Schrank, Süddeutschland oder Elsaß, Ende 17. Jh. Korpus Tanne mit Esche und Nußbaum. Gerillt gedrechselte Säulen auf Konsolen. H 198 cm, B 137 cm, T 60 cm. Frankfurt/Main, Museum für Kunsthandwerk

422 Säulenschrank, 17. Jh. Nußbaum furniert, mit Kissenfüllungen und spiralig gewundenen Säulen. Basel, Historisches Museum ▷

423 *Viertüriger Schrank, Hamburg/Vierlande, um 1690. Nußbaumholz mit gewundenen Säulen. H 243 cm, B 180 cm, T 73 cm.*
Hamburg, Museum für Kunst und Gewerbe

424 *Kredenz, Nürnberg (?), um 1680. Nußholz. H 200 cm, B 190 cm, T 60 cm.*
Berlin/DDR, Kunstgewerbemuseum, Schloß Köpenick

425 *Baseler Zunftbuffet von Johann Heinrich Keller (1627–1708), 1663. Nußholz. H 375 cm, B 278 cm, T 75 cm.*
Berlin/DDR, Kunstgewerbemuseum, Schloß Köpenick

426 Schrank, Nürnberg, um 1670. Nußholz mit gedrechselten Säulen und Akanthusranken. H 235 cm, B 120 cm, T 70 cm.
Berlin/DDR, Kunstgewerbemuseum, Schloß Köpenick

427 Schrank, Augsburg, um 1660. Korpus Tanne mit Nußbaum furniert. Zweigeschossiger Kasten auf Tellerfüßen. Im unteren Teil glatte ionische Säulen, im oberen Teil gewundene korinthische Säulen. H 350 cm, B 222 cm, T 80 cm.
Frankfurt/Main, Museum für Kunsthandwerk

428 Überbauschrank, 1662. Fichte, Eiche geschnitzt mit aufgeleimter Laubsägearbeit. H 186 cm, B 143 cm, T 37 cm.
München, Bayerisches Nationalmuseum

429 *Buffet (Kredenz), Basel, 17. Jh. Aus dem Besitz der Baseler Familie Meyer zum Pfeil. Nußbaumholz mit Zakkenbossen aufgedoppelt. Runde und spiralig gedrechselte Säulen. H 248 cm, B 181 cm, T 65 cm.*
Basel, Historisches Museum

430 *Überbauschrank, Augsburg, dat. »D.O. 1707«. Korpus Tanne mit Nußbaum furniert. Vor den abgeschrägten Ecken freiplastische Säulen mit gewundenem Schaft. Ein weiteres Säulenpaar flankiert den Aufsatz. H 270 cm, B 160 cm, T 60 cm.*
Frankfurt/Main, Museum für Kunsthandwerk

431 *Überbauschrank, Ochsenfurt/Unterfranken, nach 1700. Nußbaum. Füllungen aus Nußbaummaserholz. H 196 cm, B 182 cm, T 71 cm.*
Würzburg, Mainfränkisches Museum

432 *Würzburger Kleiderschrank, Würzburg (?), um 1700. Korpus Weichholz mit Nußbaum furniert. Vollplastische Spiralsäulen auf Löwenkopfkonsolen. H 208 (261) cm, B 234 cm, T 83 cm.*
Frankfurt/Main, Museum für Kunsthandwerk ▷

149

150

◁ 433 Kleiderschrank, 1710. Mit Esche, Ahorn und Nußbaum furniert und eingelegt. Gerillte Säulen. H 217 cm, B 200 cm, T 73 cm. – Speyer, Museum der Pfalz

434 Aufsatzschrank, Ostfriesland, um 1840. Cloppenburg, Museumsdorf

435 Bauernschrank, alpenländisch, 19. Jh. Weichholz und Eiche. Balustersäulen. H 170 cm, B 118 cm, T 55 cm. Lindau, Auktionshaus Michael Zeller

436 Salonschrank, Cham, 1895. Ahorn. H 220 cm, B 101 cm, T 55 cm. – Regensburg, Städtisches Museum ▷

437 Kabinettschrank, Dresden (?), 2. V. 17. Jh. Ebenholz. H 145 cm, B 105 cm, T 43 cm.
Coburg, Kunstsammlungen der Veste

438 Kabinettschrank, Dresden (?), 2. V. 17. Jh. H 123 cm, B 90 cm, T 40 cm.
Coburg, Kunstsammlungen der Veste

439 Stollen- oder Kabinettschrank, um 1648. Unterteil H 50 cm.
Weikersheim, Schloßmuseum

440 Schwarzer Kabinettschrank, Augsburg, 3. V. 17. Jh. Mit vergoldeten, gewundenen Säulen und vergoldetem, geschnitztem Zierat. Steineinlagen von Ruinenmarmor. H 245 cm, B 157 cm, T 70 cm.
Braunschweig, Herzog Anton Ulrich-Museum

441 Kabinettschrank, Augsburg, 3. V. 17. Jh. Vergoldete Säulen.
Augsburg, Städtische Kunstsammlungen

442 Pietra Dura Cabinet, deutsch, 16./17. Jh.
London, Courtauld Institute of Art

Zierteile an Möbeln

*443, 444 Knöpfe für Schubfächer. Fichte, Kiefer, Eiche, Ahorn, Mahagoni.
München, Drechslerei Peter Seiler*

*445 Gedrechselte Zierteile für Uhrengehäuse und Stilmöbel. Ahorn, Limba, Buche, Eiche, Nußbaum.
Trossingen, Selva-Technik*

446, 447 Knöpfe für Schubfächer, Tegernsee, 1950.
Ebenholz und Nußbaum. Passig gedreht, zum Teil mit Gewinde.
Tegernsee, Drechslerei Rolf Strecker

448 Zierteile für Uhrengehäuse und Stilmöbel: Halbsäule, Docke, Knopf und Rosette. Eiche, Buche, Limba. Trossingen, Selva-Technik

449 Sprossen für Stilmöbel. Buche und Ahorn. L 28 cm, D 3 und 1,8 cm.
München, Drechslerei Peter Seiler

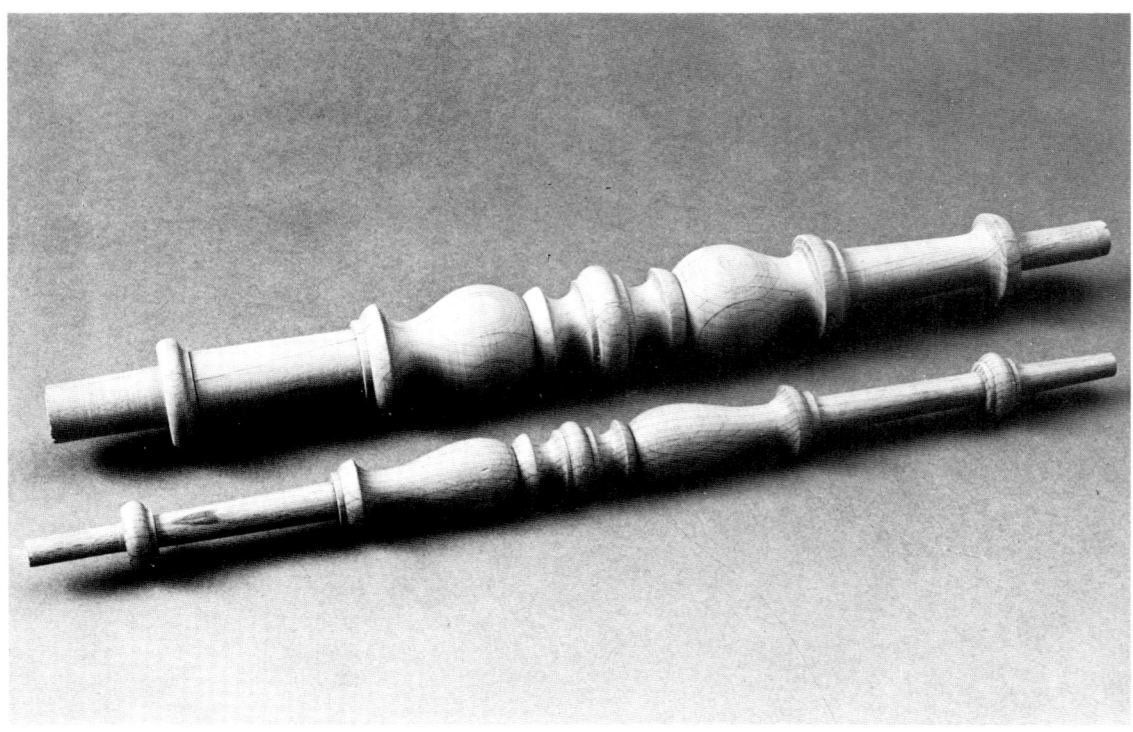

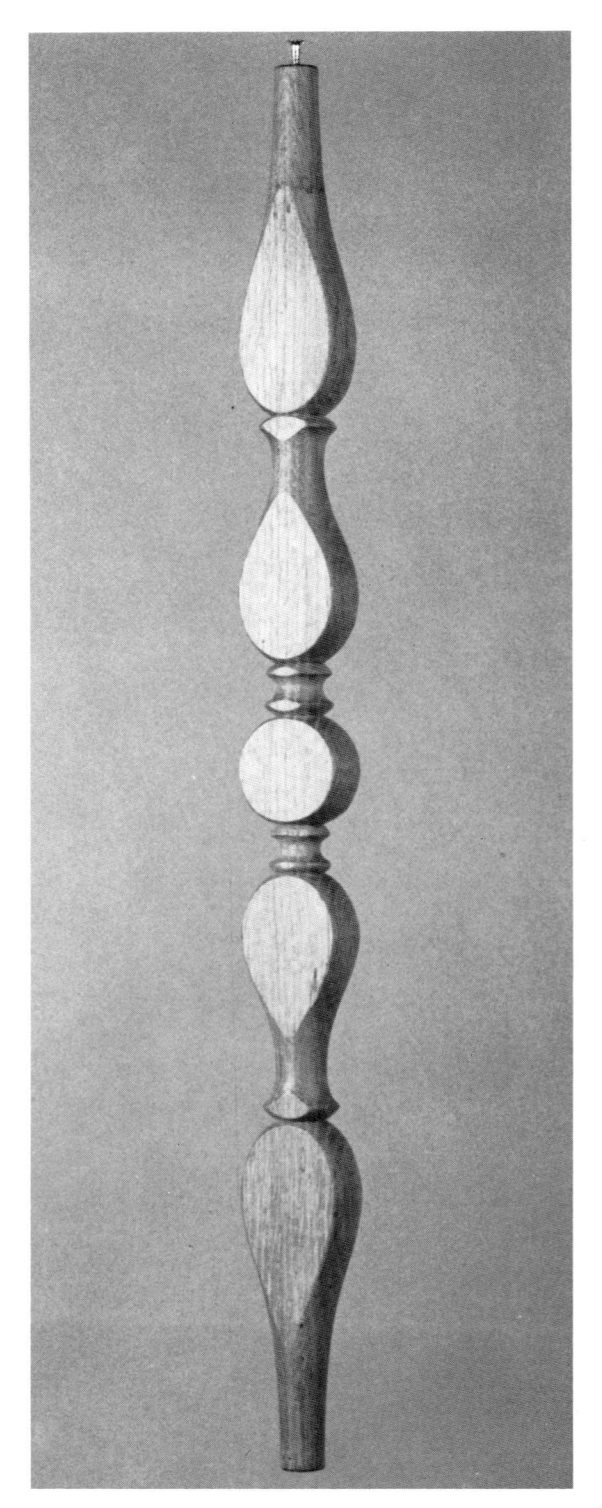

450 Zierteile für Uhrengehäuse und Stilmöbel. Nußbaum, Limba, Eiche.
Trossingen, Selva-Technik

451 Sprosse für Heizkörperverkleidung. Eiche, gewachst. L 50 cm, aus 5 × 2 cm gedrechselt.
Tegernsee, Drechslerei Rolf Strecker

Berufsbild des Drechslers

Vom Lehrling zum Meister

Wer sich im jugendlichen oder reiferen Alter für das Erlernen des Drechslerhandwerks entschieden hat, wußte sicherlich aus welchem Grund. Die Liebe zum Holz und den schönen gedrechselten Möbeln sowie Freude an schöpferischer Tätigkeit, um nur einige Motive zu nennen, hatten wohl wesentlichen Einfluß auf diese Entscheidung.

Der Weg bis zur sicheren Beherrschung des Werkzeugs mit dem Ziel, ein vollendetes Meisterstück drechseln zu können, jedoch ist lang und erfordert sehr viel Übung und Beständigkeit.

Die Ausbildung durch pädagogisch qualifizierte Meister und Schulen ist heute in Ausbildungsrichtlinien geregelt und durch Erlaß des Wirtschaftsministeriums anerkannt. Lehrling (Auszubildender), Umschüler oder Geselle können diese Richtlinien von den Handwerkskammern anfordern und während der Ausbildungszeit mit dem Meister und Lehrer die stufenweise Fortführung kontrollieren.

Zwischenprüfungen der Drechslerinnungen und Handwerkskammern bewerten die jeweiligen Kenntnisse und Fertigkeiten, bevor nach drei Lehrjahren die Zulassung zur Gesellen- oder Facharbeiterprüfung durch die genannten Institutionen erfolgt. Für den zur Meisterprüfung strebenden Gesellen werden Meisterkurse angeboten, die an Wochenenden oder in Vollzeitausbildung an ausgewählten Meisterschulen besucht werden können.

Aus dem Berufsbild des angehenden Drechslers ersehen wir die Vielgestaltigkeit seines Arbeitsgebietes. Dieses erstreckt sich von der Gestaltung seiner Ideen in Form von Skizzen und Zeichnungen über die Aneignung von Kenntnissen seiner Werkzeuge, Maschinen und edler Werkstoffe bis zur Herstellung und Reparatur von verschiedenen Geräten.

Der Restaurierung alter Drechsler-Kunstwerke wird viel Ausbildungszeit eingeräumt. Leider können in unserer schnellebigen Zeit Kunstwerke, die viel Arbeitszeit und aufwendige Konstruktion erfordern, aus Kostengründen kaum mehr hergestellt werden.

Der angehende (interessierte) Freizeitdrechsler muß einen anderen Weg durchlaufen, um sich die Grundkenntnisse über Werkstoffe, Werkzeuge, Maschinen und die Fertigkeiten der hohen Drechslerkunst aneignen zu können. Um diese schwere Technik bis zu einem gewissen Fertigkeitsgrad beherrschen zu können, sei es angeraten, die Unterweisungen und Hilfen eines Fachmannes in Anspruch zu nehmen. Nach gründlicher Einweisung wird man später mit Freude an der eigenen Drechselmaschine wirken und durch viel Übung Erzeugnisse mit Stolz präsentieren können. Neben den angebotenen Kursen einer Volkshochschule sollte der Freizeitdrechsler in seiner näheren Umgebung nach einem Drechslermeister-Betrieb Ausschau halten. Ein Besuch bei dem Meister kann stets neuen Anregungen dienen und die weitere fachliche Entwicklung positiv beeinflussen.

Berufsbild für das Drechsler-Handwerk
Anerkannt durch Erlaß des Bundesministers für Wirtschaft II B 1 – 1003/57 – vom 23.3.1957.

Arbeitsgebiet:
Entwurf, Herstellung und Reparatur von Haus- und Küchengeräten wie Löffeln, Quirlen, Fleischklopfern, Kartoffelstampfern, Küchenbrettern, Brottellern, Mundtuchringen, Teeglashaltern, Eierbechern, Schalen, Tellern, Dosen aller Art u.ä.
Entwurf, Herstellung und Reparatur von Holzleuchten wie Decken-, Wand-, Stand- und Tischleuchten, Kerzenleuchten, von Klein- und Sitzmöbeln wie Sesseln, Stühlen, Hockern, Tee-, Rauch-, Spiel- und Beisetztischen, Kleiderablagen, Gardinen- und Portierengarnituren, von gedrehten Bau- und Möbelteilen wie Treppengeländern, Heizkörperverkleidungen, Möbelfüßen und -knöpfen, Säulen, Stegen, Sprossen, Ringen u.ä.
Entwurf, Herstellung und Reparatur von technischen Geräten wie Holzriemenscheiben, Laborgeräten, Modellen, Geräten für das Textilgewerbe, für Fleischerei und Bäckerei, Schiffsausrüstungen, Angelgeräten, Holzwerkzeugen, Züchtergeräten, Kellereigeräten, Zeltbedarf, Griffen, Heften, Stielen, Rundstäben, Bürstenhölzern, Erntegeräten, Signalpfeifen u.ä.
Entwurf, Herstellung und Reparatur von Stöcken, Schirm- und Stockgriffen, Prothesenteilen u.ä.
Entwurf, Herstellung und Reparatur von Sportartikeln wie Kegeln und Kegelkugeln, Turnerkeulen, Billardartikeln, Ski- und Rodelgeräten u.ä.
Entwurf, Herstellung und Reparatur von Raucherartikeln wie Zigarren- und Zigarettenspitzen, Tabakspfeifen, Rauchzeugen u.ä.
Entwurf, Herstellung und Reparatur von Spielen und Spielwaren wie Schach- und Spielfiguren, Sandspielen, Perlen u.ä.
Entwurf, Herstellung und Reparatur von Schreibbedarf, Schmuck, Figuren, technischen und sonstigen Artikeln aus Kunststoffen, Hartgummi, Horn, Elfenbein, Bernstein, Bein, Perlmutter, Schildpatt und Meerschaum

Fertigkeiten und Kenntnisse:
Entwerfen
Anfertigen und Lesen von Zeichnungen
Auswählen, Messen und Anreißen
Zurichten der Werkstoffe
Winkliges und geschweiftes Bearbeiten
Dämpfen und Biegen
Winden
Drehen
Bohren
Fräsen
Feilen
Raspeln
Gewindeschneiden
Fügen, Überplatten, Dübeln, Zinken, Geräten
Verleimen, Kitten, Kleben
Putzen, Schleifen
Behandeln der Oberflächen durch Bleichen, Beizen, Räuchern, Brennen, Mattieren, Lackieren, Spritzen, Schwabbeln, Tauchen, Polieren, Imprägnieren
Auswählen und Anbringen von Beschlägen aller Art
Herstellen von Lehren und Anreißmitteln
Richten, Schärfen und Instandhaltung von Werkzeugen und Maschinen
Kenntnisse über Stilarten
Kenntnis der Unfallverhütungsvorschriften
Kenntnisse über Arten, Eigenschaften, Lagerung, Verwendung und Verarbeitung der Werk- und Hilfsstoffe.
© *Verlagsanstalt des Westdeutschen Handwerks Dortmund*

Entwerfen, Anfertigen und Lesen von Zeichnungen

Am Anfang einer Handlung steht die Idee. Wir beabsichtigen, einen Teller, eine Schale oder einen Kerzenleuchter zu drechseln. In der Technik ist es üblich, nach einer Vorlage in Form einer Skizze oder maßstabgerechten Zeichnung zu arbeiten. Deshalb sollte man einige Grundbegriffe aus der Stilkunde der Formen lernen.

Die meisten Grundformen an gedrechselten Gegenständen wiederholen sich. Wir entwickeln die Formen aus dem Rundholz oder Vierkantholz (Kantel).

Für die zeichnerische Darstellung von Körpern genügen drei Ansichten, aus denen man die Gestalt des Körpers erkennen kann (Abb. 452a). Es ist jedoch üblich, nur eine Ansicht zu zeichnen, welche auch den Schnitt enthält.

Abbildung 452b zeigt die Ansicht und den Schnitt des Werkstücks, wobei beide zu einem Bild vereinigt sind.

Sollte eine Darstellung im Schnitt und in der Ansicht nicht alle Kanten zeigen, zeichnet man noch die Draufsicht.

452 a–f Zeichnerische Darstellung gedrechselter Körper

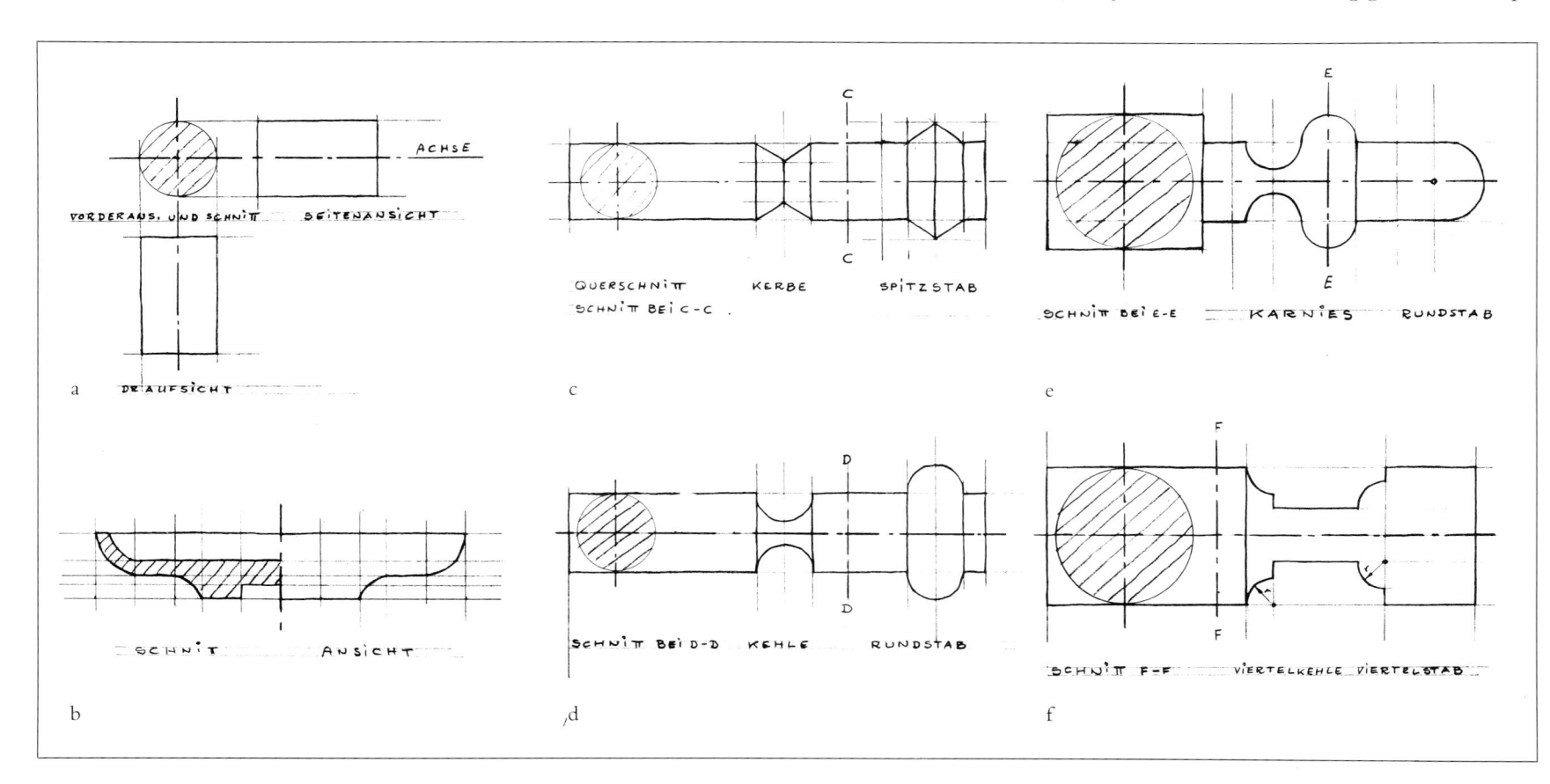

453 Der Dreher, Kupferstich, 1775. Aus: Description des Arts et Métiers, Tom 28, Pl 31.

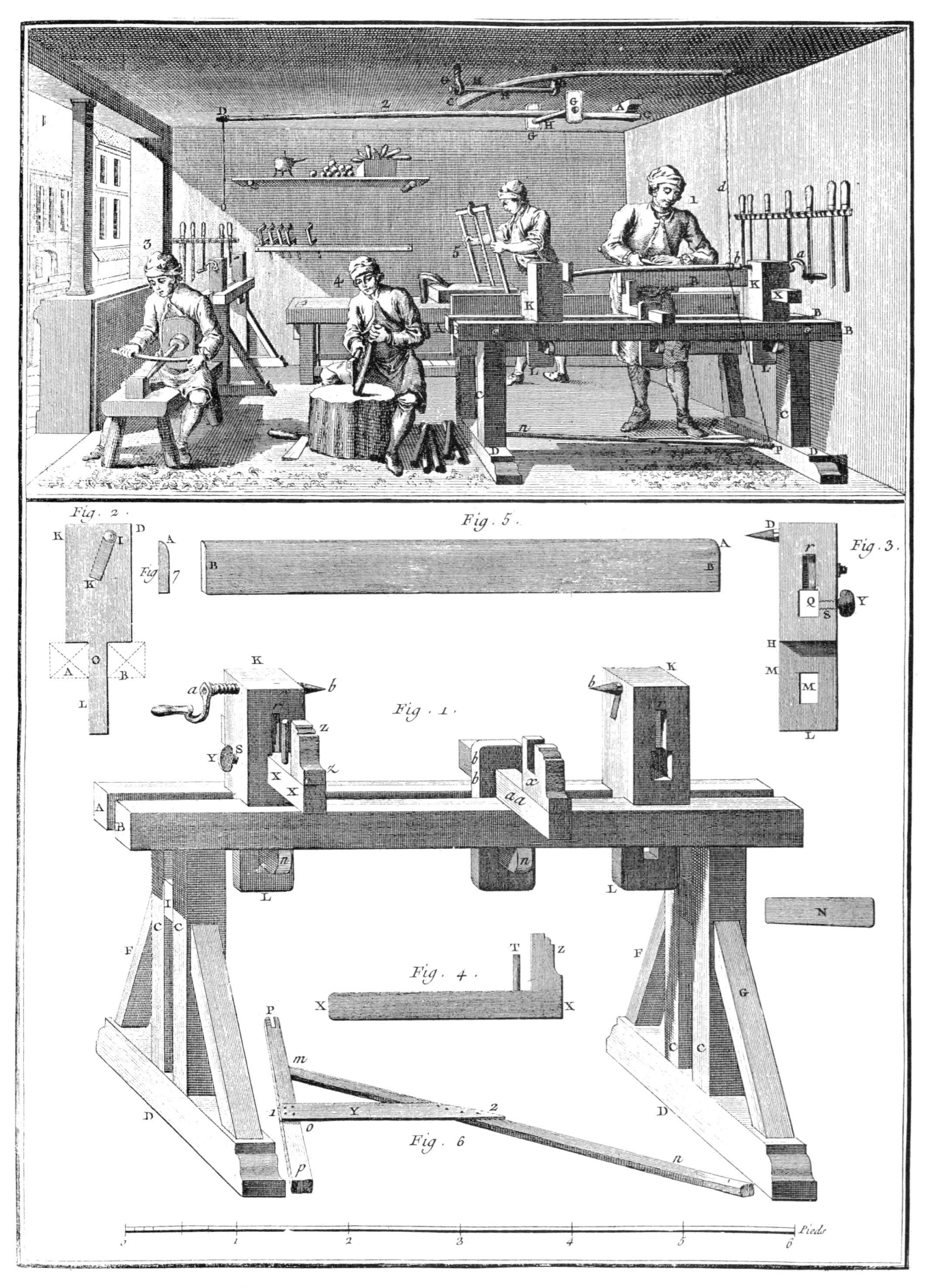

159

454

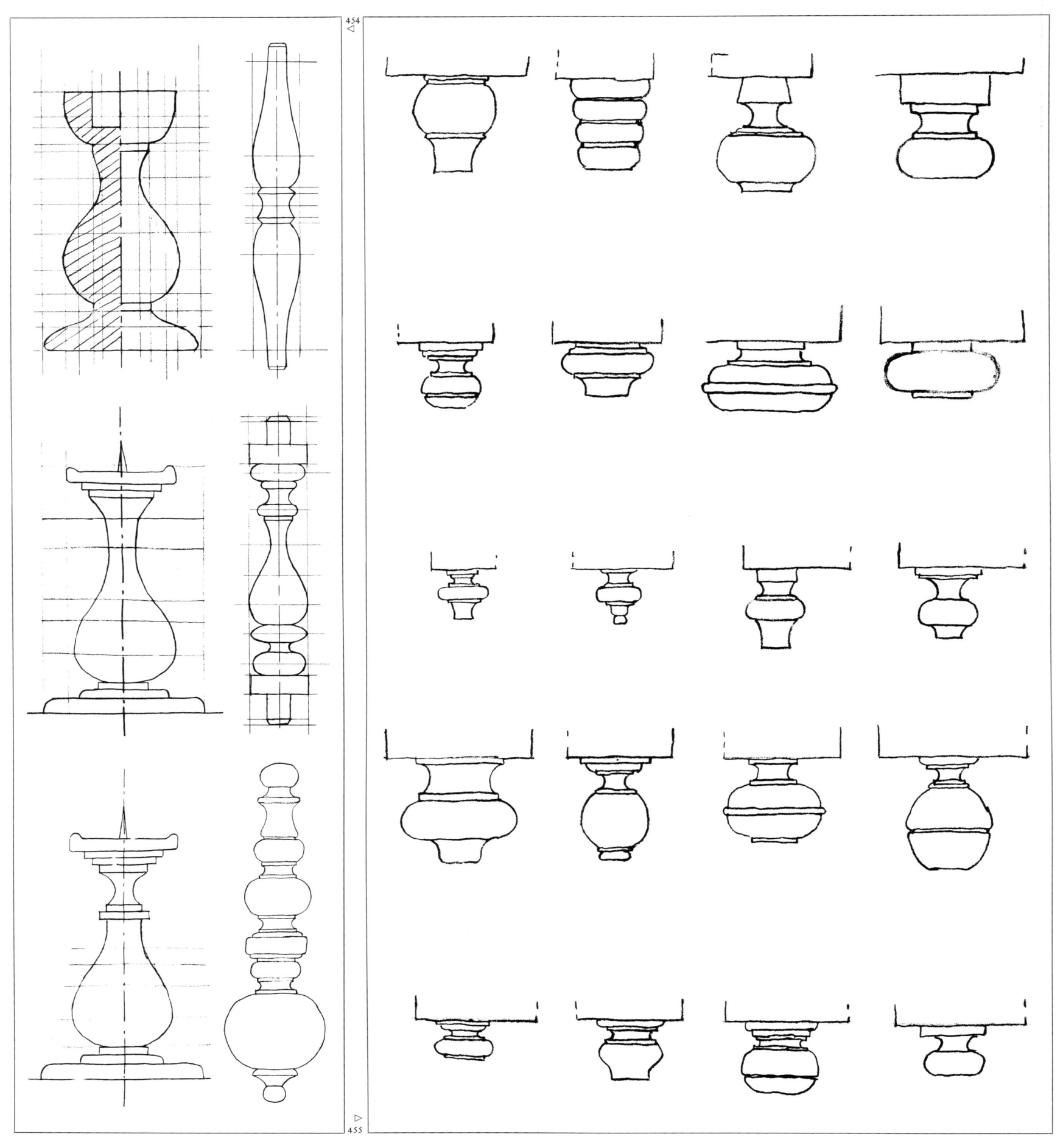

455

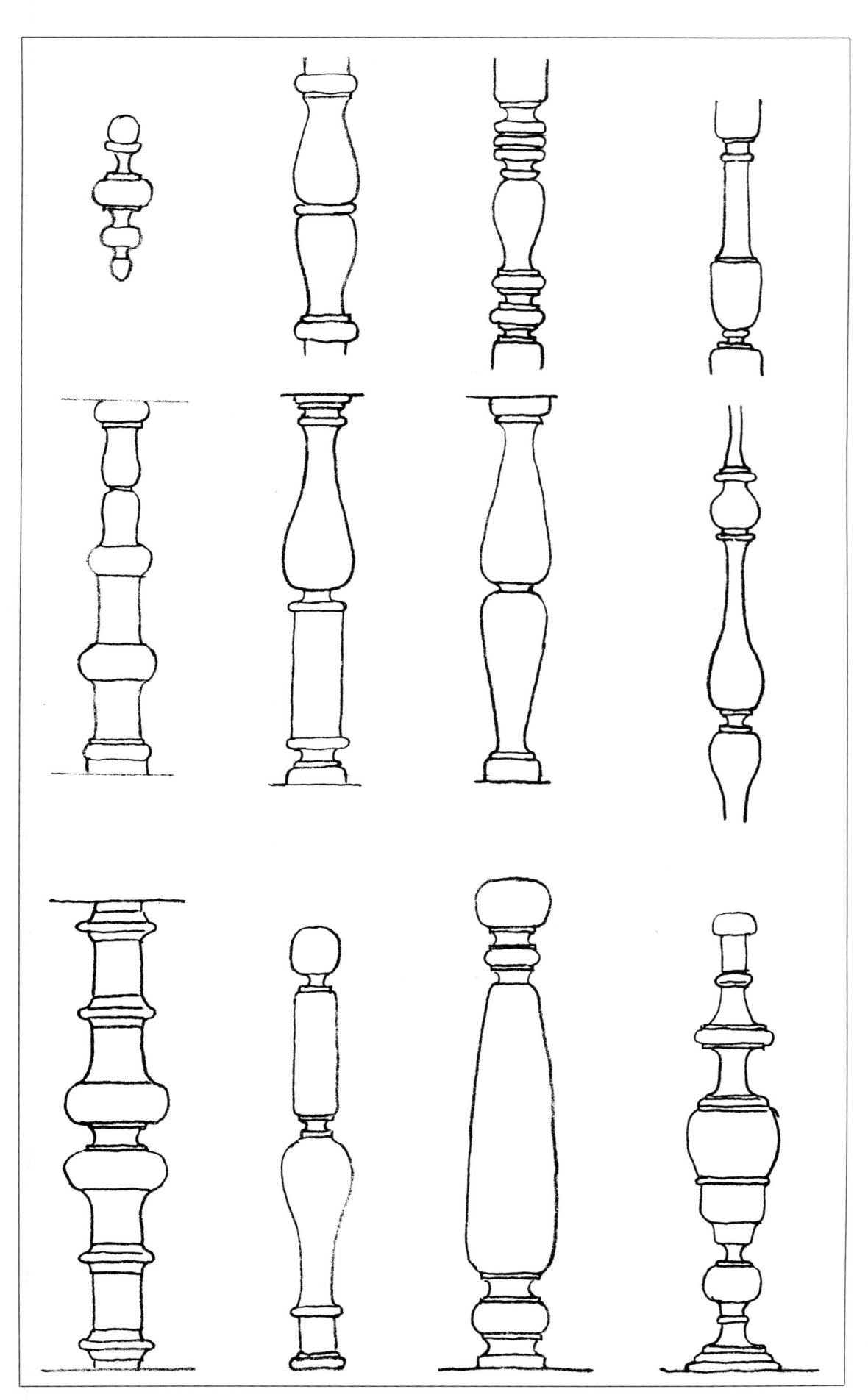

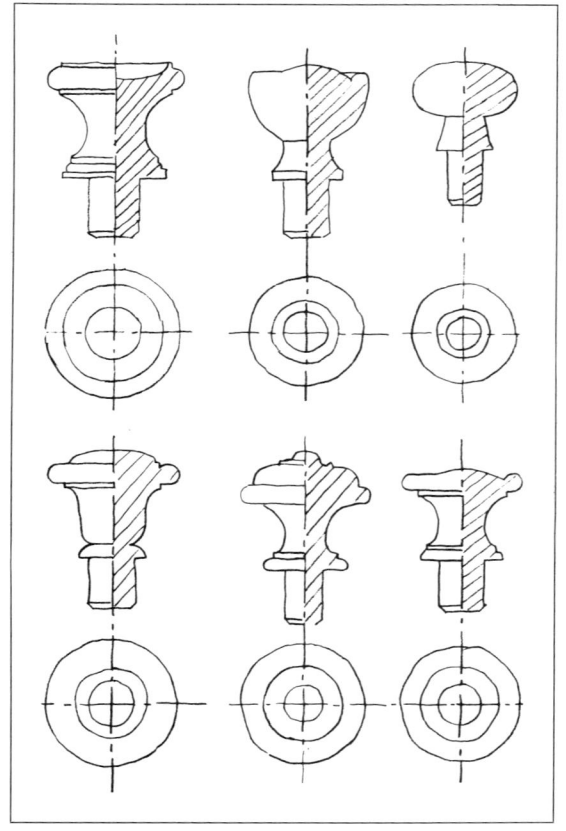

457 Entwurf zu Schubladenknöpfen aus dem Werkstattwochenbuch von Rolf Strecker, Tegernsee, 1943.

◁ *456 Beispiele für den Entwurf von Sprossen und Säulen*

Gegenüberliegende Seite:
454 Skizzenhaftes Entwerfen (v.o.n.u.):
linke Spalte: Kerzenleuchter; rechte Spalte: Sprosse, Baluster, Halbsäule

455 Beispiele für den Entwurf von Möbelfüßen

458 △

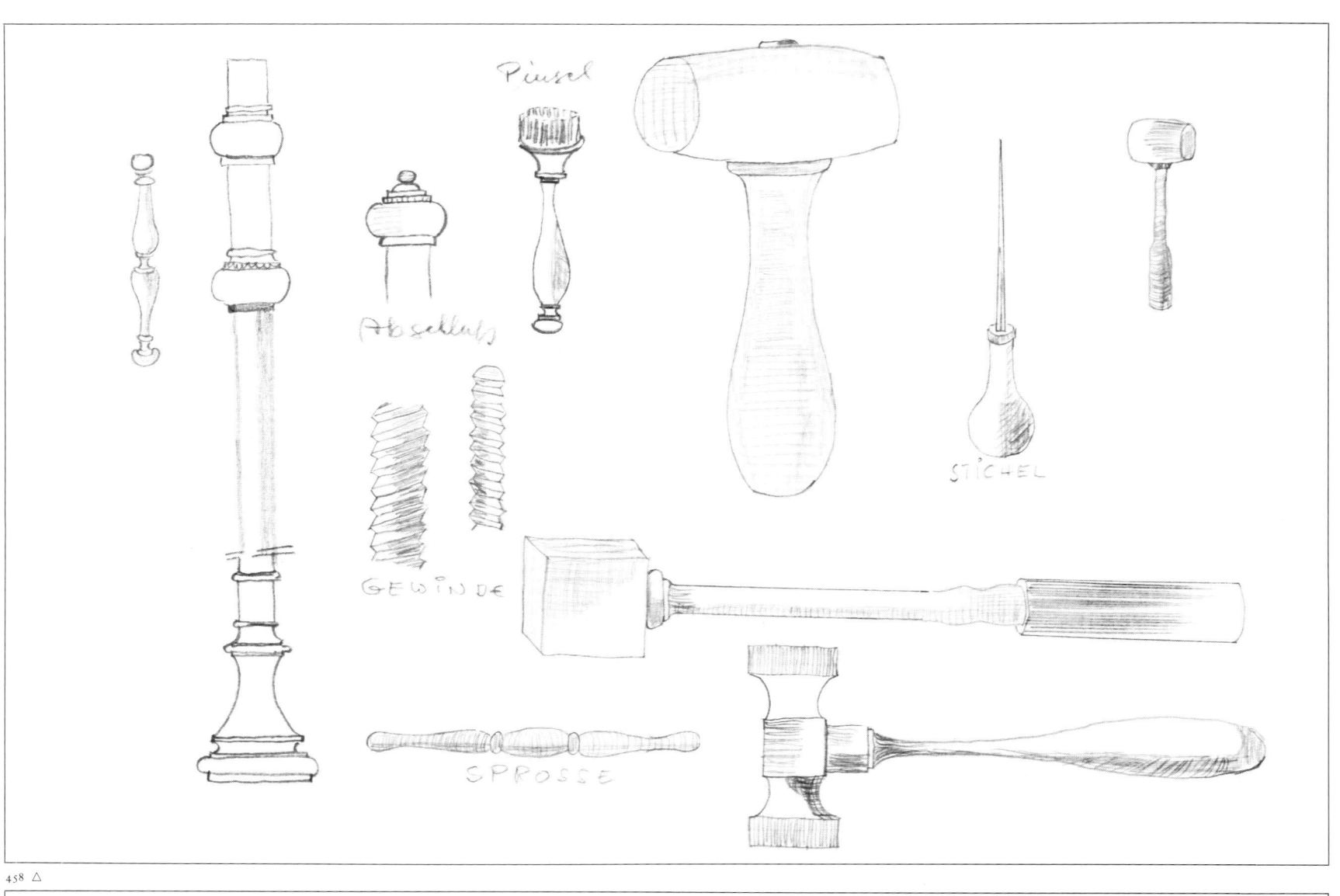

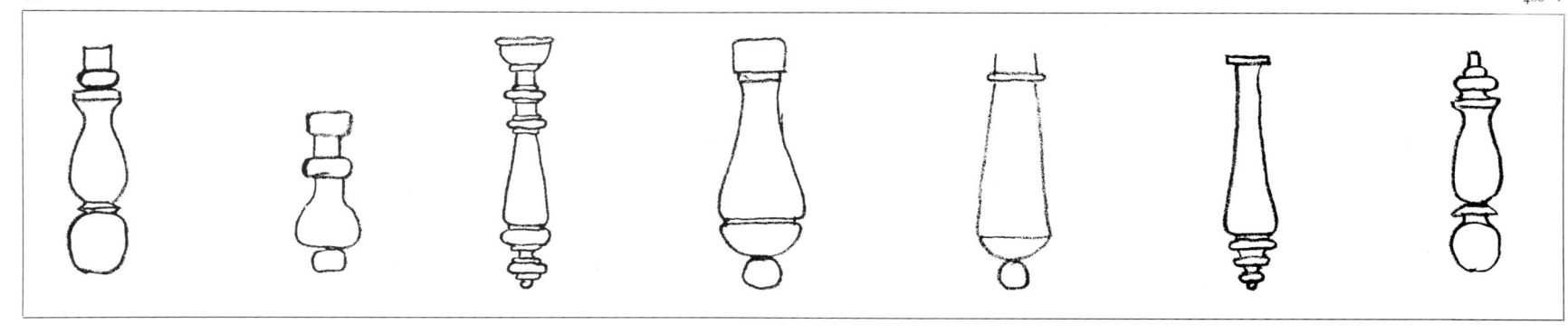

459 △

460 ▽

162

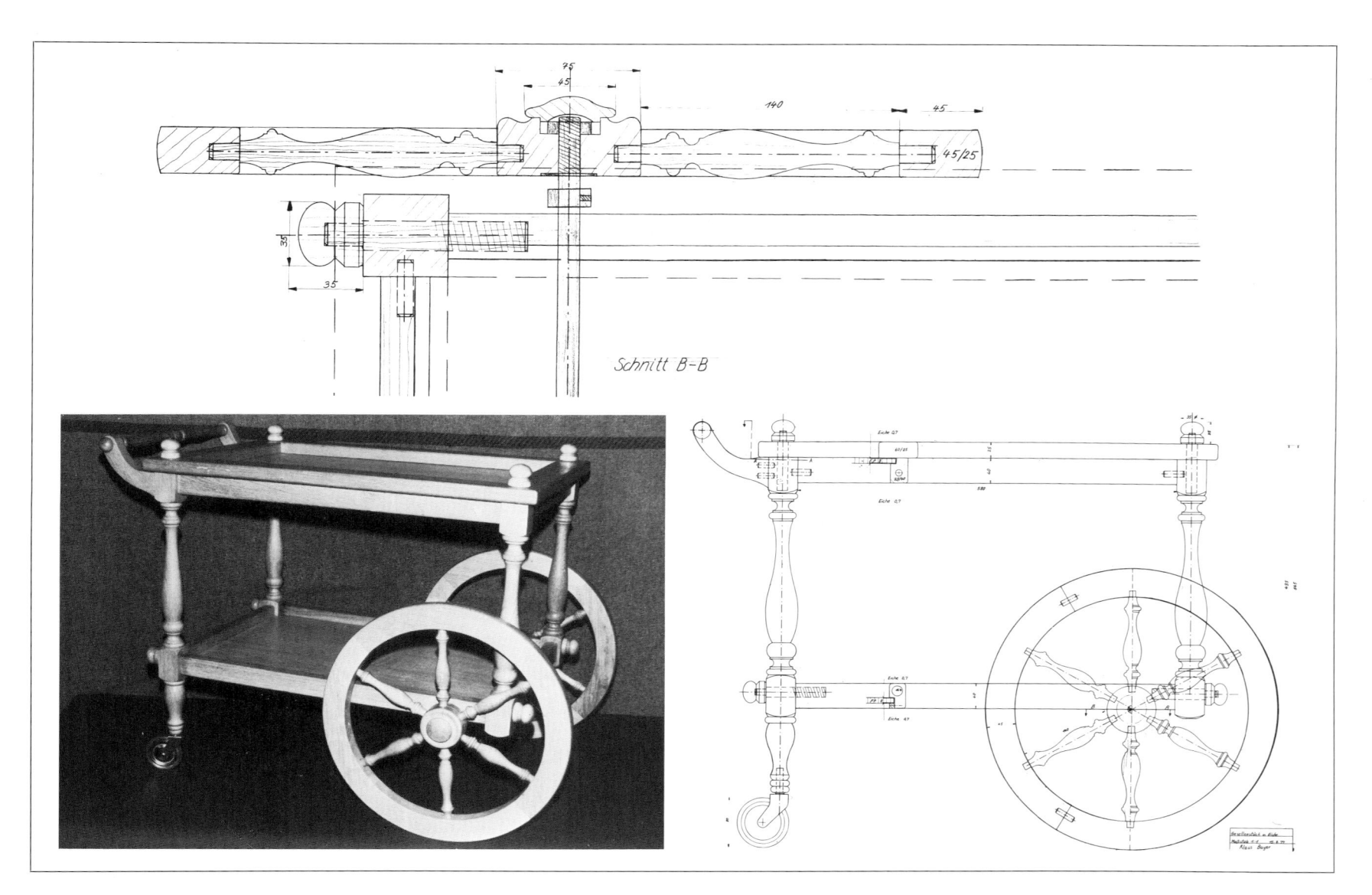

Gegenüberliegende Seite:
458 Beispiele aus »Charles Plumier, L'art Tourner, Die Kunst zu drechseln«, Leipzig 1776.

459 Schachfiguren, 1943. Buchsbaumholz, Birnbaum und Bein. König aus zwei Teilen gedrechselt. Aus dem Werkstattwochenbuch von Rolf Strecker, Tegernsee, 1943.

460 Skizzen zur Gestaltung von Griffen aus dem Skizzenbuch von Erwin Born, 1980.

461 Servierwagen, Bamberg, 1977. Eiche und Weißbuche. H 64,5 cm, B 50 cm, Rad D 44 cm. Zerlegbar. Gesellenstück von Klaus Bayer, Bamberg.

462 Kerzenleuchter mit dreifachem Wund, Dinkelscherben, 1980. Kirschbaum. Gesellenstück von Rudolf Schönknecht, Dinkelscherben (vgl. auch Abb. 45). ▷

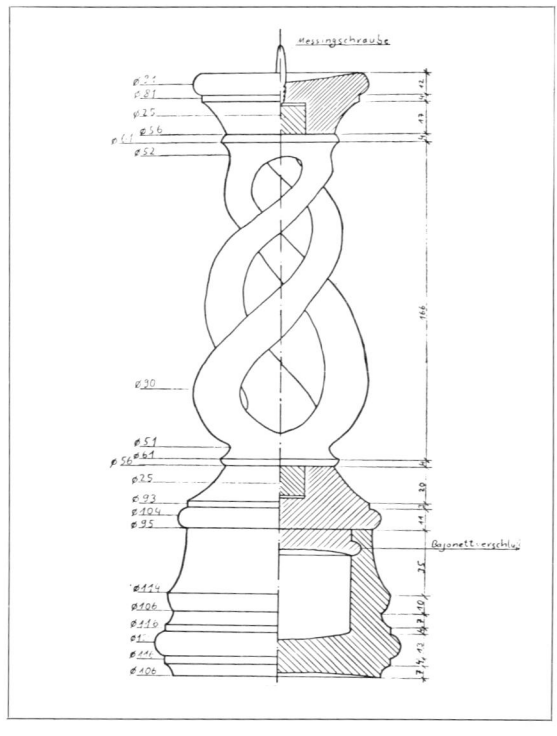

Aus den Abbildungen 452a–f sind die gebräuchlichsten und bekanntesten Grundformen zu ersehen. Wegen der Symmetrie ist es ratsam, stets vorher eine senkrechte und waagerechte Achse und genügend Hilfslinien zu zeichnen. Die Verbindung von Kehle und Rundstab ergibt das Karnies (Abb. 452e).

Aus diesen Grundformen lassen sich die gewünschten Drechselformen entwickeln. Zunächst empfiehlt es sich, einen einfachen Kerzenleuchter in natürlicher Größe zu entwerfen. Auf senkrechten und waagerechten Hilfslinien trägt man die Abstände zur Achse ein, die die symmetrische Profilierung erleichtern.

Unfallverhütung

Die Unfallverhütungsvorschriften der Berufsgenossenschaft Holz enthalten Bestimmungen über den Bau und die Ausrüstung fast aller im Holzgewerbe vorkommenden Maschinen und Werkzeuge. Vorrangig werden Hinweise gegeben und Vorschriften erlassen zum Schutz gegen Gefahren durch bewegte Maschinenteile, Werkzeuge und Werkstücke. Unterlagen liefert jede Holzberufsgenossenschaft auf Anforderung.
Die Unfallverhütung beginnt mit dem Eintreten in die Werkstatt und sollte für jeden Drechsler ein wesentlicher Grundsatz bei seiner gesamten Arbeit sein. Die geringste Unachtsamkeit während der Arbeit an den Maschinen kann Arbeits- beziehungsweise Berufsunfähigkeit zur Folge haben.
Übersicht und zweckmäßige Anordnung der Maschinen, Werkzeuge und Werkstoffe ist die Grundvoraussetzung für geringe Unfallgefahr.

Allgemeine Arbeitsregeln:
- Stets für gute Sichtverhältnisse an jedem Arbeitsplatz sorgen.
- Während des Drechselns und Werkzeugschärfens Schutzbrille tragen.
- Für Ordnung im Werkraum und Werkstofflager sorgen. (Dazu gehört das Einordnen benutzter Werkzeuge und das Aufheben herumliegender Holzstücke: Stolpergefahr!) An der Drechselmaschine mit Kopfbedeckung, enganliegenden Mantel- oder Jackenärmeln arbeiten.
- Während der Oberflächenbehandlung beim Lackieren und Beizen wegen der giftigen Dämpfe stets für frische Luft sorgen.
- Niemals Maschinen leerlaufen lassen, sondern nach beendeter Arbeit abschalten.

Eine besondere Bedeutung wird dem Lärm- und Gehörschutz beigemessen. So gesund es ist, bei sonnigem Wetter die Fenster der Werkstatt zu öffnen, müssen wegen der starken Lärmverursachung durch laufende Maschinen Türen und Fenster geschlossen gehalten werden. Da Gehörschäden nicht mehr rückgängig zu machen sind, sollte vor dem Einschalten von Kreissägen, Hobel- und Fräsmaschinen ein von der Berufsgenossenschaft Holz vorgeschlagener Gehörschutz verwendet werden. Den bequemsten und wirksamsten Gehörschutz bietet eine über den Ohren getragene Gehörschutzkapsel.

Die Werkstatt

Der Aufbau einer funktionsgerechten und arbeitsfreundlichen Werkstätte bildet die Voraussetzung für die Arbeitsfreude des Drechslers und damit auch für ein gutes Arbeitsergebnis.
Anforderungen an die Arbeitsräume: Bei der Einrichtung einer Werkstatt sollte auf eine sinnvolle Anordnung der einzelnen Räume in einer trockenen Erdgeschoßlage geachtet werden. Der Maschinen- und Arbeitsraum muß so geräumig sein, daß optimale Abstände zwischen den Arbeitsplätzen gewährleistet sind. Der Grundrißvorschlag (Abb. 463) zeigt eine nahezu ideale Werkstatt. Diese Anordnung kann für einen Ein-Mann-Betrieb entsprechend verkleinert werden, doch sollten die jeweiligen Arbeitsabläufe im Prinzip folgende Beachtung finden: Zentraler Ort ist die Drechselmaschine mit kurzem Weg zur Schärfeinrichtung, Bandsäge und Hobelbank. Als sehr nützlich hat sich eine Ablage für größere Mengen von Werkstücken im Rücken des Drechslers erwiesen.
In unmittelbarer Nähe befindet sich das Holzlager und ein verschließbarer Schrank mit Kleinmaschinen. Die Kleinmaschinen könnten auch in einer Schrankwand unweit der Drechselmaschine lagern. Dabei ist die Verstaubungsgefahr

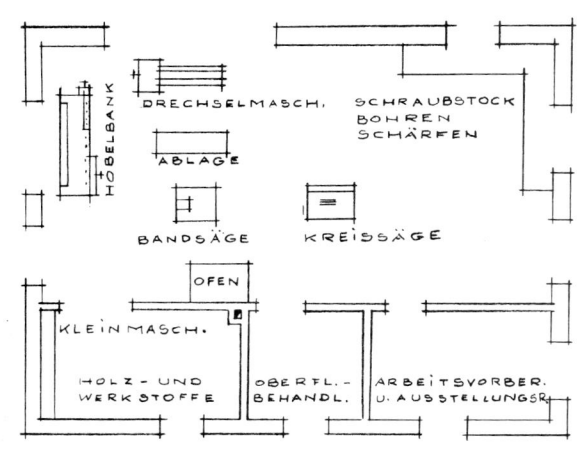

463 Grundrißvorschlag für eine zweckmäßige Anordnung von Räumen und Maschinen in einer Drechslerwerkstatt

zu beachten! Die Kreissäge und die übrigen Maschinen können etwas weiter entfernt stehen, wobei man bei der Kreissäge die beiderseitigen Abstände in Schnittrichtung zum Trennen langer Werkstücke berechnen sollte.

Der Wert eines Ausstellungsraumes wird von den meisten Drechslern unterschätzt. In diesem Raum sollten schöne, gut gelungene Arbeitsergebnisse wie Leuchter, Teller, Schalen und Dosen, für welche sich manch ein Auftraggeber interessieren dürfte, sichtbar aufbewahrt werden. Dieser Mehrzweckraum wäre auch für die Arbeitsvorbereitung und Kundenbesprechung geeignet.

Für die Oberflächenbehandlung ist ein kleiner Raum mit viel Tageslicht sehr wichtig und für den Drechsler kein Luxus. In einer mit feinem Staub angefüllten Werkstatt wird man eine sauber polierte Oberfläche kaum zustandebringen. Gleichmäßiges Tageslicht im Sommer und Winter erhält man durch die Anordnung der Fenster nach Norden. Direktes künstliches Licht muß punktuell auf das zu bearbeitende Werkstück lenkbar sein. Sehr zu empfehlen sind Leuchtstoffröhren, die, an Zugleitungen befestigt, mit einem Handgriff von der Werkraumdecke heruntergezogen und in der gewünschten Stellung arretiert werden können.

Für die Beheizung sind spezielle Holz- und Späneöfen entwickelt worden, die in einer geräumigen Blechwanne einen brandsicheren Stand haben. Ein fußwarmer Werkstattboden aus 5 cm starken Holzbohlen mit Nut und Feder – auf schwimmenden Estrich verlegt – ist Kunststoff- oder Keramikböden vorzuziehen.

Wie die Inneneinrichtung ergänzt wird, bleibt der Zweckmäßigkeit und der Phantasie des Werkstattinhabers vorbehalten.

Zur Einrichtung und Ausstattung der Werkstatt stellen sich die Fragen:
a) Welche Maschinen, Werkzeuge und Geräte werden gebraucht?
b) Wieviel kann man investieren?

Vorschlag für die Grundausstattung:
Drechselmaschine
Hohlmeißel (Röhre)
Formröhre
Meißel
Plattenstahl
Abstechstahl
Bohrmaschine mit einem Satz Holz- und Metallbohrer
Stichsäge
Schärfmaschinen und Abziehsteine
Arbeitstisch mit Einspannvorrichtung
Stechzirkel
Schleifpapier
Meßschieber
Hammer
Taster
Innenlochtaster
Tischlerwinkel

Erweiterung der Grundausstattung:
Anschaffung einer Hobelbank als Ersatz für den Arbeitstisch
Bandsäge
Kronensäge
Handkreissäge
Stationäre Kreissäge
Stellschmiege
Ausdrehhaken und Ausdrehstähle
Meißel, Stähle und Röhren als Erweiterung der Grundausstattung mit verschiedenen Abmessungen

Die elektrische Anlage in der Drechslerwerkstatt

Da nahezu alle Maschinen, mit denen der Drechsler arbeitet, elektrische Antriebe haben und eine gute Beleuchtung am Arbeitsplatz die Voraussetzung für gute Arbeitsergebnisse ist, kommt der elektrischen Anlage in der Drechslerwerkstatt eine besondere Bedeutung zu. Sie muß nach den »anerkannten Regeln der Elektrotechnik« eingerichtet und unterhalten werden. Als solche gelten die Bestimmungen des »Verbandes Deutscher Elektrotechniker e.V.« – kurz, die »VDE-Bestimmungen«. Nach diesen Bestimmungen ist das Errichten und auch das Erweitern, Ändern oder Reparieren von elektrischen Anlagen nur einem vom zuständigen Elektrizitäts-Versorgungsunternehmen (EVU) zugelassenen Elektroinstallateur gestattet.

Die folgenden Ausführungen und der Installationsplan (Abb. 464) sollen helfen, gemeinsam mit dem Elektroinstallateur die elektrische Anlage für die Drechslerwerkstatt zu planen.

Sollten bereits Anschlüsse im Werkraum vorhanden sein, ist es ratsam, mit dem zuständigen Elektromeister die Stromart und die Anschlußwerte zu ermitteln. Danach kann beim Kauf der Maschinen bereits entschieden werden, ob die leistungsfähigeren Drehstrommotoren den Wechselstrommotoren für den Antrieb vorgezogen werden können.

Anschließend werden Anzahl und die Anschlußwerte der Maschinen ermittelt, um auf den gesamten Anschlußwert schließen zu können.

Die Verteilung soll an einer gut zugänglichen, zentralen Stelle montiert werden. Sie soll genügend Reserveplatz für Erweiterungen haben. Die beste Verlegungsart für Leitungen ist in Rohren unter Putz. Auch Schalter und Steckdosen werden unter Putz montiert. Ist die Verlegung unter Putz nicht mehr möglich (Altbau), so müssen »Feuchtraumkabel« verlegt werden. Schalter und Steckdosen sollen dann aus schlagfestem Material sein.

Beim Einkaufen beachten wir, daß das gesamte Installationsmaterial das VDE-Zeichen trägt.

Die Lichtschalter werden in der Höhe der Türklinken angebracht. Die Steckdosen sollen 30 cm über den Arbeitsplatten montiert werden. Jeder Arbeitsplatz und jede Maschine erhalten ihre eigene, von der Raumbeleuchtung getrennt schaltbare Lampe und eigene Steckvorrichtungen. Verlängerungskabel behindern und sind eine Quelle für Arbeitsunfälle. Licht- und Steckdosenstromkreise werden getrennt verlegt und getrennt abgesichert. Dabei genügt für die Lichtstromkreise ein Leiterquerschnitt von 1,5 mm² und eine Sicherung mit 10 A. Steckdosenstromkreise werden mit 2,5 mm² Leiterquerschnitt verlegt und mit 16 A abgesichert. Als Überstrom-Schutzorgane (Sicherungen) sind HLS-Schalter empfehlenswert.

Die stationären Maschinen, also Drechselmaschine, Bandsäge und Kreissäge, erhalten getrennt verlegte und getrennt abgesicherte Drehstromversorgungen mit einer Zuleitung von 5 x 2,5 mm² Querschnitt und eine Absicherung von 3 x 16 A. Sie werden entweder fest oder über CEE-Steckvorrichtungen angeschlossen. Die Drehstromversorgung erlaubt auch den Anschluß von Maschinen mit Wechselstromantrieb.

Als Schutzmaßnahme für die elektrische Anlage kommen »Nullung« oder »FI-Schutzschaltung« in Frage. Letztere gilt zur Zeit als die sicherste Schutzmaßnahme und wird daher besonders empfohlen.

Abschließend noch einige Ratschläge zur Unfallverhütung:

Die Versuchung, schadhafte Anschlußschnüre, Steckvorrichtungen, Schalter und Geräte notdürftig zu reparieren, um weiterarbeiten zu können, ist groß. Da die Zahl tödlicher Arbeitsunfälle jedoch sehr hoch ist, müssen Reparaturarbeiten an elektrischen Anlagen dem Fachmann überlassen werden.

Bewährte Anschlußwerte:

Drechselmaschine	1500 Watt
Bandsäge	800 Watt
Kreissäge	2000 Watt
Handkreissäge	1400 Watt
Bohrmaschine	900 Watt
Handbohrmaschine	600 Watt
Schleifmaschine	400 Watt
Schärfmaschine	300 Watt
Stichsäge	300 Watt

464 Installationsplan für die elektrische Anlage in einer Drechslerwerkstatt

Häufig bekommt der Drechsler bereits vom Schreiner oder Zimmermann das getrocknete Kantel (im Querschnitt quadratisches Kantholz zur Bearbeitung nach einer Schablone oder nach einem Muster) geliefert. Dann braucht er seine Aufmerksamkeit nur noch auf das eigentliche Drechseln zu richten. Zur Verwirklichung eigener Ideen und neuer Entwürfe muß der Drechsler seine Holzauswahl mit dem darauffolgenden Einschneiden in gängige Abmessungen sowie die Lagerung bis zur Verarbeitung selbst vornehmen.

Mit »wachsamem Holzauge« sollte man besonders auf dem Lande schauen, wo ein Landwirt einen alten Obstbaum fällt. Der Stadtbewohner sollte den in seiner Gegend wohnenden Sägewerker, Schreiner und Holzhändler aufsuchen und sich über die Holzvorräte informieren. Der

Beschaffung, Lagerung und Trocknung der Werk- und Hilfsstoffe

Verfasser hat manch schönes abgelagertes Stück Holz aus der Vorratshaltung im Holz-Abfallschuppen des Schreiners und Sägewerkers gefunden. Urlaubsreisende finden im Süden Europas die schönsten Stücke gefällter Olivenbäume, die man für wenig Geld kaufen kann.

Bedenkt man die lange Reifezeit eines Baumes bis zur Verarbeitbarkeit, wird man jedes Stück Holz als Rarität betrachten und sorgsam aufbewahren. Eines Tages entsteht aus einem Stück Apfelbaum die schönste Schale. Und was die Menge des Holzvorrats betrifft: Man kann nie genug davon haben. Bei der Lagerung ist zu beachten, daß das Holz möglichst allseitig von Luft umgeben wird. Jeder Holzstapel muß überdacht sein, denn Feuchtigkeit ist der größte Feind des Holzes. Nach dessen ausreichender Lagerung muß rechtzeitig die nächste Trockenstufe vorbereitet werden. Das ausgewählte Holz kommt in die Werkstatt, in der bereits die Temperatur und Luftfeuchtigkeit wie in einem Wohnraum vorhanden sein sollte.

Hilfsmaschinen

Zu den Hilfsmaschinen zählen wir alle Kleinmaschinen und Heimwerkergeräte, die dem Drechsler bei der Vorbereitung und Nachbehandlung seiner Werkstoffe Kraft sparen helfen. Wir verzichten auf ausführliche Darstellung in Abbildungen, da diese mit genauen Beschreibungen und Bedienungsanleitungen auf dem Markt angeboten werden. Nach Anschaffung der ersten Maschine sollte der Drechsler die Beschreibung und Bedienungsanleitung in einen Ordner einheften. Diese Sammlung von Beschreibungen gekaufter Maschinen sollte griffbereit in der Werkstatt neben der Arbeitsvorlagensammlung und der Fachliteratur vorhanden sein. Nach Bedarf wird man rasch sämtliche Daten über Anschaffungszeit, Kaufpreis, Garantie, Herkunft sowie Wartungs- und Pflegedienst entnehmen können.

Aus dem Grundrißvorschlag (Abb. 463) über die Werkstatteinrichtung ersehen wir die jeweils erforderliche Grundausstattung mit Maschinen, Werkzeugen und Hilfsgeräten.

Die *Hilfsmaschine zum Bohren* mit einem Satz von Holz- und Metallbohrern werden wir bereits bei der Einrichtung unserer Werkstatt angewendet haben. Beim Kauf einer Elektro-Handbohrmaschine wählen wir nicht das einfachste Modell, sondern eine Maschine der mittleren Preislage, welche bei einer Leistung von ca. 500 Watt mit einer Schlageinrichtung ausgestattet ist. Der Bohrvorgang wird hier durch Umstellung auf Schlag durch kurze Schläge in Axialrichtung des Bohrers unterstützt und somit ein leichteres Eindringen des Bohrers in harte Werkstoffe ermöglicht. Die Elektro-Schlagbohrmaschinen sind meist mit mehreren Gängen ausgestattet, so daß sowohl die Geschwindigkeit als auch die Schlagstärke während des Laufens verändert werden kann.

Der Bohrersatz enthält außer den Holz- und Metallbohrern einige Bohrer mit Hartmetallschneiden, deren Durchmesser an der Spitze größer ist als der Bohrerschaft. Während des Bohrens achten wir auf leichten Lauf, um eine Überlastung des Motors zu vermeiden. Nach der Arbeit werden die Bohrer aus dem Bohrfutter herausgenommen und zum Schutz der Schneiden in einem Spezialständer aufbewahrt.

In das Bohrfutter läßt sich der Kreisschneider einspannen. Damit lassen sich kreisförmige Ausschnitte von bestimmten Durchmessern ausführen.

Zum Sägen von verschieden großen, runden und geschweiften Ausschnitten eignet sich die *elektrische Stichsäge*.

Bei der Vorbereitung der Werkstoffe zum Drechseln kann Hart- und Weichholz bis zu 5 cm Stärke mit dem entsprechenden Vorschub gesägt werden. Dem Härtegrad des Werkstoffs entsprechend muß man Sägeblätter mit der richtigen Bezahnung auswählen, um einen sauberen Schnitt zu erreichen. Die Sägeblätter oder Raspeln der Stichsäge arbeiten durch Auf- und Abwärtsbewegung, aber auch durch eine zusätzliche Pendelbewegung. An die Stichsäge kann zum Aussägen kreisrunder Ausschnitte ein *Kreisschneider* angebaut werden.

Bei Beginn und zum Ende des Sägevorgangs ist Vorsicht geboten. Nach dem Ausschalten muß gewartet werden, bis das Blatt zur Ruhe gekommen ist.

Ohne scharfes Werkzeug erhalten wir keine sauber gedrechselte Oberfläche. Deshalb gehört zur Erstanschaffung eine *Schärfmaschine*. Im Fachhandel erhalten wir einen Überblick über die auf dem Markt befindlichen Maschinen und wählen dann eine Maschine mit zwei Schleifscheiben verschiedener Körnung. Zu empfehlen ist eine Zusatzeinrichtung in Form eines Schlittens für das Einspannen und seitliches Hin- und Herführen der Meißel.

Eine wichtige Regel zum Unfallschutz: Zum Schärfen Schutzbrille tragen!

Zu der erweiterten Grundausstattung gehört eine *Bandsäge,* die mit verschieden breiten Sägeblättern ausgestattet ist. Mit der Bandsäge können fast alle Sägearbeiten verrichtet werden, doch verwendet der Drechsler diese Säge vornehmlich zum Ausschweifen von Hölzern.

Für kleine Durchmesser wählt man Schweifsägeblätter, die in Breiten von 4 bis 10 mm zu haben sind. Für den Anfang sollten zwei Schweifsägeblätter mit 6, 10 und ein weiteres Blatt von 20 mm Breite genügen. Bei kleineren Bandsägen sind die möglichen Sägeblattbreiten vorgeschrieben. Beim Kauf achten wir auf die Größe des Arbeitstisches, seine Schwenkbarkeit und die Höhe der Sägedurchlauf-Öffnung. Ein verstellbares Anschlaglineal auf dem Arbeitstisch können wir uns selbst herstellen.

Während des Sägens beachten wir, außer den üblichen Vorsichtsmaßnahmen, je nach Werkstückdicke die richtige Vorschubgeschwindigkeit, um eine Überlastung des Motors zu verhindern und eine saubere Schnittfläche zu erreichen.

Für das Sägen von Rundholz verwenden wir einen selbstgefertigten Schlitten mit Kerbe (Abb. 482). Niemals dürfen wir Rundhölzer ohne Sägeschlitten auf der Bandsäge sägen, da sich das Sägeblatt festklemmen und reißen kann (Handverletzung!).

Zusätzliche Sicherheit bietet ein Teleskopschutz, der das Blatt völlig umschließt, andererseits aber die Blattführung in keiner Weise behindert. Diese Schutzvorrichtung läßt sich leicht an der Maschinenvorderseite anschrauben.

Einige Regeln zum Unfallschutz:
– Nicht die Sägeblattumkleidung entfernen. Nur soviel Sägeblatt freimachen, wie man zum Schneiden benötigt.
– Nach dem Abschalten des Motors Bremseinrichtung betätigen.
– Beim Auswechseln des Sägeblattes Stecker aus der Steckdose herausziehen.
– Nach dem Auswechseln die Sägeblatt- und Rollenverkleidung wieder befestigen.
– Den Arbeitstisch stets von Holzabfällen freihalten.

Zum Ablängen von Bohlen und Brettern verwenden wir die *Handkreissäge,* die zu einer standfesten Kleinkreissäge umgebaut werden kann. Wir beachten beim Kauf, daß der Auflagetisch bis 45 Grad verstellt werden kann und verschiedene Schnittiefen eingestellt werden können. Die Handkreissäge sollte mit einem verstellbaren Breitenanschlag, einem Spaltkeil und einem selbsttätig wirkenden Rücklaufschutz ausgerüstet sein. Je nach Werkstoff, Schnittleistung und Schnittgüte wählen wir Kreissägeblätter mit den entsprechenden Zahnformen.

In einer reich ausgestatteten Werkstatt finden wir die transportable oder ortsfeste *Tischkreissäge,* die ebenfalls zum Langschneiden von Brettern und Bohlen dient. Je nach Auftragslage und Ausstattungsbedarf wird der Drechsler die für ihn passende Kreissäge wählen. Zu einer brauchbaren Ausstattung gehört:

a Ein entsprechend großer, schwenkbarer und in der Höhe verstellbarer Arbeitstisch
b Ein leicht verstellbarer und abnehmbarer Parallelanschlag
c Ein Spaltkeil mit Schutzhaube

Eine erweiterte Ausstattung zum Schneiden langer Teile besteht aus einem abklappbaren Rolltisch und dem Ablänglineal. Das Schärfen der Sägeblätter überlassen wir Spezialwerkstätten.

Einige Regeln zur Unfallverhütung:

Das Arbeiten an den Kreissägen ist ohne die vorgeschriebenen Schutzvorrichtungen verboten. Deshalb ist zur Vermeidung von Unfällen die Verwendung von Spaltkeil, Schutzhaube und die untere Sägeblattabdeckung zwingend erforderlich. Das Sägeblatt ist so einzustellen, daß der Zahnkranz das zu schneidende Holz höchstens um 10 mm überragt. Zum Schneiden von kurzen Werkstücken ist ein Schiebestock zu verwenden.

465   *Primitive Drechselbank mit Handkurbelantrieb*
München, Deutsches Museum

466   *Alte Drechselbank mit Fußantrieb*
München, Fa. Killinger

467   *Holzdrehbank mit Wippe aus Marquartstein*
München, Deutsches Museum

468 Drechselmaschine, KM 2500 S. (Beschreibung s. S. 172.)
München, Fa. Killinger

469 Drechselmaschine, KM 1000
München, Fa. Killinger

470 Quer-Kopierdrehen eines Tellers mit dem Tassenstahl

471 Längs-Kopierdrehen eines Tischfußes bei tiefen Profileinstichen mit dem Spitzstahl. Tassenstahl und Lünette abgeschwenkt.

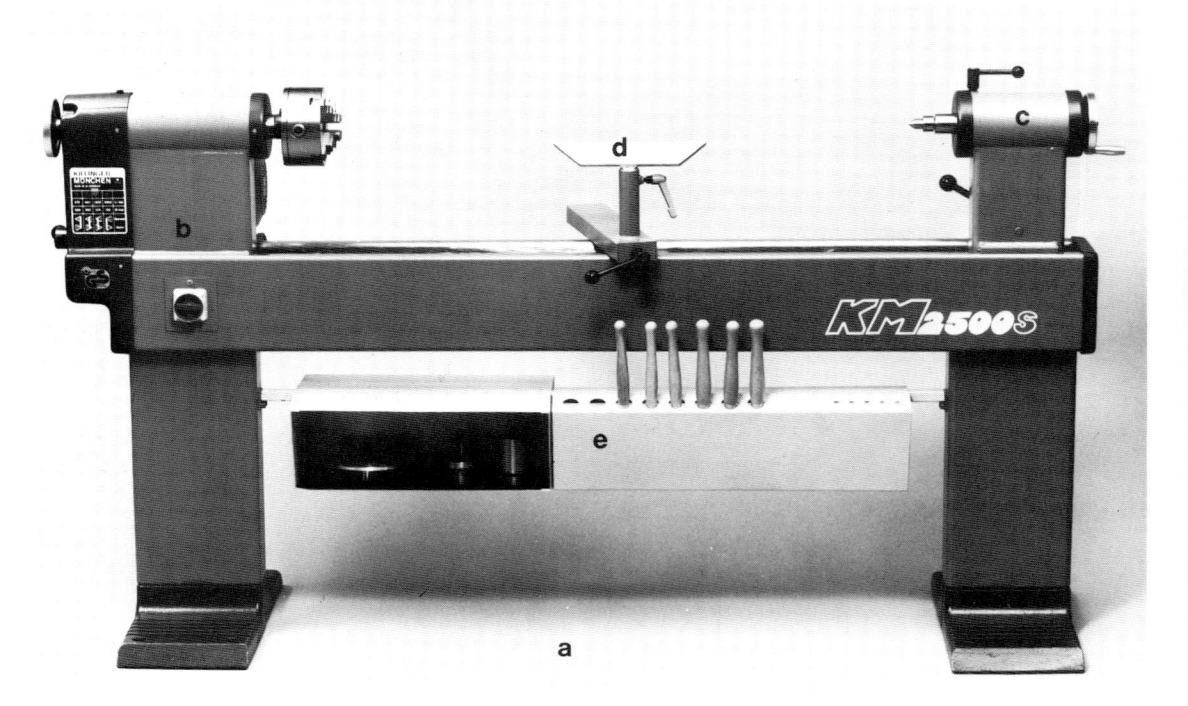

472 Bohrfutter mit Bohrer im Reitstock befestigt

473 Längs-Kopierdrehen mit dem Tassenstahl

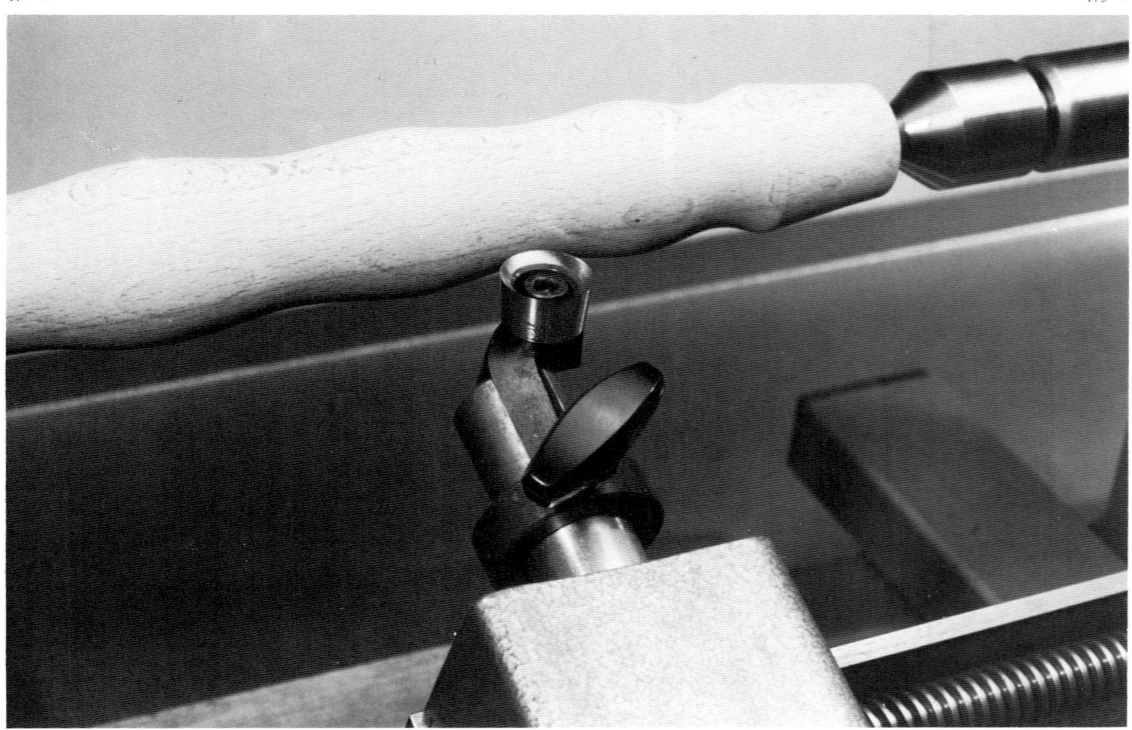

Drechselmaschinen

Jedem Drechsler, auch dem Freizeitdrechsler, sei geraten, vor dem Kauf einer Drechselbank das Angebot intensiv zu prüfen und sich nach sorgfältiger Information mit einem erfahrenen Fachmann zu besprechen. In den Gesamtinvestitionen nimmt die Drechselbank den höchsten Ausgabeposten ein und erfordert daher gründliche Vorüberlegungen. Aus dem großen Firmenangebot bei etwa gleichem Preisniveau sollte man eine tabellarische Übersicht anfertigen, aus welcher die Leistungsfähigkeit der Maschine erkennbar wird.

Vor der Kaufentscheidung sind zu vergleichen und zu bedenken:

1. Was soll die Maschine können?
2. Preis der Grundausstattung
3. Möglichkeiten der Ergänzung zur Grundausstattung, mit Preisen
4. Entfernung der Lieferfirma, Kundendienst, Zuverlässigkeit
5. Neuentwicklung oder ein in der Praxis bewährtes Modell; Inlands- oder Auslandsmodell

Im folgenden Teil werden an einigen in der Praxis bewährten Modellen wesentliche Teile und ihre Funktion erläutert (vgl. Abb. 468):

a Das stabile, verwindungssteife Gestell
b Der Spindelstock mit Antrieb und Einspann- oder Befestigungsvorrichtung
c Der Reitstock zur Befestigung des Werkstücks gegenüber der Spindel
d Die Handauflage zum Auflegen und Führen der Werkzeuge
e Die Vorrichtung zur Werkzeugablage

Zu a:
Das Gestell der Drehbank muß festen und waagerechten Stand haben. Es besteht meist aus Stahl mit schweren Gußfüßen. Eine statisch günstige, verwindungsfreie Kastenbauweise aus schweren, gezogenen Präzisionsstahlprofilen mit geschliffener Bettführung ermöglicht einen ruhigen Lauf und leichte Verschiebbarkeit des Reitstocks.

Zu b:
Der Antrieb erfolgt im Spindelstock mit Hilfe eines auf Dauerbetrieb ausgelegten Motors über Keilriemen. Eine kräftige Massivspindel mit Innengewinde oder Hohlspindel mit Innenkonus ist meist durch wartungsfreie Präzisionswälzlager zweifach gelagert. Auf dem äußeren und inneren Spindelgewinde werden die Spannvorrichtungen befestigt und gewährleisten exakten Rundlauf und zentrischen Sitz der Futter. Moderne Drechselmaschinen verfügen über mehrere praxisgerechte Spindeldrehzahlen mit leichter Momentverstellung und Zeigerablesung der eingestellten Drehzahl.

Zu c:
Der leicht verschiebbare Reitstock enthält die Körnerspitze zur Befestigung des Werkstücks auf der anderen Seite. Die Feststellung des Reitstocks erfolgt mit Hilfe eines Schnellspannhebels. Für Bohrungen kann die Körnerspitze gegen einen Bohrer ausgewechselt werden.

Zu d:
Zwischen Spindel und Reitstock mit den verschiedenen Befestigungs- und Spannvorrichtungen ist eine leicht verschiebbare und feststellbare Handauflage erforderlich, welche auch in der Höhe verstellbar ist. Die einfache oder doppelte Handauflage dient dem sicheren Auflegen und Führen des Werkzeugs.

Zu e:
Die Vorrichtung zur Werkzeugablage befindet sich unter dem Drehbankbett. Die wichtigsten Werkzeuge liegen stets im Blickfeld und sind sofort zur Hand. Die übrigen Werkzeuge sollten in unmittelbarer Nähe an einer Holzwand – Schneiden sichtbar – aufgehängt werden.

Früher bewahrte der Meister seine Werkzeuge in einer geschlossenen Vorrichtung auf, aus der nur die Griffe herausragten. An den kunstvoll gedrechselten Meißel- und Röhrenheften erkannte er das jeweils von ihm benötigte »Eisen«. Es bleibt dem einzelnen überlassen, ob er sein Werkzeug in einer offenen Hängevorrichtung oder geschlossen – nach altem Vorbild – aufbewahrt.

Werkzeuge

Überblick
In der Grundausstattung (Abb. 478) erkennen wir drei Röhren mit den aus Sicherheitsgründen erforderlichen 40–45 cm langen Griffen. Zum Schruppen, d. h. Vordrechseln des Werkstücks auf zylindrische Form, nehmen wir die Schrupp- oder Schroppröhre mit flacher Hohlform.

474 *Werkzeuge für die Drechselbank, Kupferstich, 1771. Aus: Recueil des Planches, Tourneur en Bois, Tom X, Pl III.*
Fig. 16, 17   Meißel
Fig. 18   Abstechstahl
Fig. 19, 20   Schmale und breite Röhre
Fig. 21–24   Plattenstähle

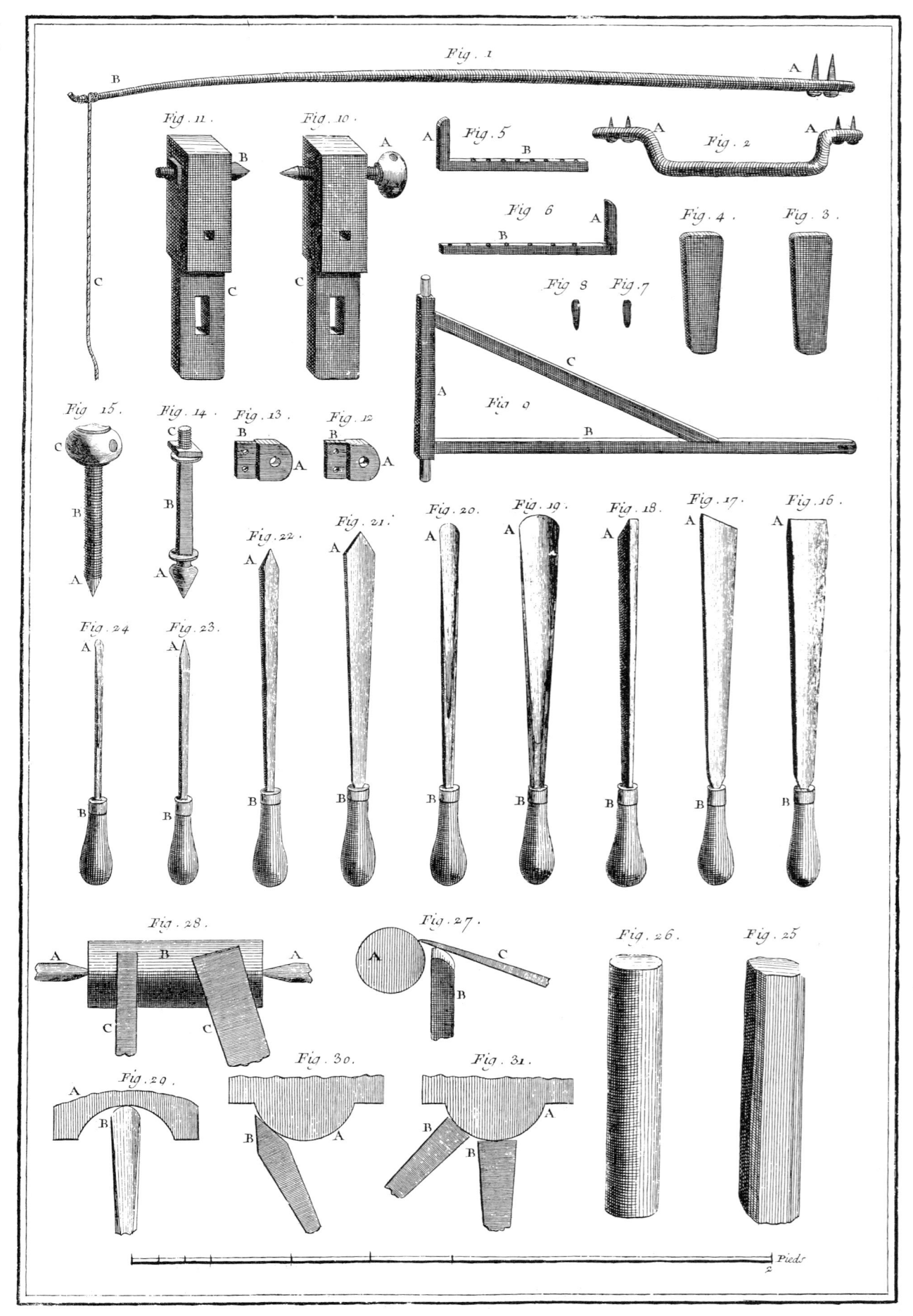

An die zylindrische Grundform des Werkstücks können wir mit der halbrunden Formröhre profilierte und geschweifte Formen andrechseln und auch fein- und sauberdrechseln.

Je nach Holzart und Form verwenden wir zum Schlichten (Glätten) oder Runden den mit beidseitiger Fase angeschliffenen Drechslermeißel in der gewünschten Breite. Mit dem stumpfwinkligen Teil der schrägen Schneide können wir Rundungen drechseln. Mit der oberen Spitze erfolgt das Ein- und Abstechen.

Wir kennen Arbeiten, bei denen wir mit dem Meißel nicht abstechen können. Für solche Arbeiten verwenden wir den von beiden Seiten angeschliffenen Abstechstahl.

Zum Andrehen schmaler tiefliegender Platten wählen wir den im Querschnitt konisch nach unten verlaufenden Plattenstahl.

Für verschieden breite Platten und Kehlen hat die Werkzeugindustrie gerade und profilierte Formstähle entwickelt.

Das schwierige Drechseln mit Ausdrehhaken und Ausdrehstahl zum Hohldrehen von Büchsen, Bechern und Schüsseln erfordert wiederum eine neue Einweisung durch unseren Drechslermeister. Für die ersten Arbeiten wählen wir weiche Holzarten wie Linde, Kiefer, Zirbe und drechseln zunächst nicht allzu tief in das Holz hinein. Erst nach zahlreichen Übungsstunden wird uns ein tieferes und sauberes Ausdrehen gelingen.

Schärfen der Werkzeuge

Meißel, Röhren und Stähle sind die Werkzeuge des Drechslers, die sich ständig im Gebrauch befinden. Dadurch werden sie in kürzester Zeit stumpf und müssen recht häufig geschärft werden.

Das Schärfen erfolgt in zwei Arbeitsgängen. Im ersten Arbeitsgang wird an der Schleifscheibe geschliffen, im zweiten wird auf dem Abziehstein abgezogen. Beim Schärfen werden die Augen durch eine Schutzbrille geschützt. Nach dem Einschalten der Maschine legen wir das »Eisen« vorsichtig auf die Schleifscheibe, so daß die Fase des Werkzeugs voll aufliegt. Nun wird das Eisen bei leichtem Druck auf der Auflagefläche der Scheibe seitlich hin- und herbewegt. Beim Schleifen der Röhre wird diese gleichmäßig um ihre Längsachse gedreht.

Um ein Ausglühen des Werkzeugs zu vermeiden, dürfen wir nicht unter zu starkem Druck und nicht zu lange schleifen. Der Schleifprozeß wird wegen der Erhitzungsgefahr des Werkzeugs häufig unterbrochen, doch so lange fortgeführt, bis sich auf der gesamten Länge der Schneide ein feiner Grat gebildet hat. Die eigentliche Schärfe erhält das Eisen durch das Abziehen (Entfernen) des Grates auf einem Abziehstein.

Vor dem Abziehen wird der Stein in ein Gleitmittel getaucht. Wir wählen je nach Steinart entweder Wasser, Petroleum oder Öl. Der gesamte Arbeitsvorgang des Abziehens beginnt mit dem Auflegen des Eisens auf den Abziehstein und anschließendem leichten Hin- und Herbewegen des Abziehsteines, bis der Grat entfernt ist. Die Fase liegt dabei – wie beim Schleifen – in ihrer ganzen Fläche auf dem Abziehstein.

Fehler beim Schärfen – Schleiffehler:

1. Zu starker Druck auf die Schleifscheibe führt zum Erhitzen und Ausglühen der Eisen. Die Schneiden werden braun oder blau und verlieren an Schärfe.
2. Unterschiedliche Fasenbreite erschwert die Führung des Meißels beim Schlichten.
3. Durch Hohlschliff – hohle Fase – wird das Eisen am Ende zu dünn.
4. Durch falsche Haltung des Eisens auf der Schleifscheibe kann sich der Keilwinkel verändern, und das Eisen wird zu spitz oder zu stumpf.

Meß- und Prüfwerkzeuge

Zu den wichtigsten Meß- und Prüfwerkzeugen gehören:

Maßstäbe

Winkel

Gehrungswinkel

Zirkel

Innentaster und Außentaster

Meßschieber

Längenmaßstäbe: der Meterstab, das Lineal und diverse Bandmaße.

Zum Anzeichnen rechter Winkel stehen uns Anschlagwinkel mit unterschiedlich langen Schenkeln zur Verfügung (Abb. 479).

Schräg verlaufende Bohrungen zeichnen wir mit einem verstellbaren Gehrungswinkel an. Hierzu bestimmen wir die Winkelgröße mit einem Winkelmesser und arretieren die Schenkel mit dem Schraubknopf.

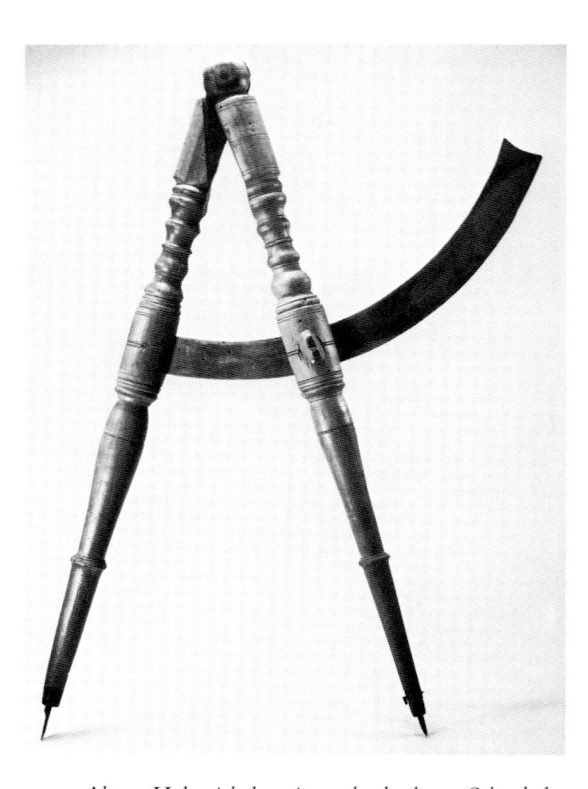

475 Alter Holzzirkel mit gedrechselten Schenkeln. Schenkel L 50 cm. Schenkel D 3 cm. Innsbruck, Tiroler Volkskunstmuseum

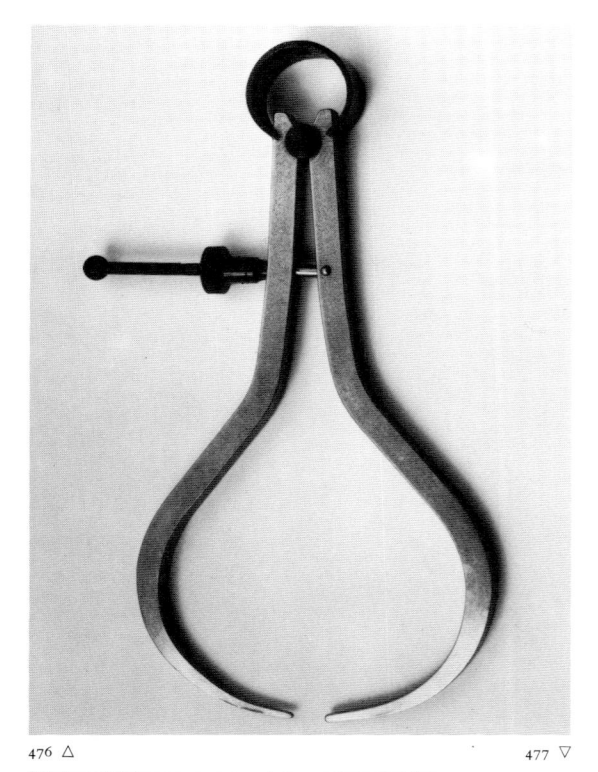

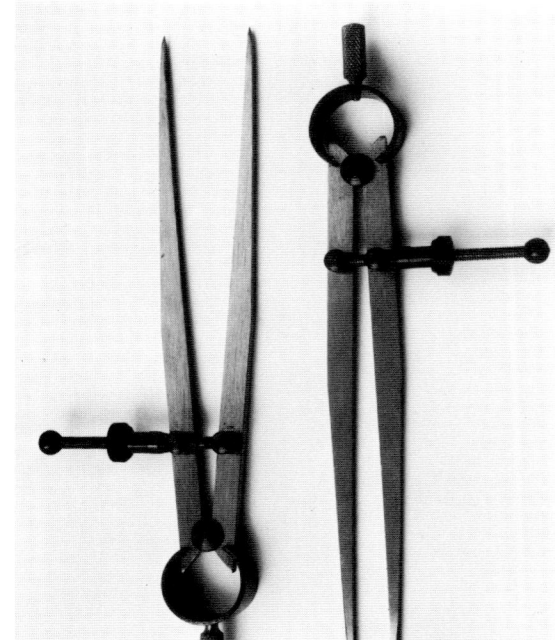

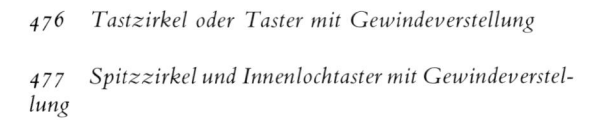

476   Tastzirkel oder Taster mit Gewindeverstellung

477   Spitzzirkel und Innenlochtaster mit Gewindeverstellung

478   Meißel und Röhren verschiedener Breiten

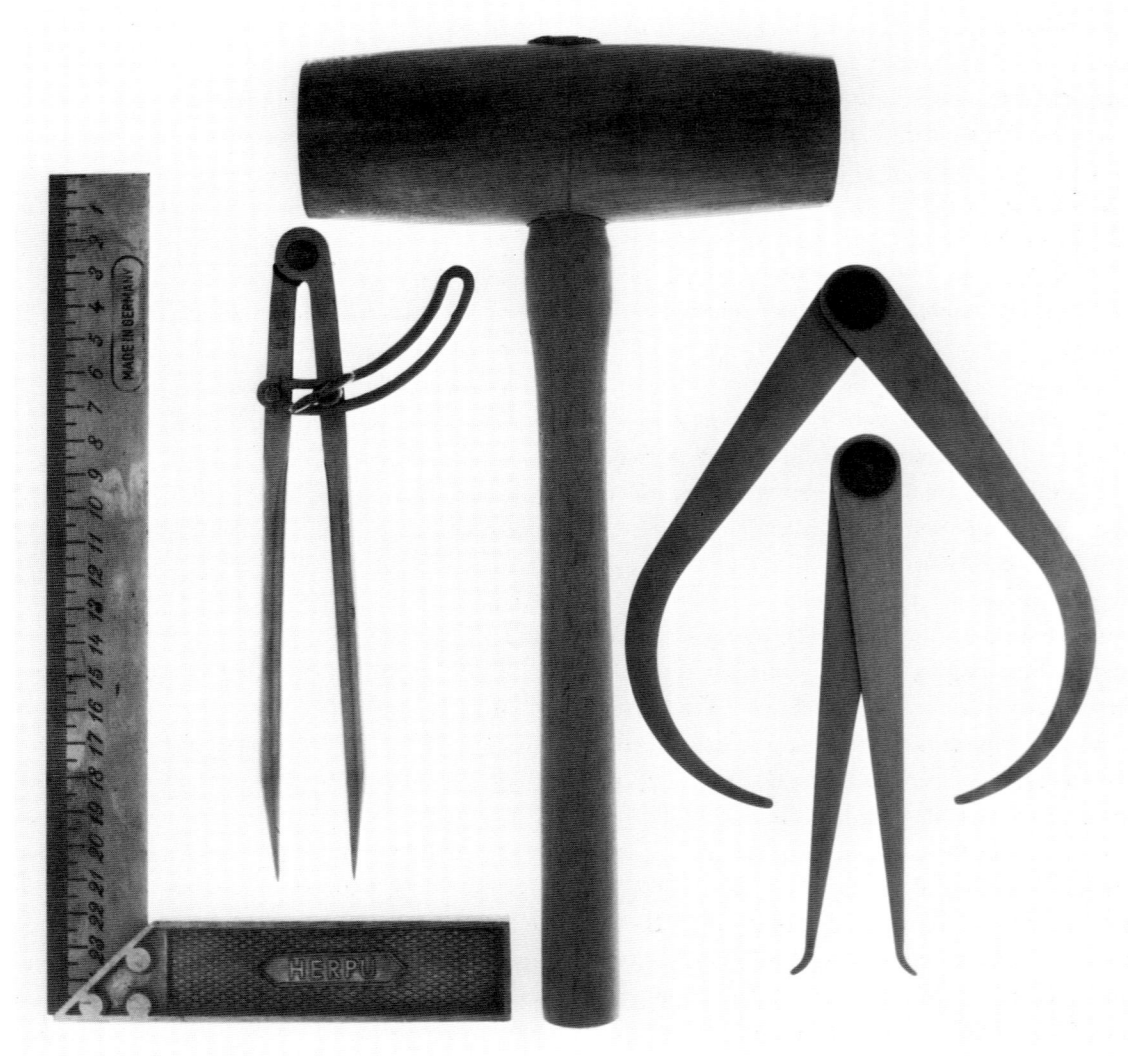

479   Werkzeugsatz

Mit Zirkeln können wir Kreisumfänge und Längen anreißen sowie Mittelpunkte bestimmen (Abb. 477).

Zum Übertragen und Prüfen von festgelegten Innen- und Außenmaßen verwenden wir die Taster (Abb. 476 und 479).

Verschiedene Ausführungen von Meßschiebern dienen den Außen- und Innenmessungen sowie Überprüfungen von Durchmessern.

Pflege der Werkzeuge

1. Sämtliche Werkzeuge in der trockenen Werkstatt geordnet aufbewahren.
2. Die Schneiden schützen.
3. Nach dem Bearbeiten harzreicher Hölzer die Schneiden mit Lösungsmitteln (Petroleum, Reinigungsbenzin) reinigen. Die Schneide muß stets von Holzstaub und Harzkrusten frei sein.

Werkstoffe

Im Kapitel über die Materialbeschaffung und Trocknung haben wir dem Holz als wichtigstem Werkstoff des Drechslers breiten Raum zugewiesen. Ein Grundwissen über den Aufbau, die Eigenschaften und Arten des Holzes ist zum besseren Verständnis des Holzverhaltens während der Bearbeitung erforderlich. Bei der Frage nach der Holzart beginnt bereits das Achselzucken, da man hierzulande neben den heimischen Nadel- und Laubhölzern viele ausländische Holzarten verwendet. Es gibt mehrere Tausend Holzarten, deren Bestimmung und Klassifizierung durch charakteristische Merkmale in Größe, Form und Verteilung verschiedener Zellentypen möglich ist (Abb. 262).

Auf den spezifischen Merkmalen jeder Holzart beruhen auch die eigentümlichen physikalischen und mechanischen Eigenschaften. Als Beispiel seien hier die Gewichte (Massen) von 1 ccm Balsaholz mit 160 Kilogramm, verglichen mit dem gleichen Volumen Steineiche mit 960 kg, angeführt. Für den Drechsler genügt es, einige typische Merkmale und Eigenschaften der von ihm häufig verwendeten Holzarten zu kennen.

Von den schnellwachsenden Nadelhölzern sei die *Fichte* als ein relativ weiches und leichtes Holz von fast weißer Farbe genannt. Fichtenholz ist von starkem natürlichen Glanz und weniger harzig als Kiefernholz. Der Drechsler sollte bei der Auswahl auf festgewachsene Äste achten, die bei naturbelassenen gedrechselten Teilen die Wirkung der Maserung erhöhen. Der Abstand der Jahresringe sollte recht gering sein, da zu viel Frühholz die Festigkeit beeinträchtigt.

Das durch deutliche Abzeichnung der Jahresringe rötlichbraune *Kiefernholz* wird auf Grund der lebhaften Struktur seiner Maserung gern zum Drechseln genommen. Dem harzigen und häufig recht astigen Holz wird je nach schnellem oder langsamen Wachstum durch die groben oder feinen Jahresringe eine lebhafte Struktur verliehen.

Erwähnenswert ist die *Zirbelkiefer* mit ihrem noch feineren Gefüge mit festgewachsenen – nicht zu harten – Ästen. Die Zirbe eignet sich hervorragend zum Drechseln von Schüsseln, Schalen und Dosen. Sie nimmt im naturbelassenen Zustand eine ansehnliche rötlichbraune Farbe an.

Eine der beliebtesten und ausdrucksvollsten, doch leider teueren Nadelholzarten ist die *Lärche*. Harzreicher, schwerer und dichter als Kiefer, ist sie von gelblichroter Farbe und mit oft recht zahlreichen, festgewachsenen kleinen Ästen versehen, die jedoch die Festigkeit nicht beeinträchtigen.

Von den Laubhölzern verwendet der Drechsler recht gern das gelblichbraune bis lederbraune, großporige *Eichenholz*, welches wegen seiner gediegenen, rustikalen Oberfläche im Naturzustand belassen werden sollte. Das harte, schwere, gerbstoffreiche Holz ist sehr dauerhaft und wetterbeständig. Beim Zuschnitt muß der schmale, schmutziggelbweiße Splint, der eine ideale Brutstätte für Würmer ist, weggeschnitten werden. Bemerkenswert sind die Markstrahlen, die dem Eichenholz sein spezifisches Aussehen geben. Im Radial- oder Spiegelschnitt sind sie als Spiegel und im Sehnen- oder Fladerschnitt als senkrecht laufende Linien sichtbar.

Jeder Drechsler kennt die Risiken bei der Verarbeitung nicht trockenen Holzes. Eiche ist ein besonders stark arbeitendes Holz, und nicht selten zeigt ein bereits gedrechseltes Stück nach weiterem Trocknungsvorgang Risse und Verwindungen (Verdrehungen), die Drechselarbeit ist dann unbrauchbar.

Unter den Laubhölzern zählen die *Rot-* und die

480 *Stammquerschnitt einer Stieleiche aus Neuburg a. D. Gekeimt 1535, gefällt 1846.* ▷

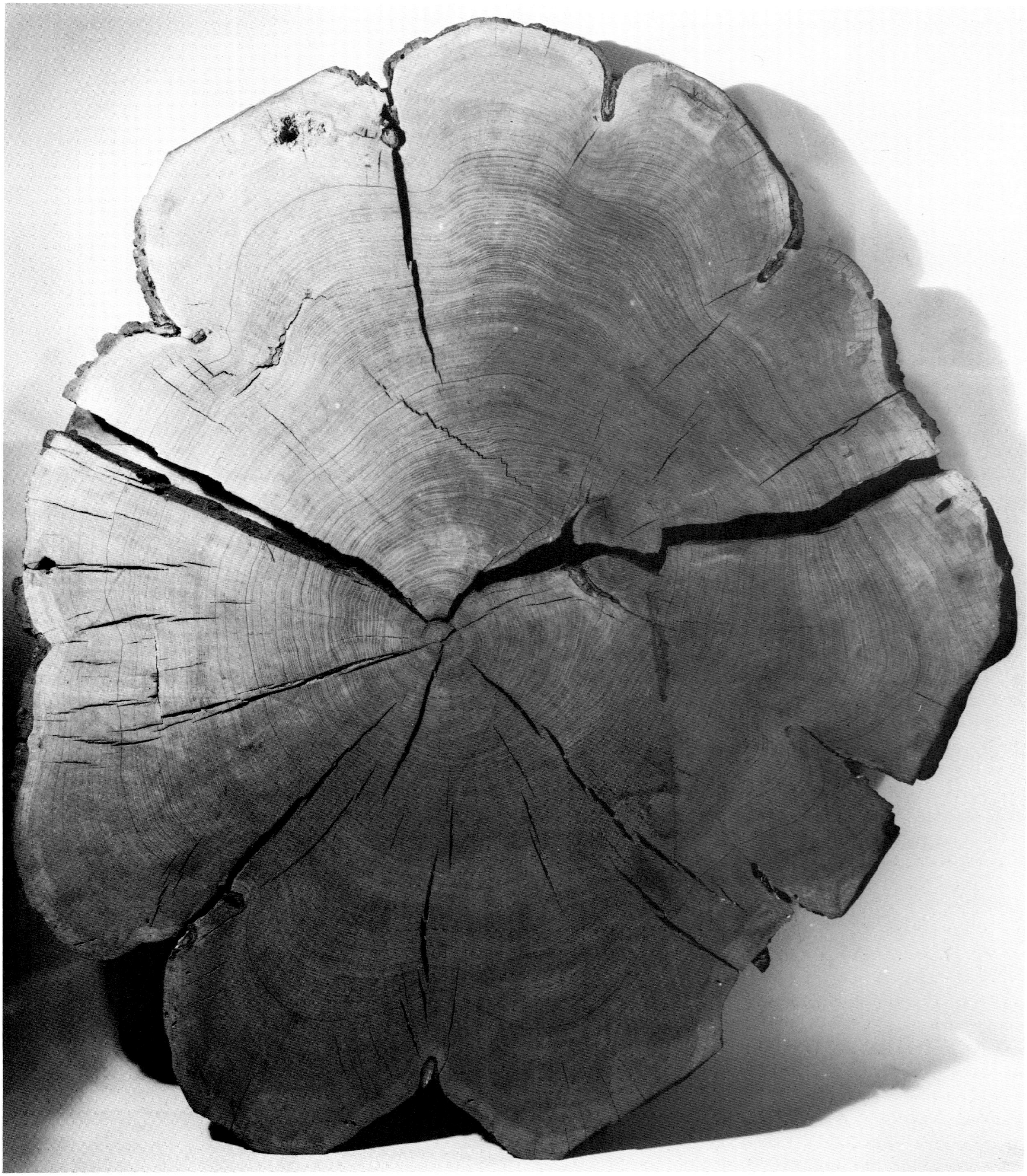

Weißbuche zu den zähen *Harthölzern,* die recht häufig verarbeitet werden. Im Preis recht günstig, doch vom Aussehen langweilig, werden sie vom Drechsler für Arbeiten verwendet, die gedreht, geschliffen und noch mit deckender Farbe versehen werden können.

Die frisch eingeschnittene *Rotbuche* ist gelblichweiß und wird später rotbraun. Die glänzenden dunklen Markstrahlen erscheinen im Radialschnitt als Spiegel und im Sehnenschnitt als kurze Striche.

Das kurzfaserige, gut spaltbare Holz läßt sich gedämpft über Formen pressen und leicht biegen. Sein starkes Arbeiten, die Anfälligkeit gegen Wurmbefall und das Stockigwerden beim Wechsel von feucht und trocken sind Nachteile, die seine Verwendbarkeit einschränken. Stark gepreßt und mit Phenolharz getränkt, erhält es eine schöne rötlichbraune Farbe. In diesem Zustand läßt es sich für gedrechselte Sitzmöbel gut verarbeiten und kann als Ersatz für teure Edelhölzer genommen werden.

Das weißlichgraue, zähe und harte, schwer zu drechselnde *Weißbuchenholz* schwindet sehr stark, doch nimmt es der Drechsler auf Grund der Härte für die Herstellung von Gewinden, Futtern und Schraubenspindeln.

Das *Ulmen-* oder *Rüsterholz* mit dem schokoladefarbenen Kern und dem gelbweißen Splint ist wegen seiner schönen Zeichnung und Weichheit beim Drechsler sehr beliebt. Die Markstrahlen sind im Radial- oder Spiegelschnitt als kleine Spiegel sichtbar. Das typische zackige Bild der Ulme entsteht im Sehnen- oder Fladerschnitt durch die angeschnittenen Holzfasern.

Das feinstrukturierte und meist geradfaserig gewachsene *Kirschbaumholz* zeigt beim Einschnitt eine helle rötlichbraune Farbe. An Licht und Luft dunkelt es stark nach und nimmt mahagonirote Farbe an. Während des Trocknens neigt es zum Verwerfen. Nach sorgfältigem Stapeln und langsamem Trockenvorgang zeigt es sich stabil für den Gebrauch und läßt sich gut drechseln.

Grundsätzlich können wir alle Holzarten drechseln. Für den Anfang jedoch sind die nachstehend angeführten Hölzer besonders zu empfehlen: Rotbuche, Erle, Birke und alle Obstbaumhölzer.

Weichholz läßt sich schwerer drechseln, da das weichere Frühholz leichter ausbrechen kann. Erfahrene Drechslermeister und Spezialisten drechseln außerdem in selten vorkommenden Werkstoffen wie Elfenbein, Knochen (Bein), Schildpatt, Bernstein und Naturhorn.

Holzarten und ihre Verwendung

Fichte	Tischbeine – Leuchter – Teller – Baluster
Kiefer	Leuchter – Teller – Schalen – Büchsen
Zirbe (Zirbelkiefer)	Schalen – Schüsseln – Dosen
Lärche	Massive Möbelfüße – Knöpfe – Teller – Tischbeine
Eiche	Massive Möbelfüße – Knöpfe – Leuchter
Rotbuche	Alle Teile, die nachträglich gefaßt werden
Weißbuche	Schraubenspindeln – Kegel – Bocciakugeln – Holzhämmer
Ulme (Rüster)	Dosen – Teller – Schalen
Kirschbaum	Schalen – Dosen – Kerzenleuchter – Möbelteile

Oberflächenbehandlung

Ein sauber gedrechseltes Werkstück ist bereits eine nahezu vollendete Arbeit des Drechslers.

Das Auge des Betrachters erfreut sich an der bildhaft schönen Maserung des Holzes, und der Holzliebhaber möchte eigentlich auf eine weitere Behandlung der Oberfläche verzichten.

Doch es gibt zwingende Gründe für den Schutz der Oberfläche gegen mechanische Einflüsse und auch für eine weitere Verschönerung.

Eine Entscheidung über die Art der Behandlung wird stets vom Geschmack des Drechslers und des Auftraggebers sowie vom Verwendungszweck des zu bearbeitenden Werkstücks abhängen.

481 Schleifteller mit Schleiftisch

Der Drechsler sollte hier beraten und nicht jedem Wunsch des Kunden nachgeben.

Beim *Abschleifen (Schleifen)* der rauhen Oberfläche mit verschiedenen Schleifmitteln trennen wir feine Spänchen (Schleifstaub) von der Werkstoffoberfläche und glätten die Oberfläche des Werkstücks je nach dem gewünschten Feinheitsgrad. Bei einer mehr oder weniger starken Reflexion der Lichtstrahlen wirkt die geschliffene Oberfläche bereits leicht poliert. Trotz nachträglich gewünschter Oberflächenbehandlung sollte der Drechsler das Schleifen nicht als eine Fortführung des Drechselns mit »feineren« Mitteln ansehen, sondern bereits während des Drechselvorgangs eine glatte Oberfläche des Werkstücks als Ziel anstreben.

Als Schleifmittel verwenden wir Schleifpapiere und Schleifbänder verschiedener Körnung und als Unterlage einen Schleifklotz aus Kork, Balsa-, Linden- oder Pappelholz.

Für Profilierungen nehmen wir die entsprechenden Gegenprofile oder schleifen freihändig.

Während des Schleifvorgangs achten wir auf gleichmäßigen Druck und gleiche Dauer, da besonders bei Weichhölzern das weiche Frühholz sehr schnell ausgeschliffen wird. Durch Umspannen können wir, wenn erforderlich, von zwei Seiten schleifen. Nach dem Schleifen ist der Schleifstaub gründlich aus den Poren zu bürsten oder mit einer Handvoll Späne, die auf das rotierende Werkstück gedrückt werden, sauberzuputzen. Sollen Holzteile chemisch gebeizt werden, dürfen wir nur eisenfreie Schleifmittel verwenden, da sonst dunkle Flecken entstehen.

Soll ein Werkstück gebeizt werden, so muß nach dem Schleifen gewässert werden. Durch das *Wässern* erreicht man ein Aufquellen der Porenränder und feinen Unebenheiten, die durch das vorherige Schleifen verursacht worden sind. Diese aufgequollenen Porenränder werden nach dem Trocknen durch kurzes Schleifen entfernt. Zum Wässern nehmen wir einen Schwamm, tauchen ihn in reines, warmes Wasser und tragen dieses gleichmäßig – nicht zu naß – auf die Oberfläche des geschliffenen Werkstücks. Nach vollständiger Verdunstung der Feuchtigkeit erfolgt der »letzte Schliff«.

Durch *Bürsten* von Weichhölzern wie Fichte und Tanne erzielen wir eine reliefartige Oberfläche, da das weichere Frühholz stärker angegriffen wird als das Spätholz. Für den ersten Arbeitsgang verwenden wir eine Stahldrahtbürste. Ist der erwünschte Effekt erreicht, so können wir mit einer Wurzelbürste die Oberfläche nachbürsten.

Zum *Sandeln* oder *Sandstrahlen* wird feinkörniger Quarzsand mit Hilfe von Preßluft auf die Oberfläche geschleudert. Nach dem Abbürsten des Sandes kann die Fläche weiter mit Beize oder anderen schützenden Überzügen behandelt werden. Zur Beseitigung dunkler Streifen und Flecken, aber auch zum Erreichen hellerer und gleichmäßigerer Farbtöne, wie bei der Birke, wird mit Wasserstoffperoxid gebleicht (s. S. 206 → Bleichen).

Das Schleifen, Wässern, Bürsten und Sandeln sind mechanische Arbeitsverfahren zur Behandlung der Oberfläche ohne Einsatz von Überzugsmitteln.

Beim Aufbringen eines Überzuges in Form von Wachslösungen und Lacken beabsichtigen wir, die Holzoberfläche nicht nur zu verschönern, sondern zu schützen und haltbar zu machen. Recht beliebte Überzugsmittel sind tierische, pflanzliche und mineralische *Wachse,* mit denen wir einerseits einen in vielen farblichen Nuancen matten Überzug erhalten, doch andererseits den Nachteil der Griffempfindlichkeit und Wasserunbeständigkeit in Kauf nehmen müssen. Außer dem hellgelben bis braunroten *Bienenwachs* wäre das aus den Blättern der Wachspalme gewonnene *Karnaubawachs* sowie das *Erd-* und *Montanwachs* zu nennen.

Zwischen dem *Färben* und dem *Beizen* gibt es zwar Unterschiede, doch wollen wir hier nur das Wesentliche über das Beizen behandeln. Für unsere Arbeiten wählen wir die reinen Farbstoffbeizen oder die chemischen Beizen.

Da das Gebiet des Beizens sehr umfangreich ist, empfiehlt es sich, zunächst in einem Farbenfachgeschäft durch Beizprobe den richtigen Farbton zu finden. Entscheidend sind die folgenden Fragen:

1. Welche Eigenschaften soll das Werkstück nach der Behandlung mit Beize haben (z. B. Griff- und Wasserfestigkeit sowie Lichtechtheit)?
2. Welche Farbveränderung soll erreicht werden (z. B. Erhaltung seiner natürlichen Maserung [Holzstruktur], positives oder negatives Holzbild)?

Meist werden fertige Beizen gekauft, wobei man

die Gebrauchsanweisungen und besondere Hinweise der Lieferfirma genauestens einhalten muß. Jede Lieferfirma bietet eine Farbtonmustertafel an. Grundsätzlich ist zu beachten:

a Keine anderen als von der Lieferfirma vorgeschlagenen Ansetzgefäße benutzen und die vorgeschriebenen Arbeitsverfahren für die Beizen anwenden. Zu bewährten Ansetzgefäßen zählt man Glas- und Keramikbehälter. Zum Auftragen der Beizen sind Pinsel ohne Metallteile und Schwämme geeignet. Außerdem können die Beizen durch Tauchen und Spritzen aufgebracht werden.

b Beizmuster aus der gleichen Holzart anfertigen und ausreichend trocknen lassen.

c Vor dem Auftragen der Beize die Fläche mit der Wurzelbürste in Faserrichtung reinigen.

d Beizreste nicht in das Vorratsgefäß zurückschütten.

e Werkzeuge und Gefäße nach beendeter Arbeit gründlich mit dem vorgeschriebenen Reinigungsmittel reinigen.

Auffassungen und Fragen zur künstlerischen Gestaltung gedrechselter Gegenstände

Verfolgt man die Vielfalt von Abhandlungen über künstlerische Gestaltung, so stellt man fest, daß diese vornehmlich auf subjektiven Auffassungen beruhen. Den meisten Betrachtungen über künstlerische Gestaltung kann widersprochen werden, denn es gibt keine verbindlichen Grundsätze, nach denen sich Gestalter richten könnten.

Häufig werden Kunstwerke bestimmter Stilepochen von ihren Bewunderern geliebt und von den Gegnern leidenschaftlich abgelehnt. Das sind Auffassungen, die jeder Kunsthandwerker, Kunstkritiker und Kunsthistoriker auf Grund seiner Erfahrung und Einstellung unterschiedlich beantworten wird. Allein, die Bezeichnung für Kunst und Kunsthandwerk versucht man mit den unterschiedlichsten Inhalten anzureichern.

Der Drechsler als Kunsthandwerker muß bemüht sein, das jeweilige Arbeitsergebnis dem schöpferisch ästhetischen Gestalten unterzuordnen. Es ist deshalb notwendig, sich in diesem Rahmen mit einigen Gestaltungsforderungen zu befassen.

Der »freie Kunsthandwerker« wird aus seiner künstlerischen Freiheit nicht immer die Brauchbarkeit seines Kunstwerks anstreben, sondern nach einer Art seelisch-geistigem Erleben in der Materie des gewachsenen Holzes suchen. Nach diesem Prinzip wird er sein Kunstwerk gestalten.

Auch sind in der freien Kunst der Gestaltung alle Möglichkeiten zum Experimentieren erlaubt und Kreativität zwingend gefordert.

In der »handwerklichen Einzelfertigung« gilt der Geschmack des Auftraggebers und des Herstellers. Dem gefertigten Einzelstück gibt man deshalb den Vorzug, weil Individualität, spezifische Ausstrahlung von Form und Material und die Einmaligkeit seiner Ausdruckskraft sich vom Serienprodukt wesentlich unterscheidet.

In der »industriellen Fertigung« wirkt der Formgestalter, der Designer. Er arbeitet mit Konstrukteuren, Wirtschaftsingenieuren, Kaufleuten und Werbefachleuten zusammen. Da in der industriellen Fertigung auf automatischen Fertigungsstraßen kleine und große Serien erzeugt werden, muß der Produktgestalter meist marktstrategischen Gesetzen folgen. Nach den jeweils erwählten Grundforderungen für ihren Gestaltungsprozeß streben die Designer das Ziel an, den Formenentwurf und seine Ausführung der Zweckmäßigkeit und Brauchbarkeit unterzuordnen.

In der künstlerischen Gestaltungsabsicht für handwerklich gefertigte Gebrauchsgegenstände muß vorrangig die soziale und ästhetische Verantwortung des formbewußten Gestalters erkennbar sein. Sein gestaltetes Produkt wird durch Vorbild überzeugen und nur dadurch geschmackserziehend wirken, ohne gleichzeitig eine Geschmacksdiktatur bewirken zu wollen. Die Frage, warum überhaupt gestaltet wird, beantwortete der amerikanische Designer Raymond Loewy: »Weil Häßlichkeit sich schlecht verkauft, deshalb wird gestaltet.«

Bereits vor 30 Jahren stellte Max Buchartz, Lehrer für Gestaltung an der Folkwang-Werkkunstschule der Stadt Essen, in seiner »Gestaltungslehre« u.a. drei Grundforderungen auf:

»1. Nur als Gebilde sinnlich erfahrbarer Kontraste ist ein Gestaltetes wahrnehmbar. Es vermag nur zu fesseln, wenn es lebendig erscheint, wenn es genügend viele und hinreichend starke Kontraste als die Sinne bewegende und erfreu-

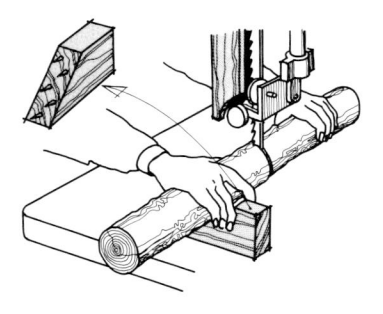

482 Schneiden von Rundhölzern

ende Reize aufweist, wenn es (innerhalb der bildenden Künste) ein Fest für die Augen ist.

2. Die Lebendigkeit sinnlicher Reize allein genügt nicht, daß ein Gebilde erfreue. Ein Gestaltbild beglückt nur dann, wenn es als harmonisch-geordnete Einheit gefügt ist.

3. Die Gestaltungslehre erläutert zudem die Anforderungen, die unsere Zeit an die Formung aller Gegenstände stellt, die einem Gebrauchszweck dienen. Außer den oben angeführten Eigenschaften, die für alles Gestaltete gelten, fordern wir heute, daß ein Gebrauchsgegenstand für den besonderen Verwendungszweck bestens geeignet sei und zwar bezüglich seiner technischen Funktion, seiner Größe, seines Gewichtes, der Stapel- oder Verpackungs- oder Versandfähigkeit, der handwerklichen Griffigkeit usw. Der Gegenstand soll außerdem bei sparsamstem Aufwand aus bestgeeignetem Werkstoff, und zwar ohne Täuschung über die Art dieses Werkstoffes, geformt und je nach Eignung handwerklich oder industriell einfach herzustellen und preiswert sein.

Die Aufgaben der Gestaltung können sogar die Erfindung neuer Werkstoffe in sich einschließen, wenn ein solcher für den besonderen Bestimmungszweck geeigneter ist als die vorhandenen.«

Den Grundforderungen von Burchartz möchten wir einige Gedanken von Mies van der Rohe hinzufügen:

»Der lange Weg vom Material über die Zwecke zu den Gestaltungen hat nur das eine Ziel, Ordnung zu schaffen in dem heillosen Durcheinander unserer Tage. Wir wollen eine Ordnung, die jedem Ding seinen Platz gibt. Und wir wollen jedem Ding das geben, was ihm zukommt, seinem Wesen nach.« (Aus: Mies van der Rohe, Bauwelt, Düsseldorf 1979.)

Bei der Betrachtung der in unserem Bildband gezeigten Möbel und praktischen Gegenstände alter Meister muß bemerkt werden, daß sie oft ohne vorherige Zeichnung an laufender Drechselbank »gestaltet« haben und viele Werke von nahezu vollkommener Schönheit in ausgewogenen Proportionen und großem Formenreichtum entstanden sind.

Gewiß hat sich das heutige Formempfinden gewandelt. Man ist zu einfachen, schlichten Formen gekommen, das Überladene ist abgelöst worden von einer zweckmäßigen Sachlichkeit. Doch erfreut sich unser Auge wieder an den wohlgeformten barocken Säulen, Balustern, Leuchtern in ihren immer neuen Varianten. Viele der alten erfahrenen Drechslermeister hatten das richtige Empfinden oder das richtige Gefühl für Verhältnisse und Formveredelung. Der Mensch war das Maß aller Dinge, und die Natur der große Lehrmeister. Der Meister sah die Formen vor seinem »geistigen Auge«.

Wie der Baumeister ohne genaue mathematische Kenntnisse der Statik hohe Bauwerke errichtete, so schuf mancher Drechsler aus seiner inneren Eingebung heraus materialgerechte, gefällige Formen, mit denen sich der Mensch heimisch fühlen konnte.

Vorbereitung der Werkstoffe zum Drechseln

Eine gründliche Werkstoff- und Arbeitsvorbereitung vor dem Beginn des Drechselns erspart uns Überraschungen, die nicht selten zum Aufschub unseres Vorhabens führen. Der alte überlieferte Spruch erfahrener Handwerker gilt immer:

»Vor der Arbeit überlege«!

Den ersten Gedanken verwenden wir für die Holzauswahl (s. Tabelle S. 178). Beabsichtigen wir, Schüsseln zu drechseln, ist ein rechtzeitiger Einkauf von Zirbenholz in einer größeren Holzhandlung notwendig. Dieses Holz muß einige Zeit lagern, bis wir es in dem gewünschten Feuchtegehalt, hier z.B. ca. 12%, verarbeiten können.

Beim Einkauf achten wir auf festgewachsene Äste, Farbunterschiede (Verblauen) sowie auf Fehler und Krankheiten des Stammes oder der Bohle.

Hat der ausgewählte Stamm oder die Bohle die gründliche Prüfung auf seine Brauchbarkeit bestanden, schneiden wir in der entsprechenden Länge die Stücke zurecht und reißen mit dem Zirkel den Umfang zuzüglich Verschnitt und Zugabe auf der Mitnehmerseite an. Zum Messen und Anreißen verwenden wir die in den Abbildungen und Kurzbeschreibungen dargestellten Meßwerkzeuge (Abb. 475–479):

Spitzzirkel, Bleistiftzirkel, Stangenzirkel, Greif- oder Tastzirkel, Außen- und Innentaster, Meß-

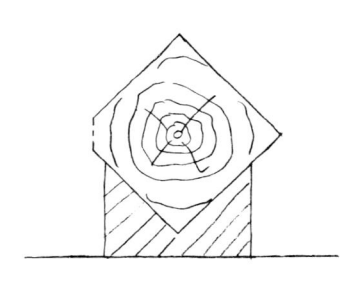

483 Schneiden eines Kantels auf achteckige Querschnittsform

schieber, Lineale und Winkelmesser, Kurvenschablonen, Lehren und Zentrierwinkel.

Nach dem Messen und Anreißen erfolgt z. B. das Ausschneiden des Schüsselrohlings auf der Bandsäge.

Arbeitsvorbereitung für das Drechseln eines Balusters: Vor dem Drechseln eines kräftigen Balusters über 4 cm Kantenlänge wird das Kantel im Querschnitt auf achteckige Form gebracht. Geübte Drechsler ersparen sich diese Vorbereitung und drechseln aus vierkantigem Holz.

Nun wird auf beiden Hirnholzseiten zentriert. Das Schneiden des Kantels in achteckige Form (Abb. 483) kann an der Kreis- oder Bandsäge vorgenommen werden. Man stützt das Kantel vor dem Schneiden an der Bandsäge durch eine Führung gegen Umkippen.

Besondere Vorsicht und fester Halt beim Vorschub sind erforderlich!

An der Kreissäge stellt man den Tisch in den 45-Grad-Winkel. Beim trockenen Rundholz bedarf es nur des Zentrierens auf beiden Stirnseiten (Hirnholzseiten) mit dem Zentrierwinkel.

Nicht immer findet der Drechsler das passende Stück Holz für ein geplantes Werkstück. Er muß mehrere Teile miteinander verleimen, z. B. für besonders starke Möbelfüße, Sockel, Baluster oder Teller von großem Durchmesser.

Die im Fachhandel angebotenen Holzleime sind durchweg von guter Qualität. Sie besitzen eine dauernd hohe Bindekraft, so daß die Einzelteile durch die abbindende Leimschicht fest miteinander verbunden werden. Bei mechanischer Beanspruchung auf das verleimte Werkstück erfolgt meist bei Belastungsversuchen eine Zerstörung neben der Leimfuge. Der Drechsler kann einer sauber ausgeführten Leimverbindung durchaus trauen.

Vor dem Verleimen werden die zu leimenden Teile auf- oder nebeneinander gelegt. Lufteinschlüsse vermindern die Festigkeit der Leimfuge, deshalb müssen die Fugen dicht sein. Die verleimte Brettfläche bleibt bei Kernbrettern gerade, wenn man die Bretter Kern an Kern und Splint an Splint verleimt (Abb. 484).

Der Drechsler sollte für seine Arbeiten möglichst Kernbretter verwenden, da Seitenbretter sich beim Nachtrocknen verkrümmen. Beim Einkauf muß man darum auf kurze Jahresringe im Querschnitt achten.

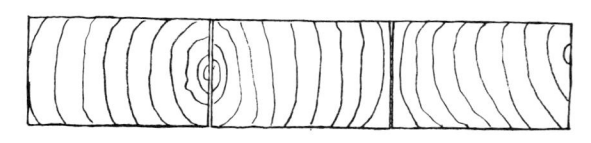

484 *Verleimte Brettflächen mit Kern an Kern und Splint an Splint*

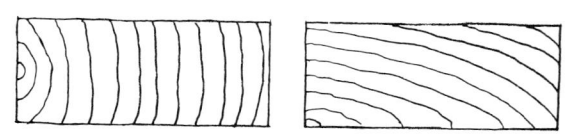

485 *Kurze (stehende) und lange (liegende) Jahresringe im Querschnitt der Hölzer*

486 *Mitnehmer, Drei- bzw. Vierzack*

487 *Einschlagfutter (Spundfutter), innen konisch. Zum Freidrechseln.*

488 *Dreibackenfutter mit Außen- und Innenbacken für runde Teile*

Spannen und Befestigen des Werkstücks

Vor dem eigentlichen Drechseln haben wir eine gründliche Vorbereitung der Werkstoffe durch Auswählen, Messen und Zurichten vorgenommen. Nun müssen wir die Möglichkeiten der Befestigung des Werkstücks in der Drechselmaschine kennenlernen.

Am Spindelstock befindet sich die bereits beschriebene Spann- und Befestigungsvorrichtung. Die wichtigsten Befestigungsarten zum Drechseln in Langholz sind:

a Die Mitnehmer, die in Form von Drei- oder Vierzack (Abb. 486) mit Zentrierspitze mit Morsekegel, Gewinde oder Konus in den Spindelstock eingesetzt werden. Nun wird das zentrierte Kantel mit einem kräftigen Schlag auf die Zakken des Mitnehmers geschlagen und auf der gegenüberliegenden Seite mit der Körnerspitze eingespannt.

b Spundfutter (Abb. 487) aus Holz oder Stahl mit verschiedenen Durchmessern werden unmittelbar auf der Spindel befestigt und eignen sich besonders für kurze Werkstücke. Das vorher kurz angefeuchtete Ende des Werkstücks wird in das Spundfutter hineingetrieben, der einwandfreie Lauf korrigiert und dann wird »frei« oder »fliegend« gedrechselt. Auf diese Weise können Schachfiguren, Möbelfüße und Knöpfe gedrechselt werden (s. auch Abb. 499 bis 501).

c Das Drei- und das Vierbackenfutter (Abb. 488) sind mit großer Vorsicht zu verwenden. Die herausragenden Backen rotieren mit und bilden für die Finger des Drechslers und seine Werkzeuge eine große Gefahr. Man verwendet es für große Schalen, Schießscheiben, aber auch für kleine Teile und Spielzeug.

d Außer der vielseitigen Verwendung des Drei- und Vierbackenfutters bei Langholz- und Querholzarbeiten hat sich das Schraubenfutter (Abb. 489) als Spannvorrichtung für Querholz bestens bewährt. Je nach Dicke des Werkstücks, z. B. beim Drechseln von Tellern, können auf die Schraube Beilagscheiben aufgesetzt werden. Dadurch ragt nur ein Teil der Schraube in das rotierende Werkstück.

e Zum Aufspannen größerer Werkstücke können wir die Planscheibe (Abb. 490) einsetzen, auf welcher das Werkstück für das Drechseln von Tellern oder Scheiben mit Hilfe von Schrauben befestigt werden kann.

489 Scheiben- oder Schraubenfutter

490 Planscheibe

491 Mitlaufende Kugellager-Körnerspitze im Reitstock

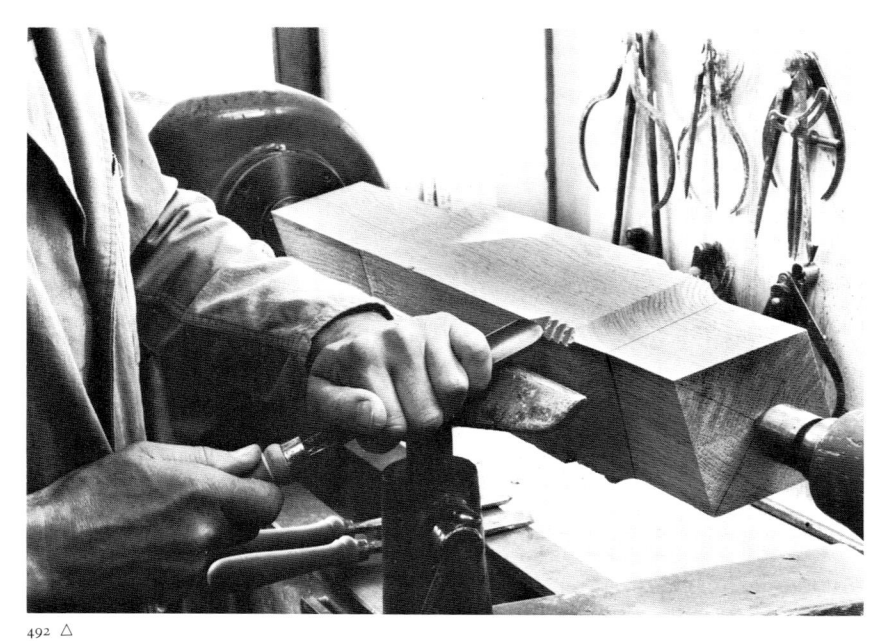

492–494   Drechseln in Langholz. Baluster in Eiche aus dem Kantel gedrechselt und geschliffen.

495–498   Querholzdrechseln und Schleifen eines Eichentellers

499–501   Freidrechseln eines Schubladenknopfes
Demonstration von Meister Peter Saurle, Dürnbach (Abb. 492–501)

502   Herstellen einer 50 cm dicken Säule in flämischem Wund. Demonstration von Meister Leo Nätscher, Lohr.

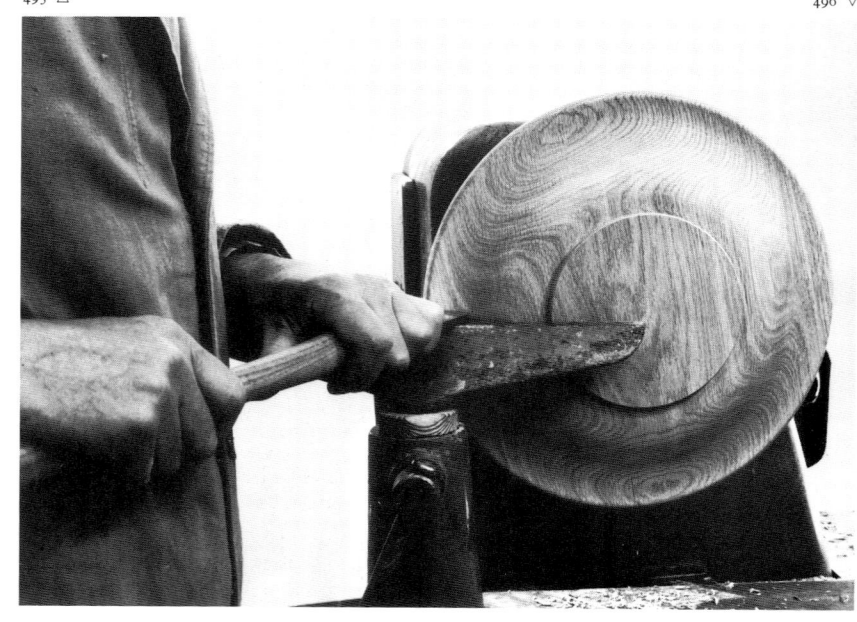

497 △

498 △

499 ▽

500 △

501 △

502 ▽

185

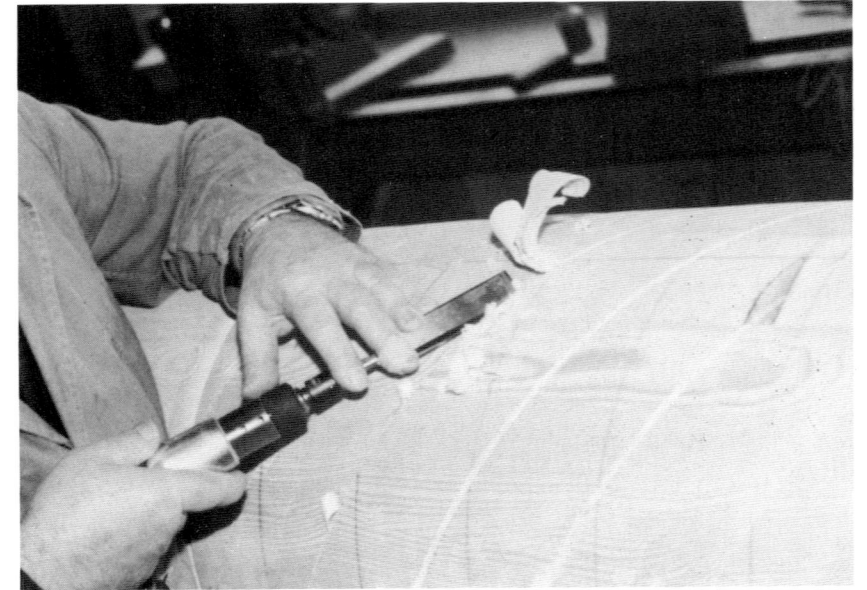

f Als Gegenhalterung dient der Reitstock mit der mitlaufenden Kugellager-Körnerspitze (Abb. 491).

Ein erleichtertes Einspannen zwischen Mitnehmer und Körnerspitze erreichen wir, indem wir das Zentrum auf beiden Seiten des Kantels mit einem Körner anschlagen.

In den Reitstock läßt sich leicht für Bohrarbeiten ein selbstspannendes Bohrfutter einsetzen (Abb. 491).

Gleich zu Beginn dieser Einweisung möchten wir den Anfänger vor der Leichtfertigkeit warnen, das Drechseln aus einem Buch erlernen zu wollen. Nicht wiedergutzumachende Fehler und mögliche Verletzungen würden ihm bald die Freude am Drechseln nehmen. Nur unter Anleitung eines erfahrenen Drechslermeisters sollten die ersten Versuche unternommen werden.

Die folgenden Ausführungen dienen vornehmlich dem geistigen Nachvollziehen der Arbeitsgänge und Techniken mit dem Ziel, sie sich gut einzuprägen. Ist einmal eine praktische Grundeinführung erfolgt und durch viel Übung eine gewisse Fertigkeit erreicht worden, so lassen sich erweiterte Arbeitsgänge und Techniken aus Büchern erlernen.

Arbeitsvorgang und Technik des Runddrechselns

Das Langholzdrechseln

Das zum Langholzdrechseln zentrierte Kantel wird in Faserrichtung zwischen Spindel und Reitstock eingespannt (s. auch S. 183 ff.). Der feste Sitz des Kantels und die eingestellte Drehgeschwindigkeit werden kontrolliert. Diese Kontrollen sollten vor jedem Einschalten der Drechselmaschine erfolgen. Erst danach wird die Handauflage an das Kantel so herangeführt, daß es sich von Hand frei drehen läßt. Zwischen äußerster Werkstückkante und Oberkante der Handauflage bleibt ein Zwischenraum. Nun wird die Drechselmaschine eingeschaltet. Der freie Lauf wird kurz beobachtet, bevor man vorsichtig mit der Schrupphröhre schichtweise die Spanabnahme vornimmt.

Der Anfänger sollte bestrebt sein, recht dünne Späne mit den Werkzeugen zu schneiden und nicht zu schaben. Das Risiko des Herausreißens der Holzfasern wird dadurch herabgesetzt.

Man schrotet oder schruppt so lange, bis das Werkstück zylindrisch grob ausgeschrotet ist. Die durch die Schrupphröhre entstandenen Rillen werden mit der halbrunden Formröhre geglättet und abschließend wird das ganze Werkstück mit dem Schlichtmeißel saubergedrechselt. Zur Erlangung einer größeren Sicherheit in der Werkzeugführung ist es zweckmäßig, nach folgendem Übungsplan zu arbeiten:

1. Schruppen eines Kantel auf grobe Walzenform
2. Eine geschruppte Walze mit dem Schlichtmeißel glätten
3. Einstechübungen für Kerbe und Spitzstab mit dem spitzwinkeligen Teil der schrägen Meißelschneide vornehmen
4. Hohlkehlen mit der Formröhre ausarbeiten
5. Rundstäbe mit der Formröhre und dem Meißel ausarbeiten

Das Querholzdrechseln

Während beim Langholzdrechseln die Faserrichtung parallel zur Drehachse verläuft, liegt sie beim Querholzdrechseln quer zu dieser. Das Werkstück zum Drechseln eines Tellers zeigt daher an der Kante abwechselnd Hirn- und Langholz und an der Fläche Querholz.

Die Befestigung erfolgt auf dem Schraubenfutter, der Planscheibe oder im Drei- oder Vierbakkenfutter.

Zur Bearbeitung nehmen wir die Röhre, den Schlichtstahl oder den Schaber. Auch bei dieser Arbeit können wir auf die fachlichen Hinweise des Meisters nicht verzichten, da die Bearbeitung viel Erfahrung erfordert. Ebenso ist es notwendig, sich vom Meister die Verwendungsmöglichkeiten der verschiedenen Werkzeuge erläutern zu lassen. Grundsätzlich müssen wir bei der Anwendung neuer Drechseltechniken von der großen Erfahrung der Könner lernen und dann das Gelernte in zahlreichen Übungsstunden vervollkommnen.

Das Freidrechseln

Als wertvolle Übung für den Anfänger hat sich das sogenannte Frei- oder fliegende Drechseln bewährt. Am Lang- und Hirnholz können wir die saubere Bearbeitung kurzer Werkstücke

---

Einführung in das Drechseln an der Drechselmaschine

503 *Längs-Kopierdrehen mit Spitzstahl*

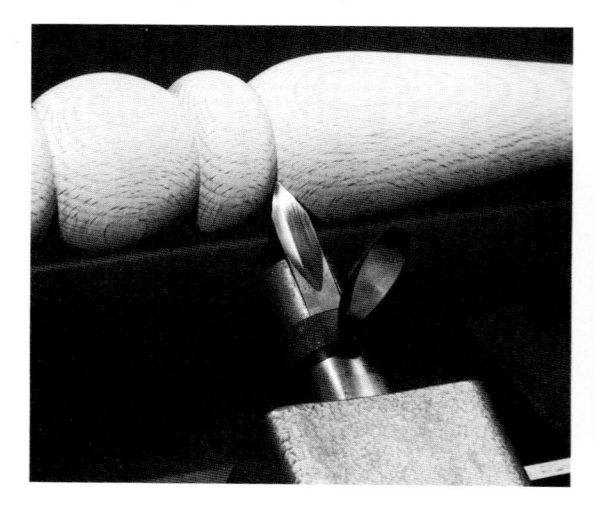

Gegenüberliegende Seite:
504 *Schablonenmuster*

505 *Killinger Universal-Längs- und Querkopiereinrichtung KM 100*

506 *Schablonendrehmaschine CHS Nürnberg, Fa. Hempel*

507 *Automatische Schablonendrehbank mit Schleifautomaten Aut-HH-PD Nürnberg, Fa. Hempel*

508 *Kopier-Drehmaschine zum Längs- und Querkopieren KM 2500 S-300 München, Fa. Killinger*

509 *Automatische Schablonendrehbank IH-25-AUT-TA. – Nürnberg, Fa. Hempel*

510 *Industrieerzeugnisse aus Rot- und Weißbuche*

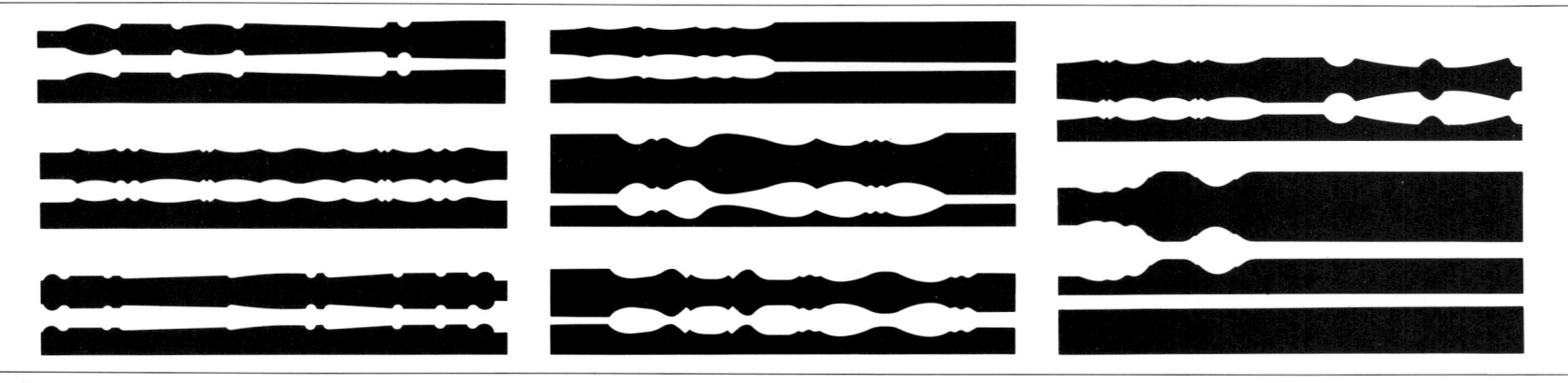

504 △

505 △

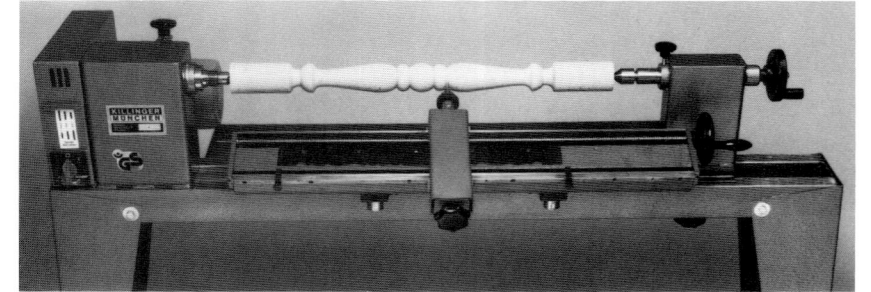

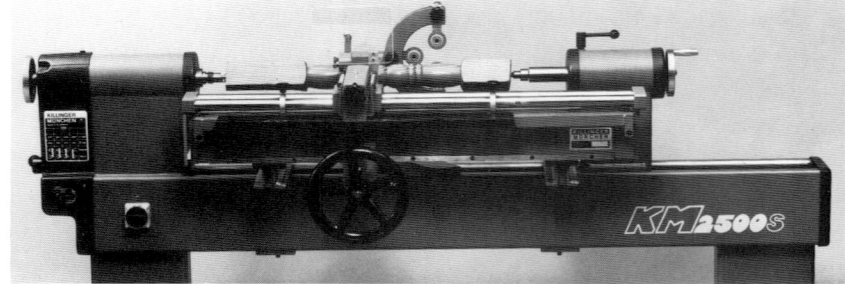

508 △

506 △

507 ▽   509 △

510 ▽

187

üben und statt zu schaben das Schneiden lernen. Es können Spielfiguren, Kugeln und Eier aus verschiedenen Hölzern gedrechselt werden.

Je nach Holzstärke wählt man das passende Spundfutter und befestigt das zylindrisch angeschruppte und an einem Ende leicht konisch vorgearbeitete Kantel durch einige kräftige Schläge. Um einen festeren Sitz im Spundfutter zu erreichen, feuchtet man das konische Ende vor dem Einschlagen leicht an. Auch bei dieser Übung ist zu beachten, daß die Spanabnahme in mehreren Schichten erfolgen muß.

Diese einführenden Erklärungen werden für den Anfang als Begleitung für die Praxis genügen.

Schablonen- und Automatendrehen in Holz

Häufig lesen wir in Fachbüchern über Fertigungsverfahren des Drechselns und des Drehens bei gleicher Wortbedeutung.

Der Fachmann unterscheidet zwischen diesen beiden Begriffen und spricht vom Drehen, wenn es sich um mechanisierte und automatisierte Verfahren handelt, wie sie auch im Metallhandwerk und in der industriellen Fertigung üblich sind. Im Fachhandel werden Schablonendreheinrichtungen für Längs- und Querholzbearbeitung angeboten. Unsere Drechselmaschine (Abb. 468) kann durch eine Längsschablonen-Dreheinrichtung (Kopierwerk) zu einer Schablonen-Drehmaschine erweitert werden. Zur rationellen Fertigung von Kleinserien mehrerer genau profil- und dimensionsgleicher Holzdrehteile wird eine Schablone aus ca. 1,5 mm dünnem Blech, Sperrholz oder Hartgewebe, z. B. Pertinax, im gewünschten Profil mit der Band- oder Stichsäge ausgesägt. Das Schablonenprofil wird durch das Drehen des Handrades über eine Zahnstange, Kopierrolle, Spezialsupport und Frästasse oder Drehstahl auf das Werkstück übertragen.

Je nach Profiltiefe und Holzart wird in mehreren Spanstufen schabloniert, wobei die Spanabnahme stufenlos regelbar ist. Für dünne Werkstücke wird eine Lünette (Abb. 471) auf dem Support befestigt, die eine stabile zentrische Führung ermöglicht.

In Abbildung 511 und 512 sehen wir die Funktion einer schablonengesteuerten Drechselfräs- und Schleifmaschine mit Magazinbeschickung, die zum Vollautomaten ausgebaut werden kann. Mit rotierendem Fräser (3), der von einer Abtasteinrichtung (7 + 8) mit Vorschub (6) schablonengesteuert (2) in das rotierende Werkstück (1) bei 1500 U/min eindringt, wird nach dem »Drechselfräsen« zugleich geschliffen (4 + 5).

Neben der Schablone gibt es die Möglichkeit, eine Einrichtung zum Direktabtasten eines Musters einzubauen. Der Vorteil dieser Maschine besteht darin, daß statt verschiedener Profilmesser und ihrer zeitaufwendigen Umrüstung nur ein einziges Fräswerkzeug für alle Holzarten verwendet wird.

In Abbildung 504 werden einige Profile gezeigt, aus denen die Fräsmöglichkeiten zu ersehen sind.

Die CHS-Schablonendrehmaschine mit ölhydraulischer Steuerung sämtlicher Fertigungsfunktionen eignet sich zum Drehen von Werkstücken bis 250 mm Durchmesser und Drehlängen bis zu 1200 mm.

Vor Beginn des Drehvorgangs legt man das Kantel auf eine Einlage. Nach dem Zentrieren und Spannen des Kantels erfolgt das Fertigdrehen durch Formstähle auf Supporten. Mit dem Abbremsen und Ausspannen des Werkstücks ist der gesamte Fertigungsvorgang beendet.

Die automatische Schablonendrehbank IH-25 ist für kurze Drehteile wie Werkzeuggriffe und Möbelknöpfe bis 22 cm Länge und maximal 5 cm Durchmesser konstruiert und dreht zwischen 800 und 1800 Werkstücke je Stunde.

Die Kantel werden von Hand in ein Magazin gelegt, und nun erfolgt die automatische Ausführung sämtlicher Arbeitsgänge vom Spannen bis zum Auswerfen der fertigen Werkstücke.

Eine Verbindung verschiedener Dreh-, Bohr- und Schleifautomaten mit dazwischenliegenden Weitertransporteinrichtungen ergibt ganze Fertigungsstraßen zur Herstellung großer Stückzahlen, wie sie bei Griffen, Sprossen und Knöpfen benötigt werden. In der Abbildung 507 (Aut-HH-PD) sehen wir eine automatische Schablonendrehbank, verbunden mit einem Schleifautomaten.

Auch hier werden die Kantel in das Magazin der Drehmaschine gelegt und nach dem Fertigdrehen auf einer Transportstraße zur Schleifmaschine gebracht.

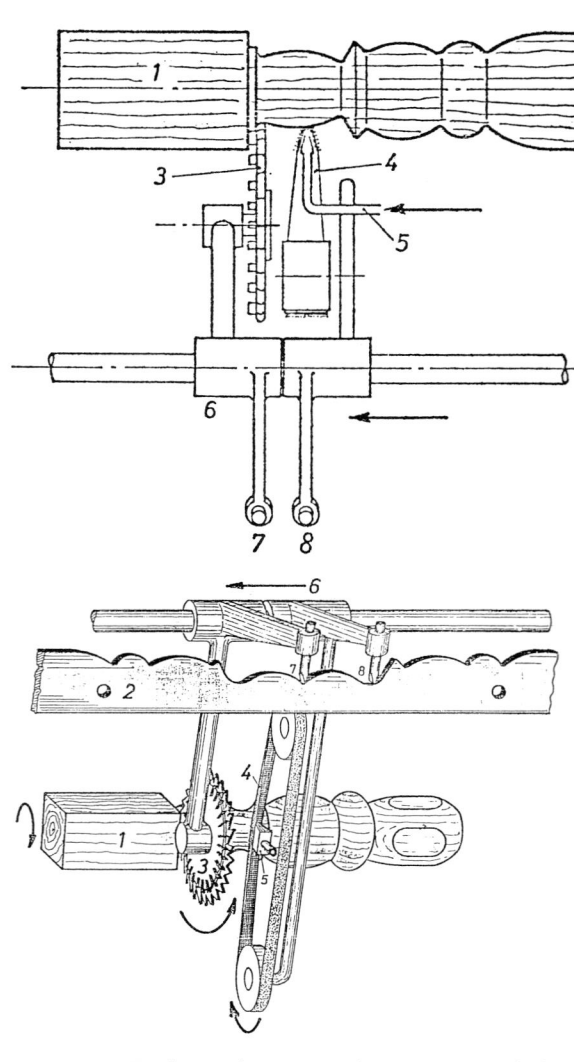

511, 512 Funktion des rotierenden Fräsers und der Schleifvorrichtung
Wien, Fa. Zuckermann

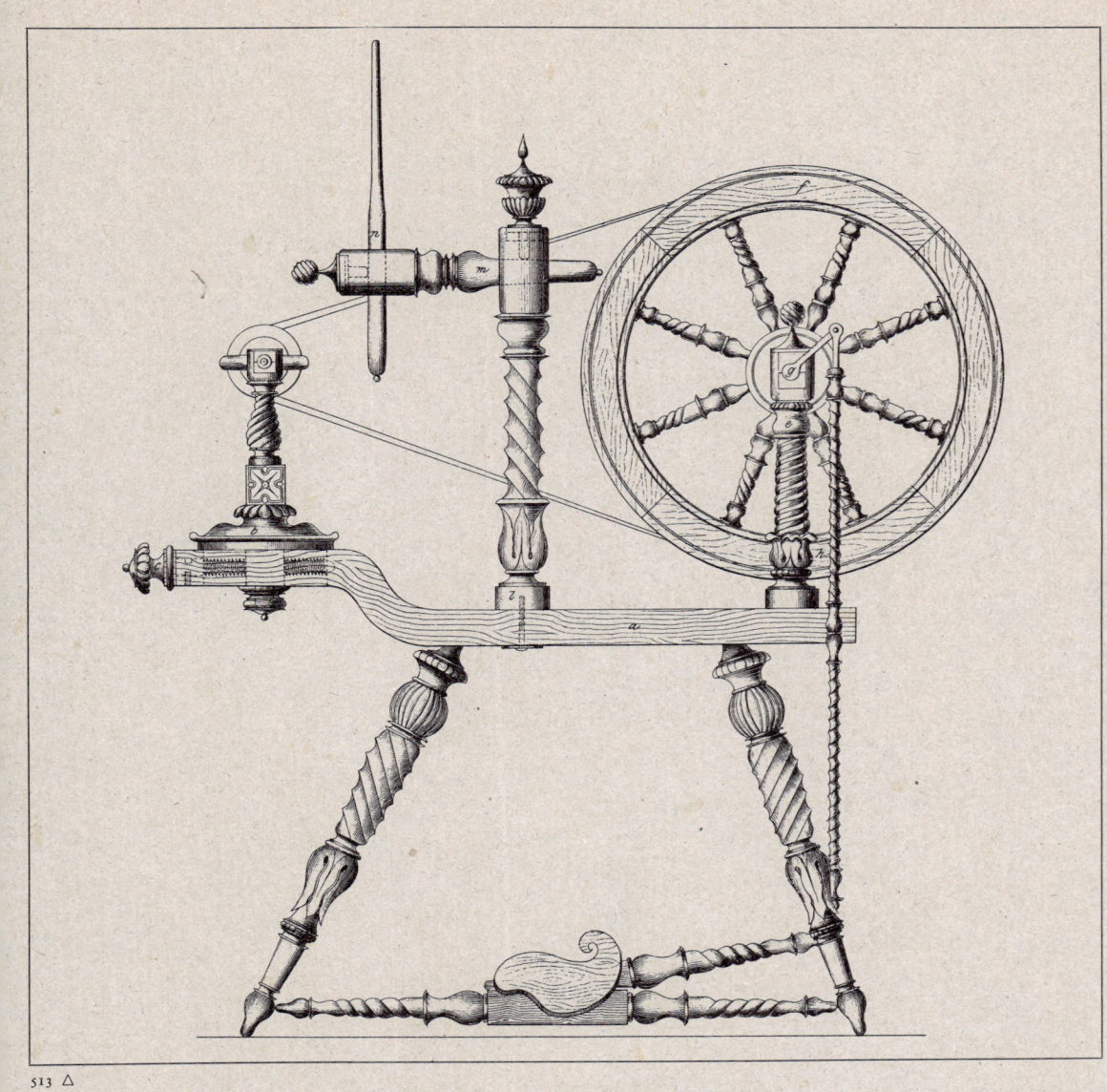

Geräte und Hausrat

513 Spinnrad, Niederlande
Aus: Musterblätter moderner Drechslerarbeiten, hrsg. von
A. Graef und M. Graef, 1. Slg., Weimar 1889, S. 2

514 Stock- und Schirmgriffe
Aus: Musterblätter..., 1. Slg., Taf. 31

515 Schachfiguren
Aus: Musterblätter..., 1. Slg., Taf. 32

I. Sammlung.

Hefte und Griffe.
nat. Gr.

TAF. XXIX.

Fig. 1. Fig. 2. Fig. 3. Fig. 4.
Fig. 5. Fig. 6. Fig. 7. Fig. 8. Fig. 9.

Gräf, Drechsler.

◁ 516 *Hefte und Griffe*
Aus: Musterblätter..., 1. Slg., Taf. 29

517 *Petschaftgriffe*
Aus: Musterblätter..., 2. Slg., Weimar 1895, Taf. 28 ▽

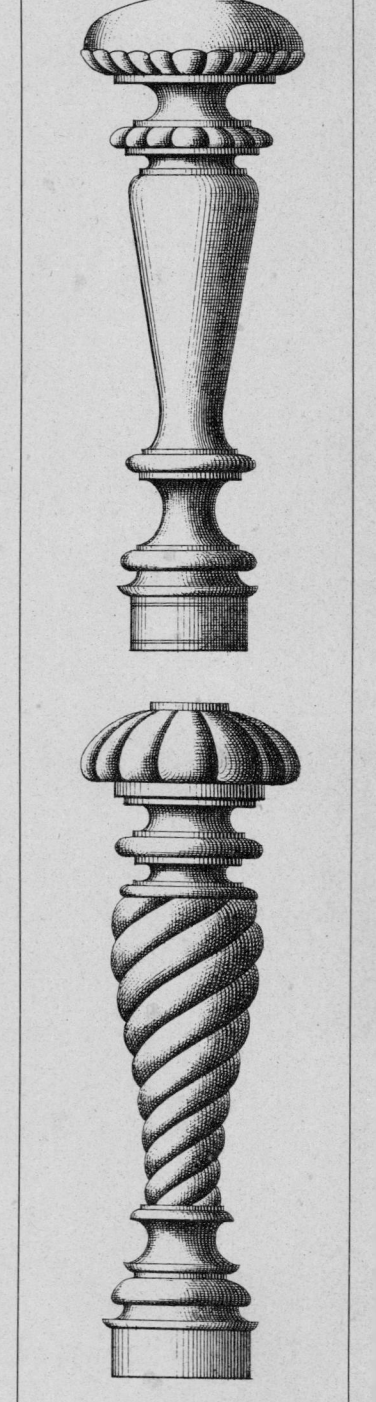

Gedrechselte Konstruktionselemente an Bauwerken und im Innenausbau

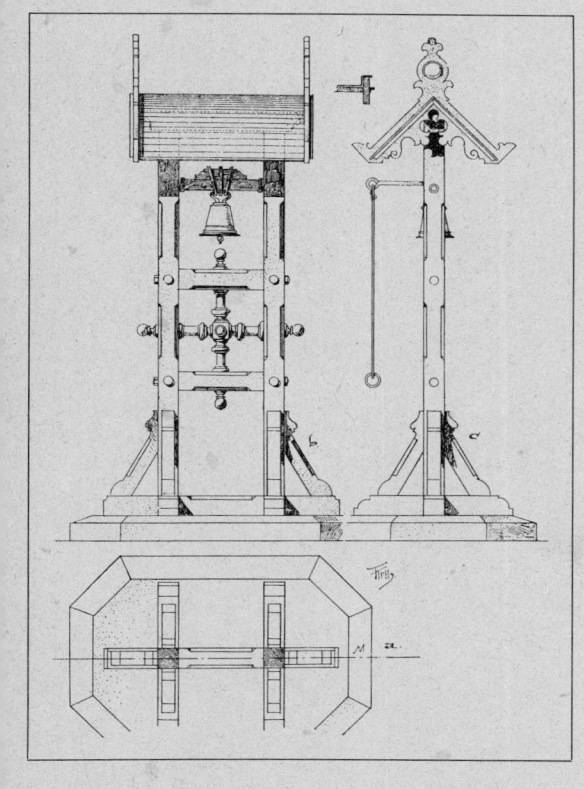

518 Glockenständer
Aus: T. Krauth und F. Meyer, Das Zimmermannsbuch, 1. Bd., Leipzig 1895, S. 351

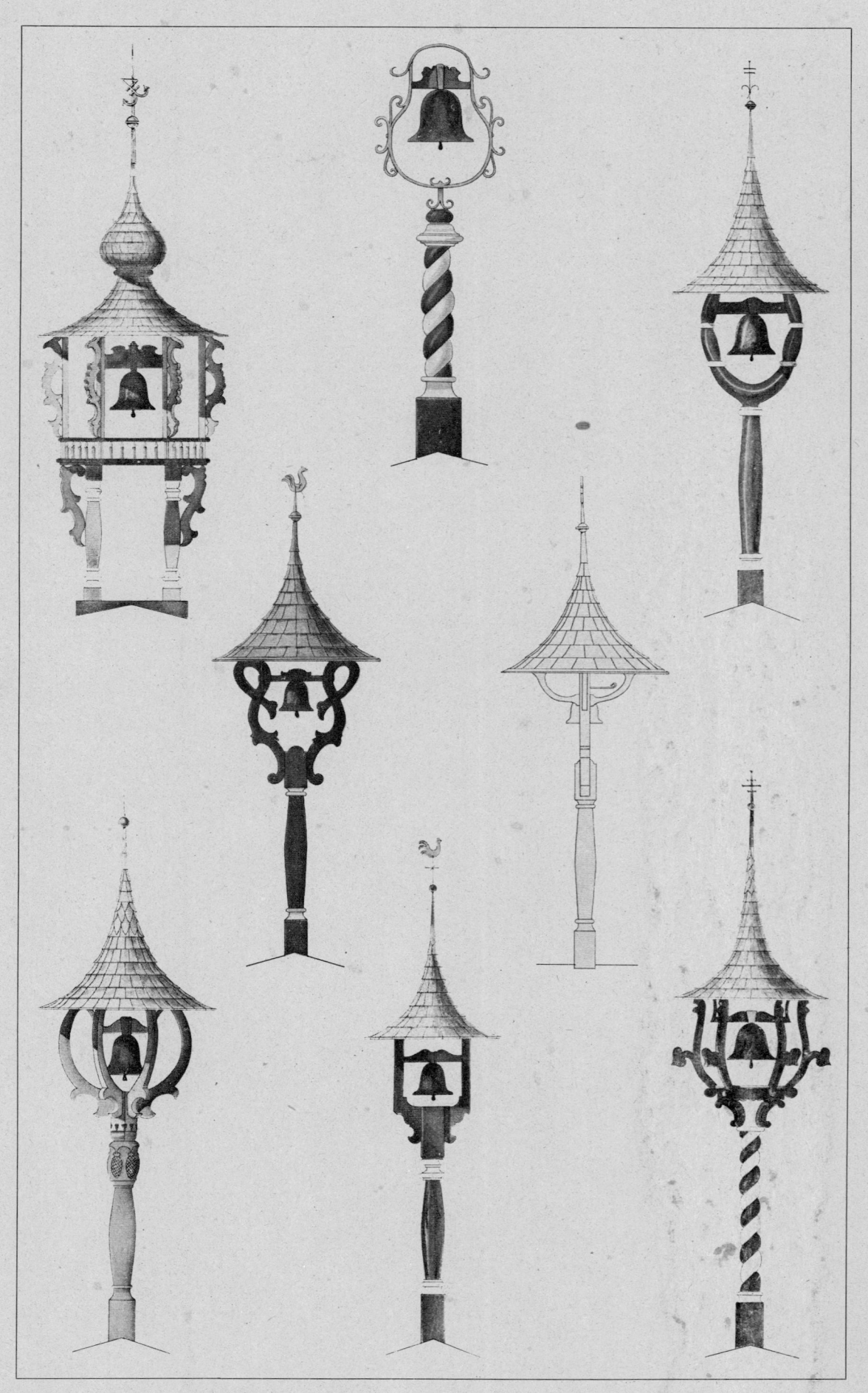

519 Glockentürmchen
Aus: Joh. W. Deininger, Das Bauernhaus in Tirol und Vorarlberg, Wien um 1900, S. 75 und 76 ▷

192

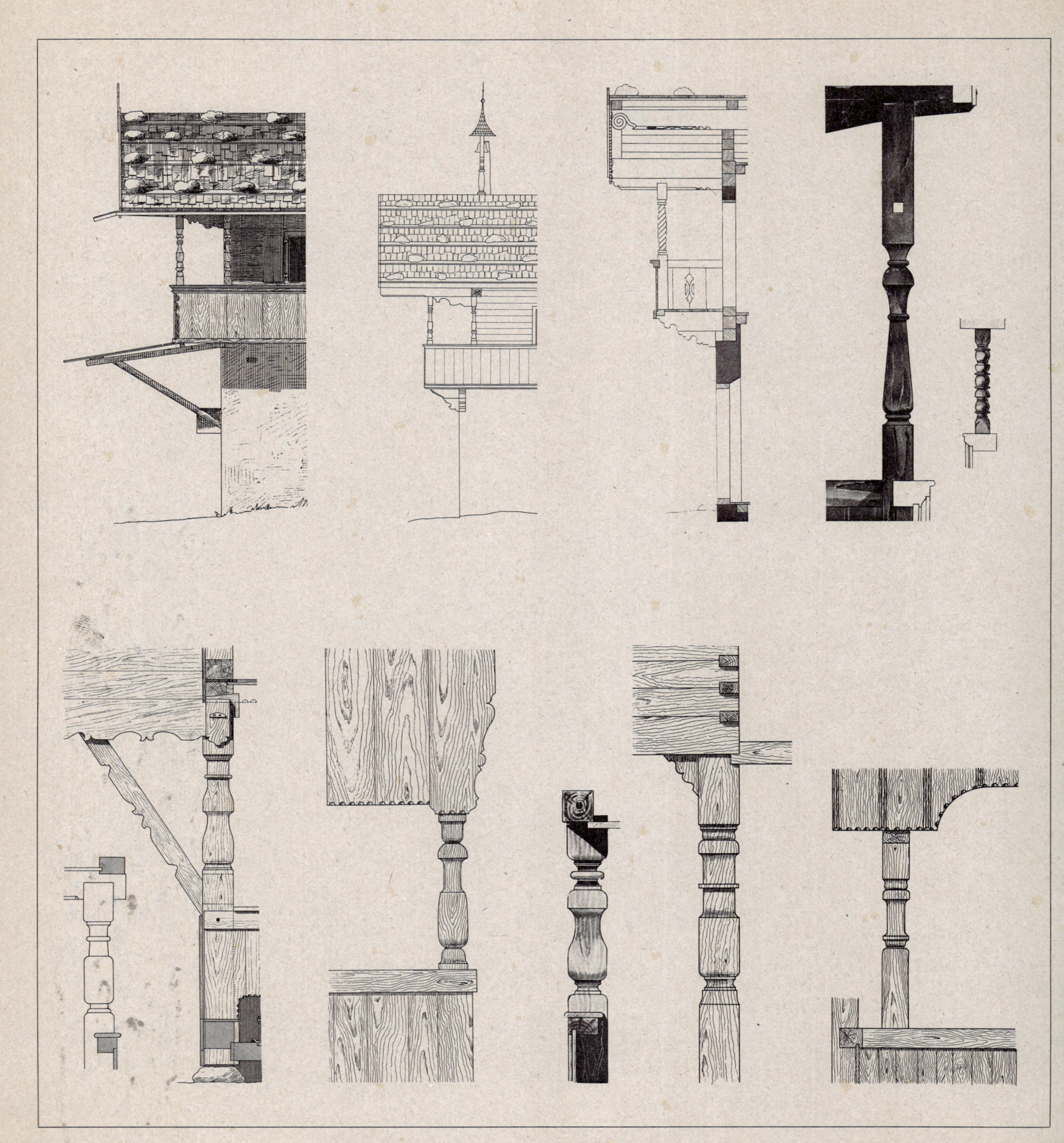

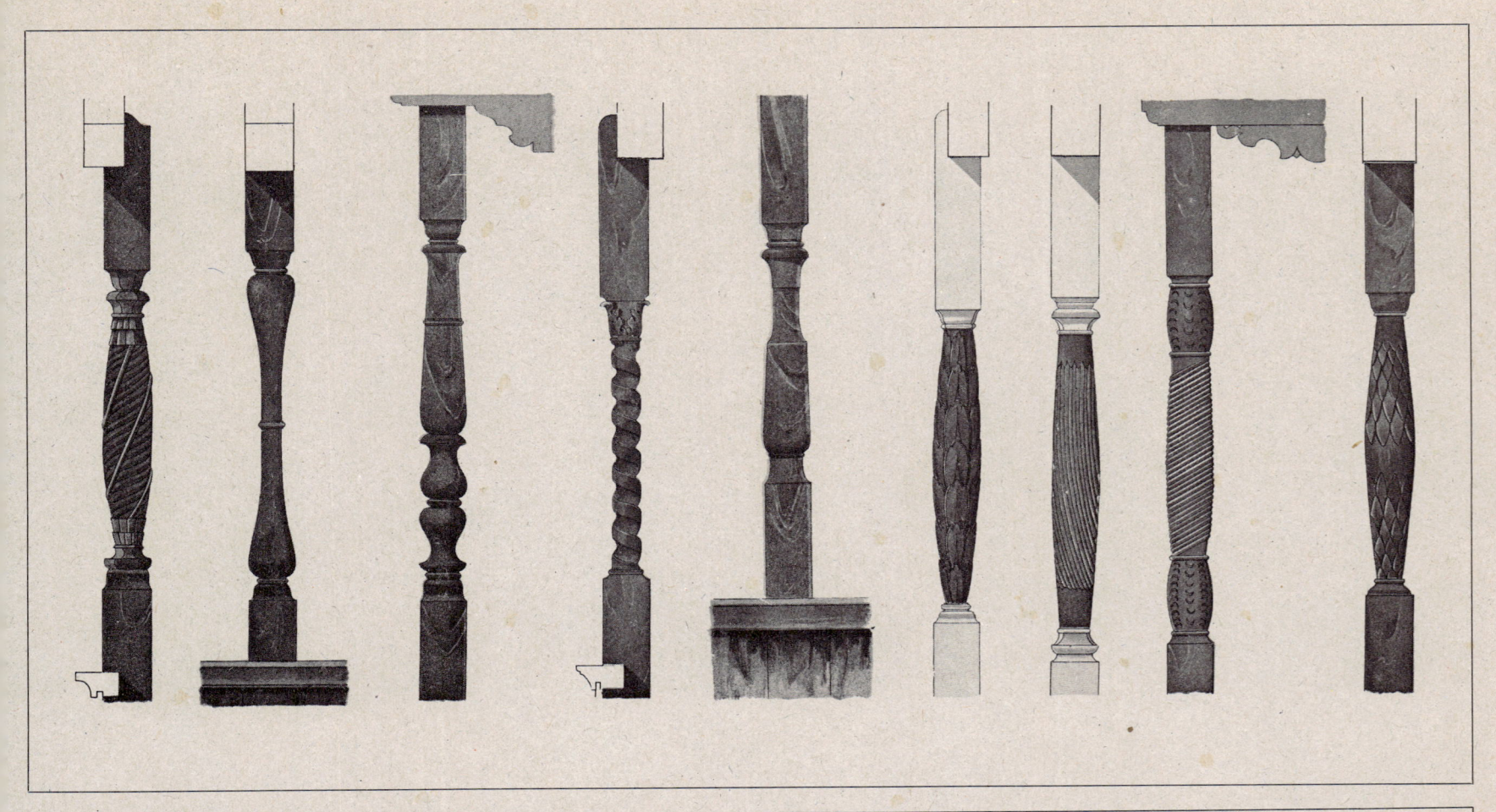

520, 521 Gedrechselte Säulen an Bauernhäusern
Aus: Deininger, Das Bauernhaus..., S. 55—216

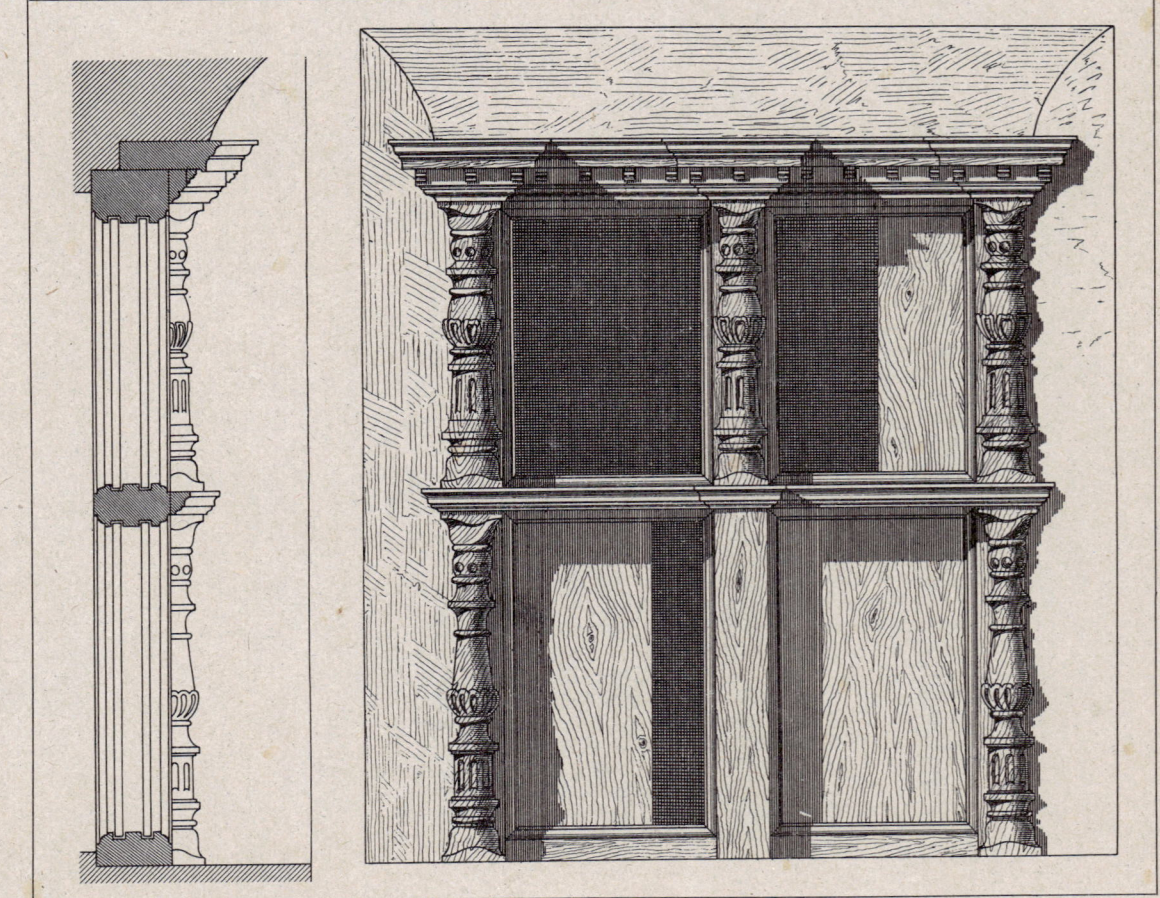

522 Gedrechselte und geschnitzte Säulen an einem Erker
Aus: Deininger, Das Bauernhaus..., S. 159 ▷

193

◁ 523 Geländerstäbe
Aus: Krauth/Meyer, Das Zimmermannsbuch, 1. Bd., Taf. 21 und 22

524 Treppenantrittspfosten
Aus: Beiblatt der Zeitschrift für Drechsler, Elfenbeingraveure und Holzbildhauer, Leipzig 1897, Fig. 7

Gegenüberliegende Seite:
525 Baluster an einem Balkon
Aus: Deininger, Das Bauernhaus..., S. 91

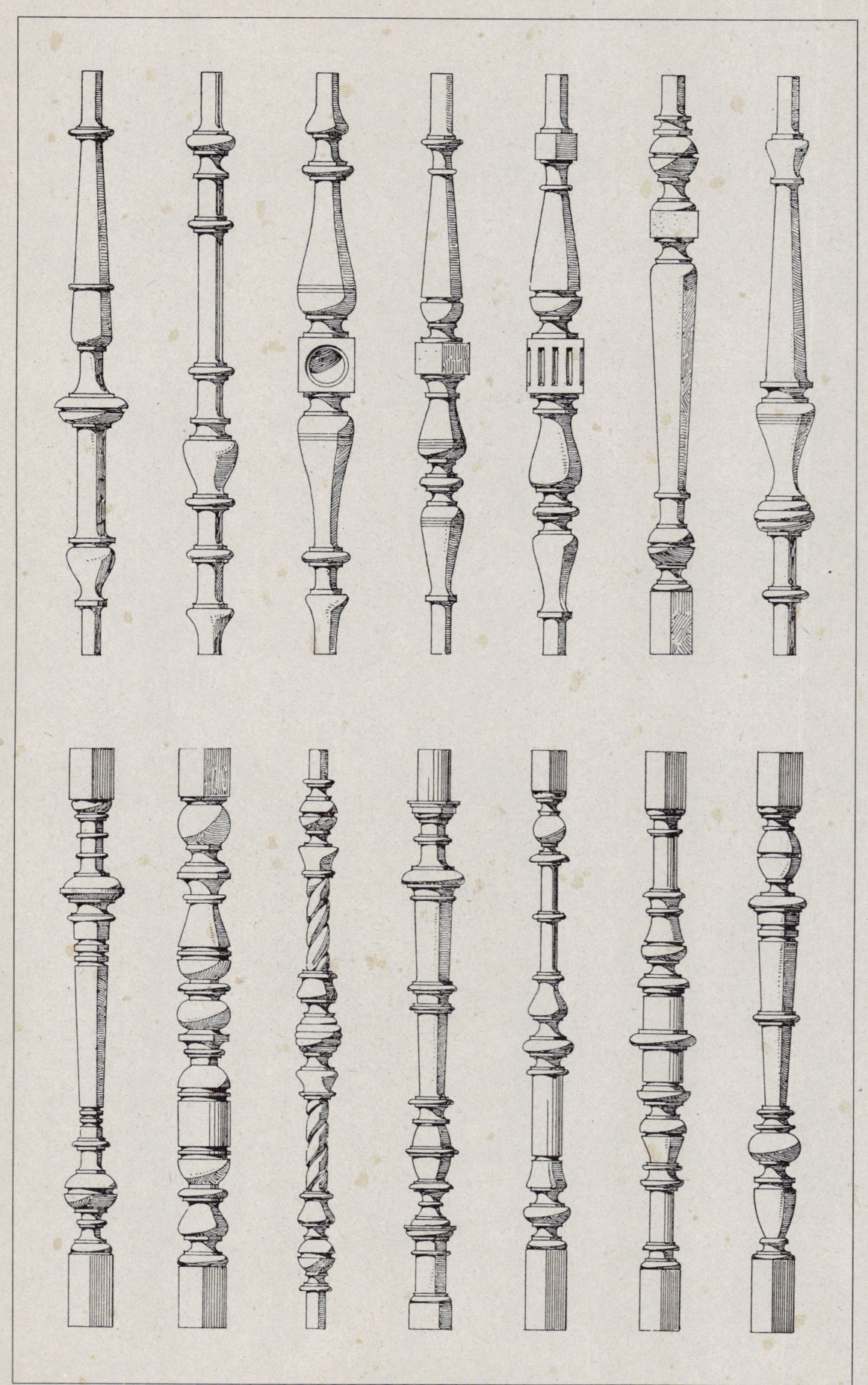

526 Standsäulen zu Treppengeländern
Aus: Musterblätter..., 1. Slg., Taf. 6

527 oben: Runde Hängezapfen
unten: Endsäulen zu Galerien
Aus: Krauth/Meyer, Das Zimmermannsbuch, 1. Bd., S. 199, und Musterblätter..., 1. Slg., Taf. 30

528 Stäbe für Brüstungen
Aus: Musterblätter..., 1. Slg., Taf. 30

525 △ 526 ▽ 527 △ 528 ▽

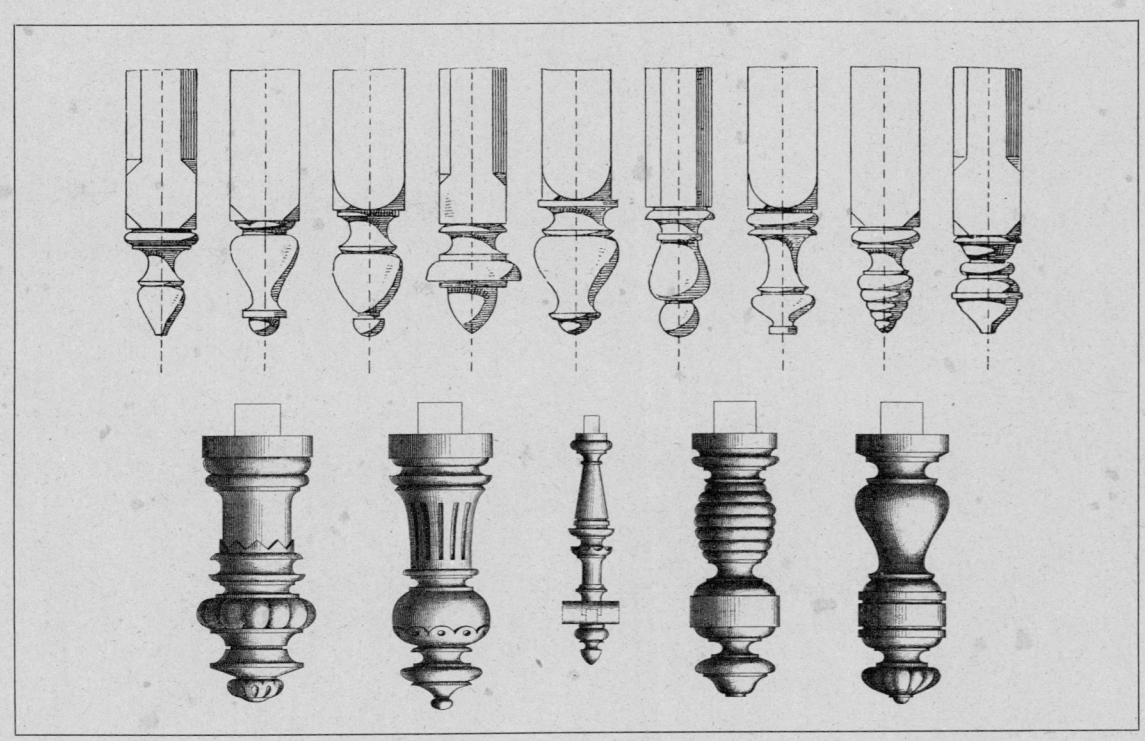

Gräf, Drechsler.

195

Kleinmöbel

*529 oben: Standspiegel und Details
unten: Tischchen mit Detail und Variante
Aus: José Claret, Muebles de Estilo Inglés, Barcelona 1967,
S. 138 und 472*

*530 Drehstühle
Aus: Musterblätter..., 2. Slg., Taf. 10*

*531 Tischchen
Aus: José Claret, Muebles de Estilo Francés, Barcelona
1971, und Claret, Muebles Inglés* ▷

◁ 529   530 ▽

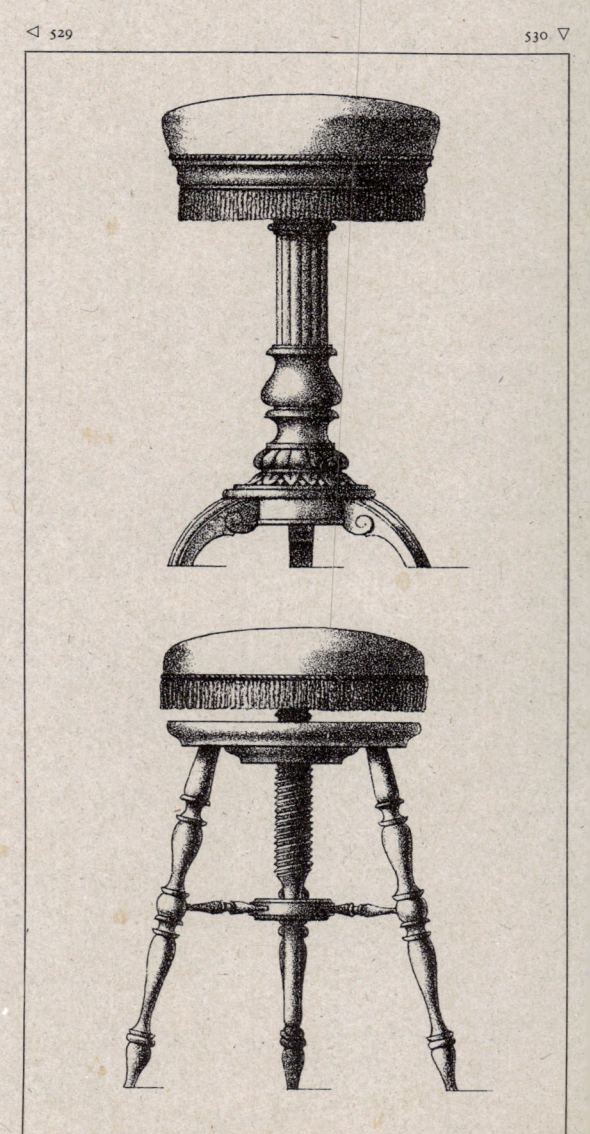

197

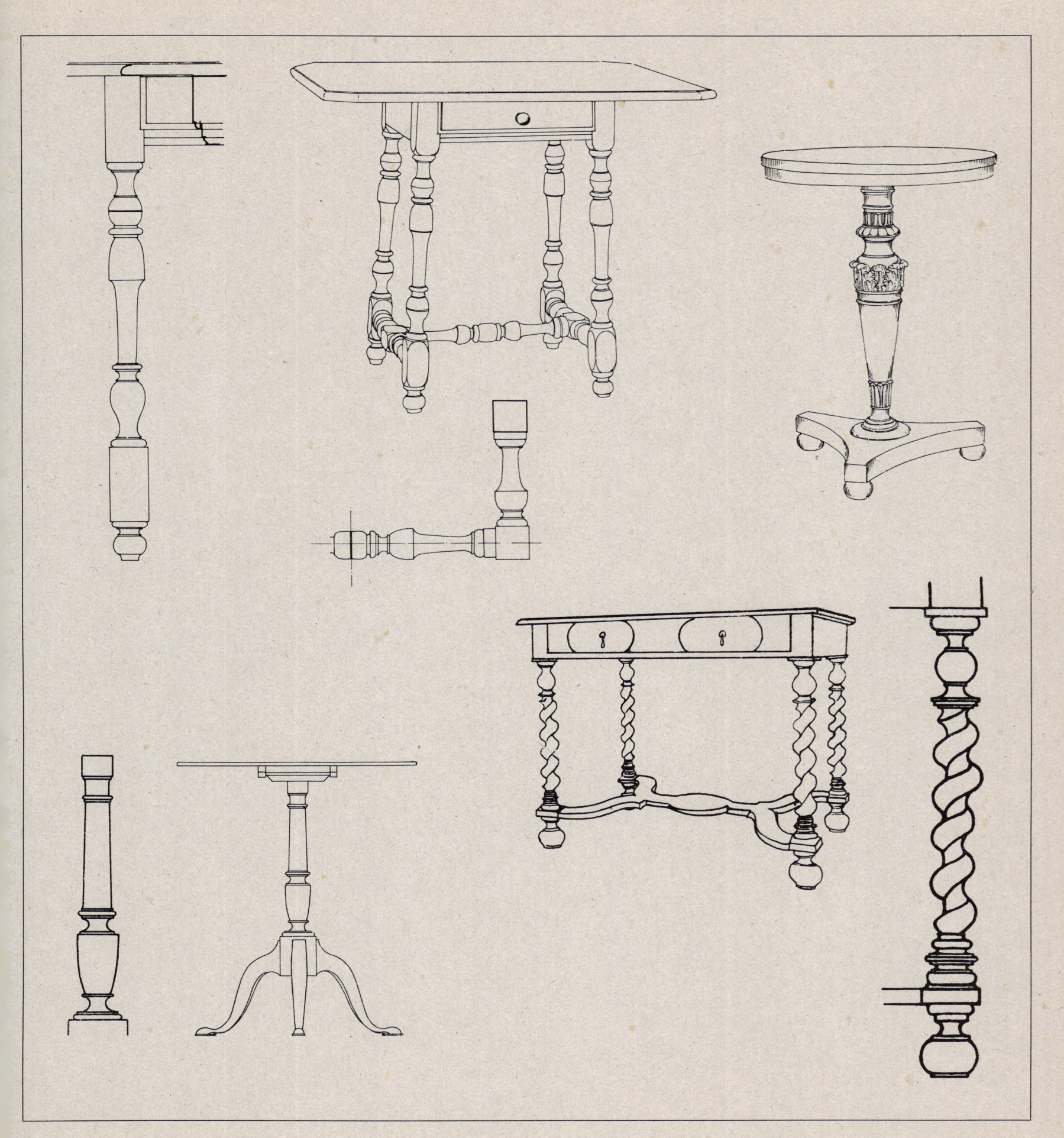

198

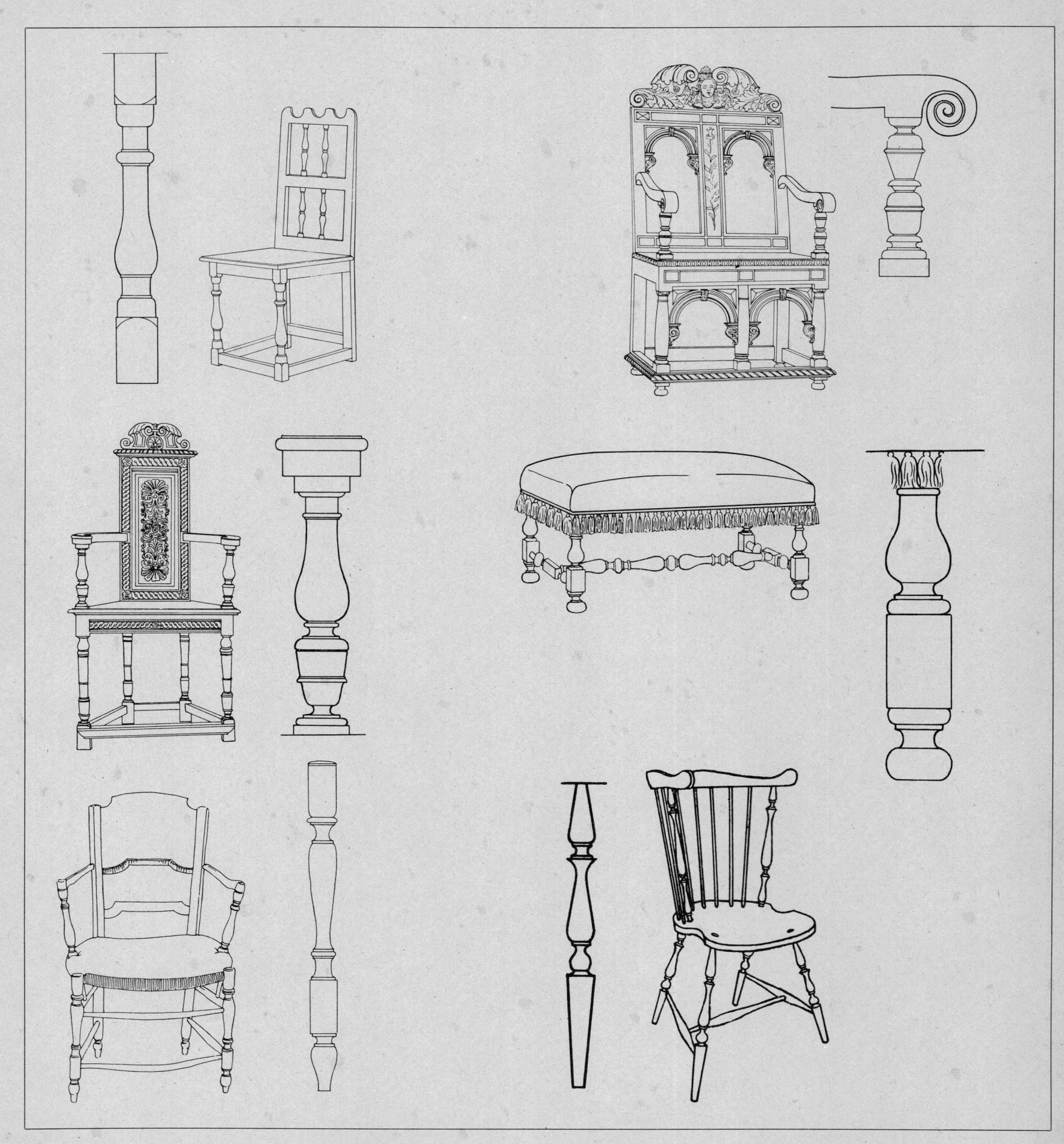

Möbel mit gedrechselten Konstruktionselementen

532–534 Sitzmöbel und Details
Aus: Claret, Muebles Francés / Inglés, und Marqués de Lozoya / José Claret, Muebles de Estilo Español, Barcelona 1968

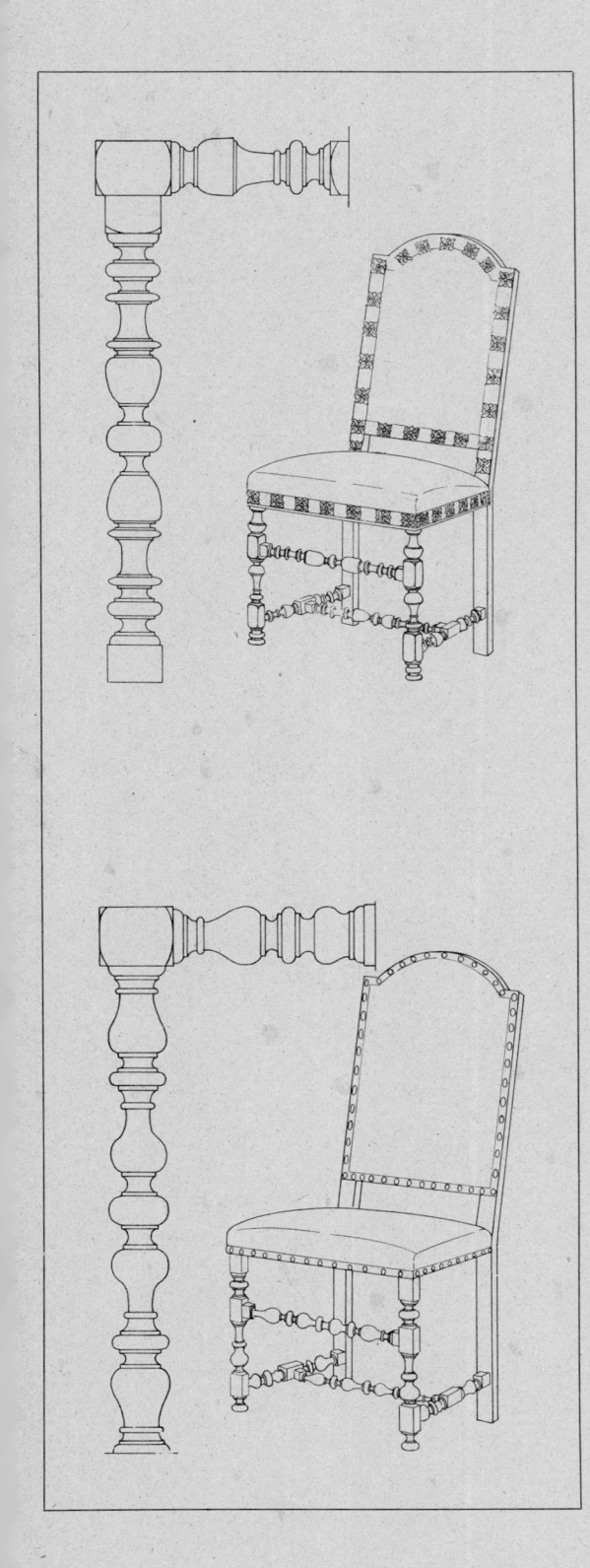

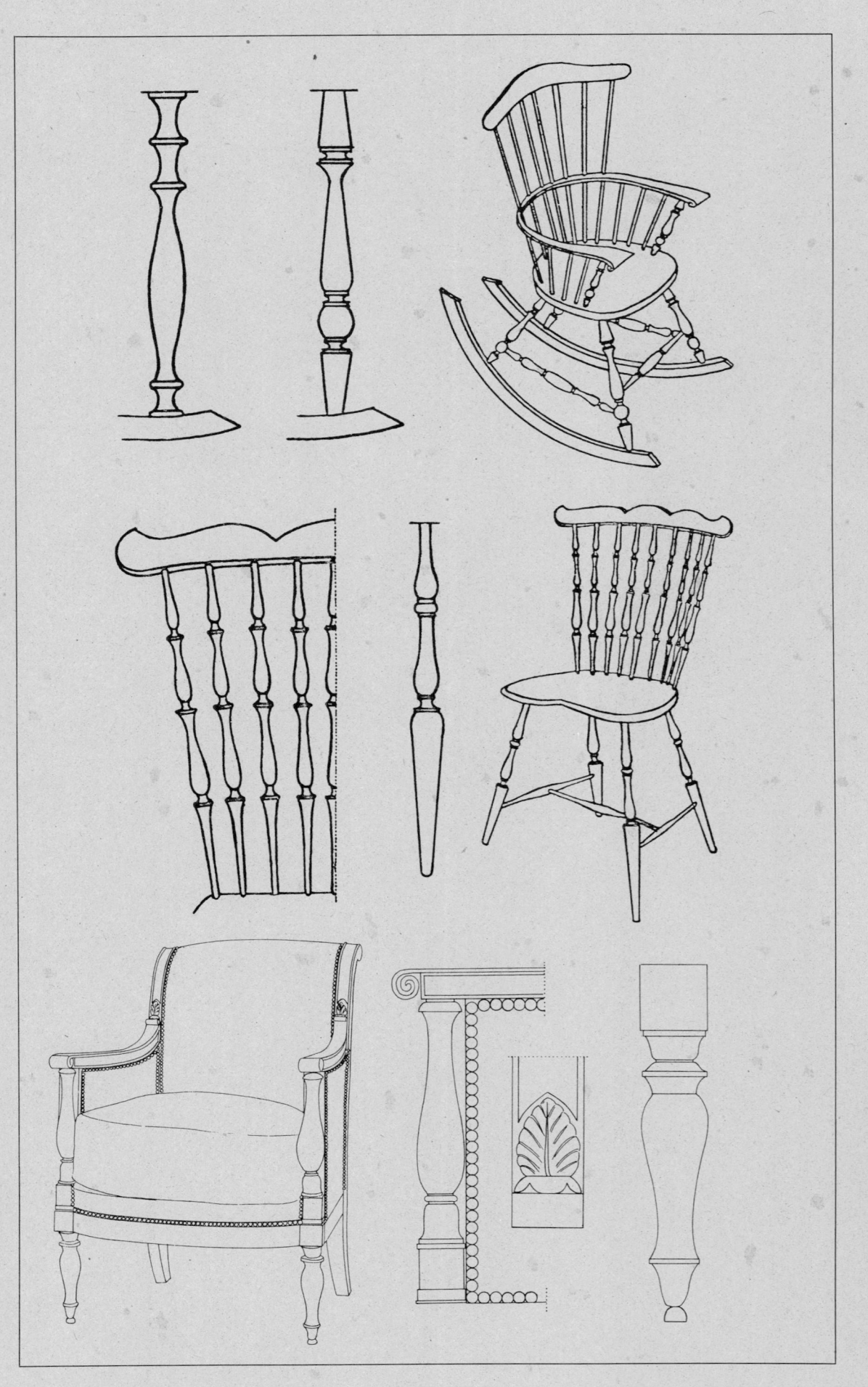

535–537 Tische und Details
Aus: Claret, Muebles Francés / Inglés / Español

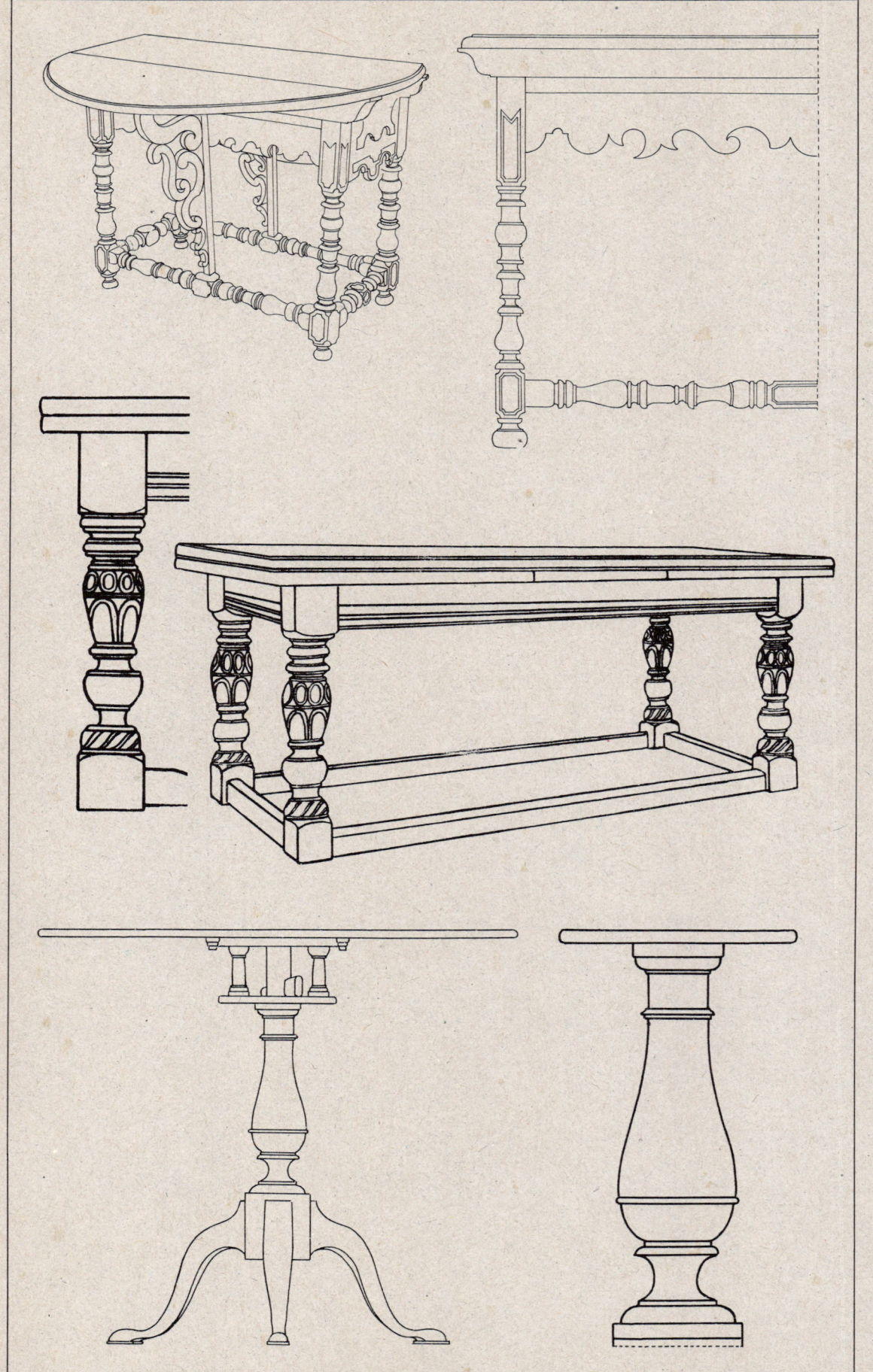

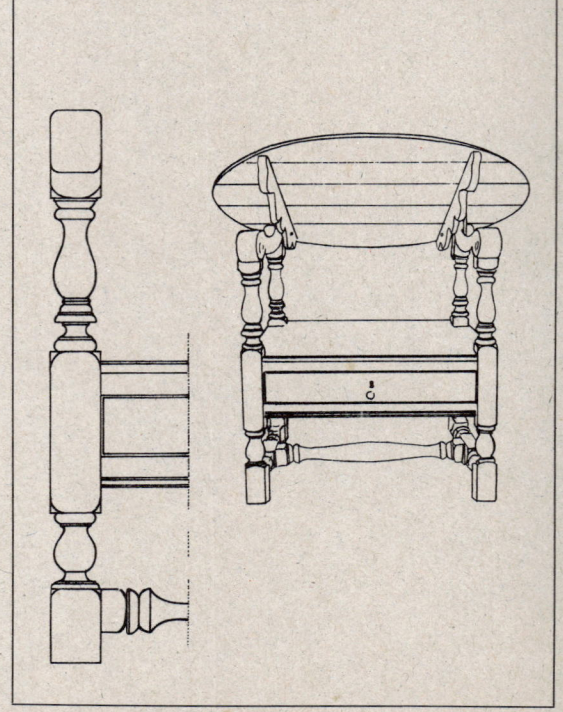

201

538

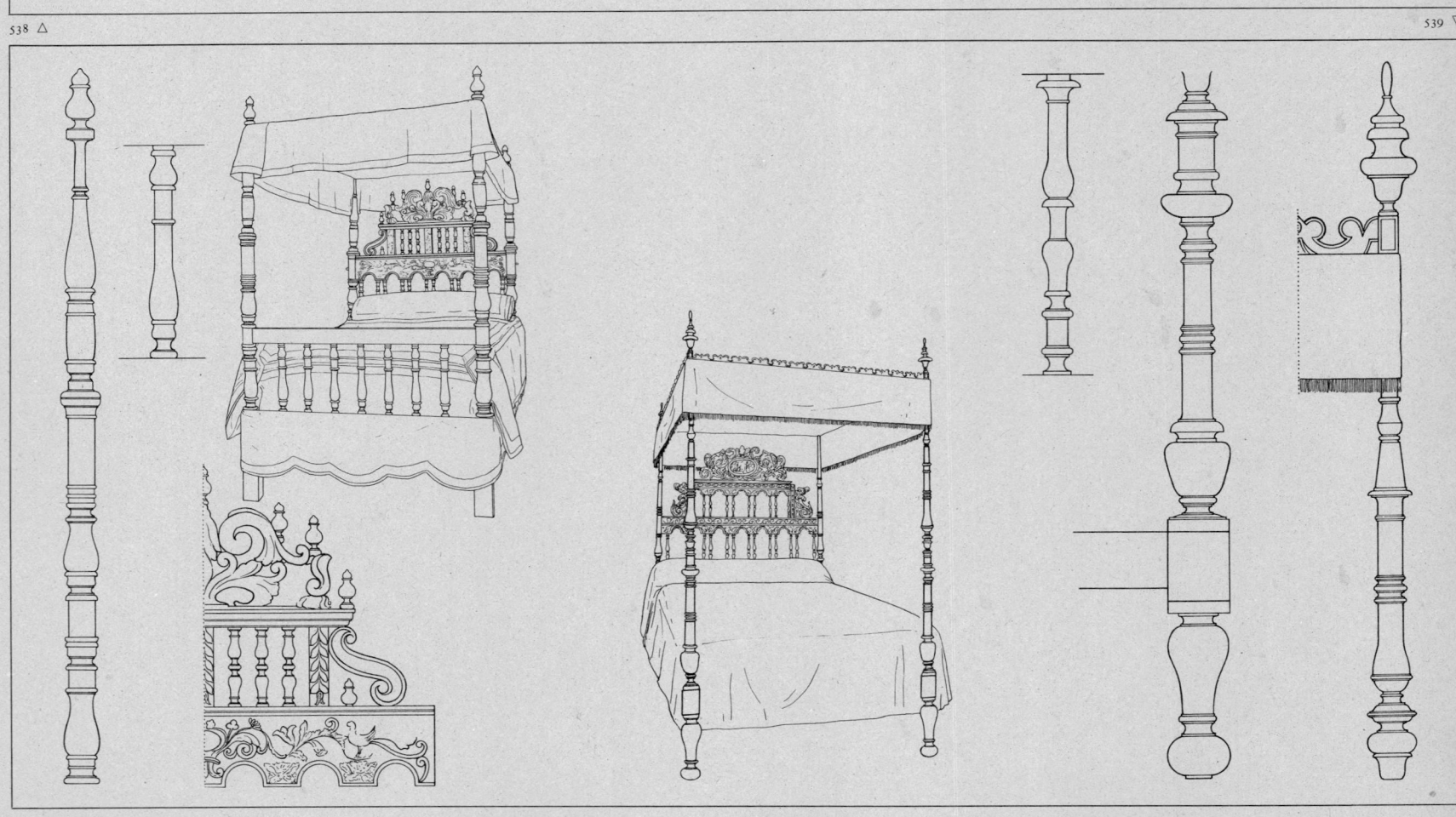

539

202

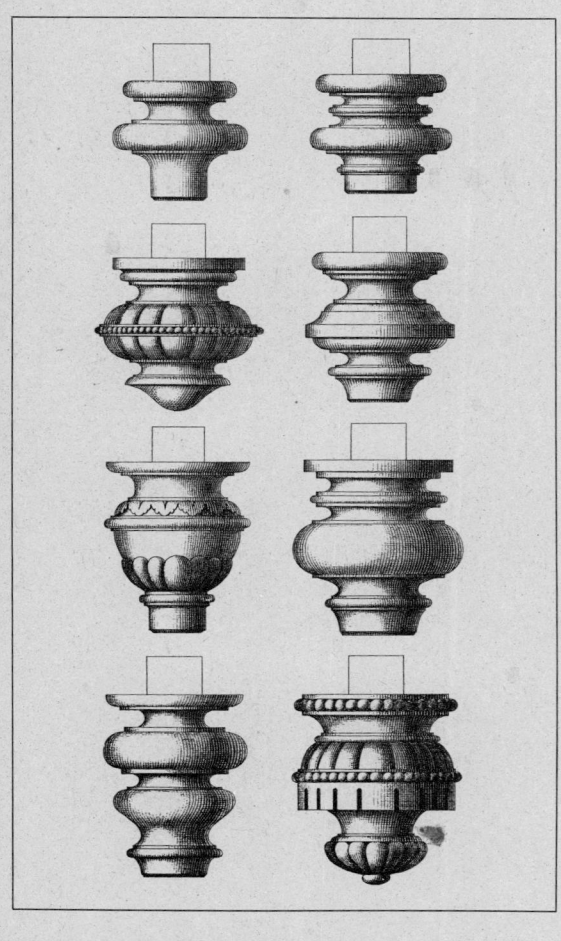

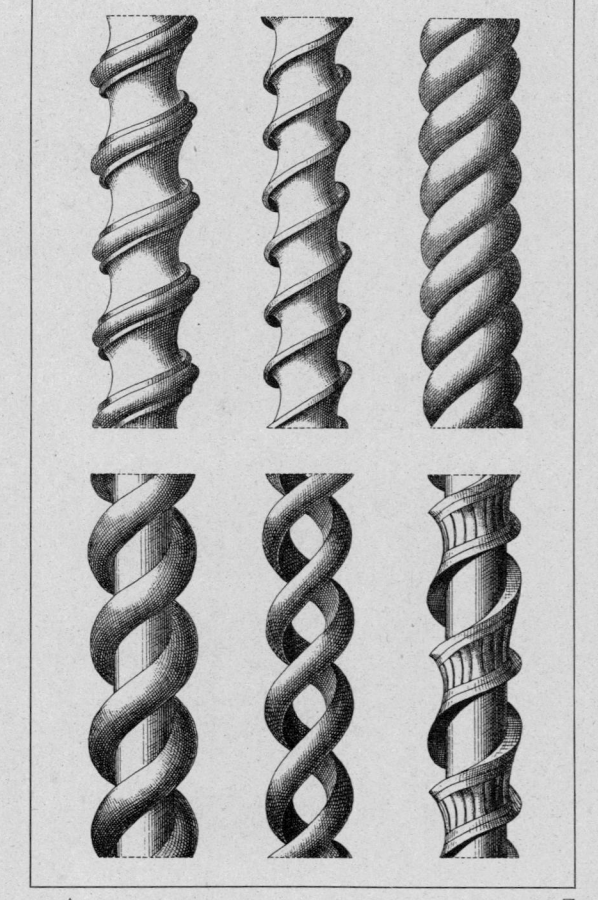

540 Schrank- und Kommodenfüße
Aus: Musterblätter..., 1. Slg., Taf. 19

541 Zierstäbe, gewundene Muster
Aus: Musterblätter..., 1. Slg., Taf. 23

542 Säulen zu runden und ovalen Sofatischen
Aus: Musterblätter..., 1. Slg., Taf. 3

543 Schubkastenknöpfe
Aus: Musterblätter..., 1. Slg., Taf. 20

544 Säulen für Nipptische und Blumentopfständer
Aus: Musterblätter..., 1. Slg., Taf. 2

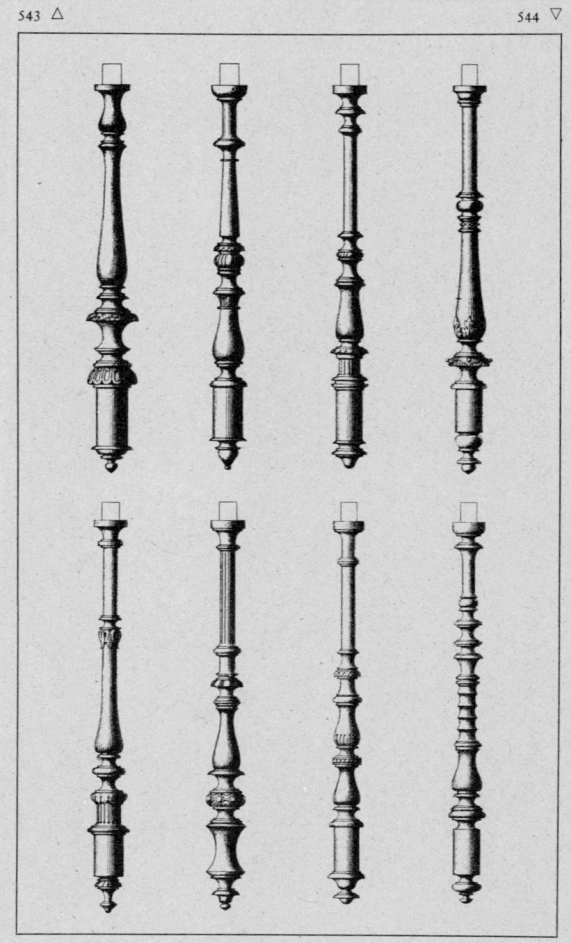

Gegenüberliegende Seite:
538 Schränke und Details
Aus: Claret, Muebles Inglés/Francés

539 Himmelbetten und Details
Aus: Claret, Muebles Español

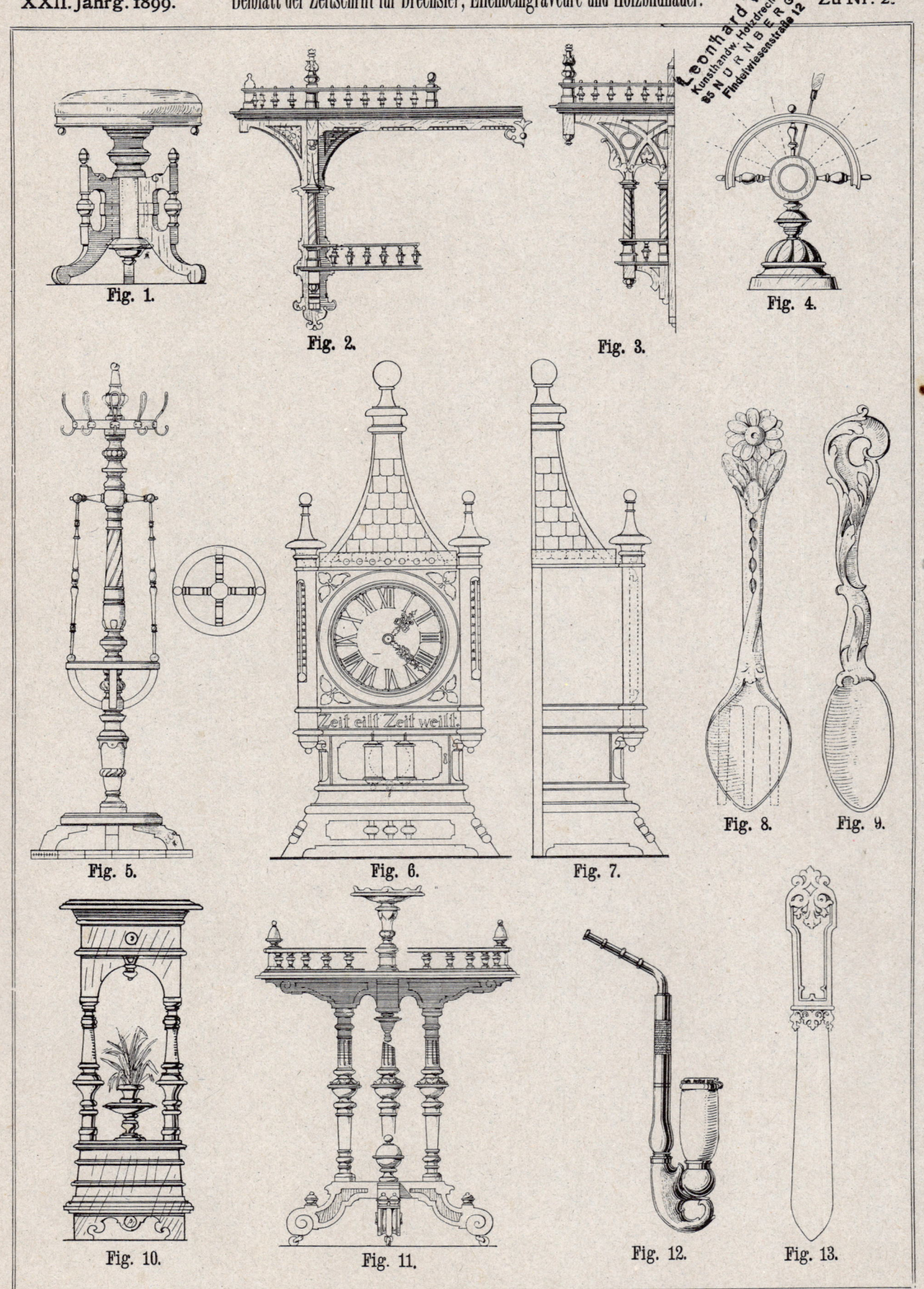

XXII. Jahrg. 1899.   Beiblatt der Zeitschrift für Drechsler, Elfenbeingraveure und Holzbildhauer.   Zu Nr. 2.   *545 Musterblatt*

Fig. 1.
Fig. 2.
Fig. 3.
Fig. 4.
Fig. 5.
Fig. 6.
Fig. 7.
Fig. 8.
Fig. 9.
Fig. 10.
Fig. 11.
Fig. 12.
Fig. 13.

Verlag von E. A. Martin, Leipzig.

Druck der Rossberg'schen Buchdruckerei, Leipzig.

Dank

Bei der Erarbeitung dieses Buches habe ich wertvolle Hilfen erhalten.

Drechsler- und Zimmermeister, Museumsleiter, Maschinen- und Werkzeughersteller haben mir freundlicherweise ihre gedrechselten Erzeugnisse, Fotos und Zeichnungen überlassen.

Mit den Drechslern aus dem Tegernseer und Miesbacher Raum habe ich zahlreiche Gespräche geführt und danke besonders *Herrn Peter Saurle* und *Herrn Rolf Strecker* für die Anregungen zum technischen Teil des Buches.

Die Kontaktaufnahme zu den Nürnberger Drechslern erfolgte durch *Herrn Tiefel*, von der Geschäftsstelle des Verbandes des Deutschen Drechsler-Handwerks in Fürth. Hier ist Herr Ehrenobermeister *Leonhard Wild* bei der Beschaffung der Kunstdrechslererzeugnisse von *Herrn J. E. Saueracker* behilflich gewesen.

Die Vervollständigung des Bildteils besorgten die Fotografen *Frau Wildtrud Schaupner*, *Frau Rosemarie Kreis* und die Herren *Martin Weilhart, Horst Dubotzky, Manfred Schuler, Otto Vogth* und *Michael Hörmann,* der vor allem bei den Werkstattaufnahmen trotz schwieriger Raum- und Lichtverhältnisse hervorragende Ergebnisse erzielen konnte. Herr Vogth hat auf seinen Wanderungen durch das Innsbrucker Land die Außenansichten der Balusterbalkons eingefangen.

Bei der fachkundigen Ausarbeitung des Elektro-Kapitels nach dem neuesten Stand der VDE-Vorschriften war *Herr Gottfried Köhler* wesentlich beteiligt.

Die vorliegende Auswahl der Fotos und Zeichnungen war nur möglich durch die kritische Hilfe von *Herrn Helmuth Baur-Callwey*, der meine Auffassungen mit den Vorstellungen des Verlages bestens zu koordinieren wußte.

Nicht zuletzt möchte ich *Frau Dr. Margarete Baur-Heinhold* danken, die gleich bei unserer ersten Begegnung großes Interesse für das Thema Drechseln zeigte.

Herr Roland Thomas vom Lektorat, *Frau Heide Hohendahl* und *Herr Christian Pfeiffer-Belli* von der Herstellung haben mich vielfach unterstützt. Allen, die mir bei der Erarbeitung dieses Buches geholfen haben, möchte ich herzlich danken.

Für die kritische Durchsicht des Manuskripts und den Beistand während der recht aufwendigen Vorarbeit danke ich meiner Frau, der ich dieses Buch widme.

Erwin Born

Glossar

Ablängen Abschneiden von Langholz.

Ablänglineal Zum Ablängen und Formatschneiden größerer Werkstücke auf dem Schiebetisch einer Kreissäge.

Abstechstahl Drechslerwerkzeug mit messer- oder schwertförmigem Querschnitt zum Abstechen von Langholzteilen.

Abziehstein Natur- oder Kunststein zum Schärfen (Abziehen) von Schneidwerkzeugen.

Anreißen Anzeichnen von Werkstücken mit Bleistift, Reißnadel (Spitzbohrer), Streichmaß oder Zirkel.

Anrichte s. Kredenz

Anschlaglineal Breiten- oder Längsanschlag (Parallelanschlag) auf dem Kreissägetisch zum Zerschneiden von Werkstücken auf das gewünschte Maß.

Arbeiten des Holzes erfolgt in Form des Quellens und Schwindens. Beim Quellen nehmen die Zellen Wasser auf und vergrößern sich. Beim Schwinden verdunstet das Wasser und die Zellen schrumpfen. Das Holz arbeitet am stärksten in Richtung der Jahresringe.

Ausdrehhaken oder Ausdrehstahl Auch Baucheisen. Drechslerwerkzeuge, die zum Hohldrechseln von Büchsen, Schalen oder Bechern verwendet werden.

Ausschweifen Ausführen eines geraden, runden, ovalen oder schrägen Schnittes mit Hilfe einer Schweifsäge bei Sägeblattbreiten von 4 bis 10 mm mit besonders kleinen Zähnen.

Baldachin (Himmel) Auf Säulen stehendes Schirmdach über dem Bett.

Baluster s. Docke

Bandsäge Stationäre oder Handsägemaschine mit einem Bandsägeblatt, welches als endloses Band ausgeführt ist.

Beilagscheibe auf Schraubenfutter Mit der Beilagscheibe aus Hart- oder Sperrholz kann man die Länge der Schraube verringern. Die Scheibe wird auf das Schraubenfutter geschraubt und das Werkstück, z. B. Teller, damit »hinterlegt«.

Bleichen Verblaute Kiefern bleicht man mit Cyanex, Wasserstoffperoxid ($H_2 O_2$), Oxalsäure ($COOH_2$) und Zitronensäure.

Bohle Nach DIN erfolgt die Einteilung in Dicken von 40 bis 120 mm.

Bohrfutter Einspannvorrichtung zur Aufnahme eines Bohrerschaftes.

Brett Nach DIN erfolgt die Einteilung in Dicken von 8 bis 32 mm.

Brüstung Abschluß von Balkons und Emporen in einer Höhe von ca. 90 cm. Das untere Horizontalholz heißt Schwelle, das obere Brüstungsholz.

Buffet s. Kredenz

Bug Kopfband, verbindet waagerechte und senkrechte Konstruktionshölzer miteinander (s. auch Zierbinder).

Carnaubawachs Graugelbes Wachs, wird von den jungen Blättern der Carnaubapalme abgesondert.

Docke oder Baluster Kurze, stark profilierte Säule.

Döns Rauchfreie Wohnstube.

Drechslerröhre, Röhre, Hohlmeißel Drechslerwerkzeug in Querschnittsform röhrenartiger Rundung. Auch Schrot-, Schropp-, Schruppröhre genannt (s. auch Formröhre).

Drehgeschwindigkeit Anzahl der Werkstückumdrehungen je Minute. Man wählt bei großen Durchmessern der Werkstücke eine kleine Drehgeschwindigkeit und bei kleineren Durchmessern der Werkstücke eine große Drehgeschwindigkeit.

Entharzen muß vor dem Beizen erfolgen. Zum Entharzen verwendet man im Fachhandel erhältliche alkalische Seifenlösungen (Entharzer). Eigene Zubereitung, indem man 30 bis 50 g Kernseife in einem Liter heißen Wassers auflöst und 100 cm^3 Salmiakgeist dazugibt.

Fase Die schräge Seite am Meißel oder am Hobeleisen.

Feinjährigkeit Je langsamer das Wachstum des Holzes erfolgt, um so schmaler (feiner) sind die Jahresringe (s. auch Grobjährigkeit). Feinjähriges Holz wird wegen der Festigkeit sehr geschätzt.

Feuchtegehalt Wasser-Restgehalt im Holz, angegeben in Prozenten. Auch Holzfeuchte genannt.

$$\text{Holzfeuchte in \%} = \frac{(\text{Naßgewicht in g abzüglich Trockengewicht in g}) \times 100\%}{\text{Trockengewicht in g}}$$

Fladerschnitt s. Sehnenschnitt

Formröhre Drechslerwerkzeug, welches im Gegensatz zur Schruppröhre im Querschnitt nicht gleichmäßig dick, aber auch schmaler und tiefer ist.

Frühholz ist von heller Farbe und wird im Frühjahr und Sommer während des Wachstums von den dünnwandigen und weiträumigen Holzzellen gebildet.

Fußdrehbank Alte Drechselbank, deren Antriebswelle mit Hilfe eines sog. Pedals durch Fußantrieb in Bewegung gebracht wird.

Futter Vorrichtung zum Festhalten von Werkzeugen und Werkstücken.

Gaupe, Gaube, Dachgaupe Aufbau für stehendes Dachfenster in verschiedenen Formen.

Gegenprofil Die Umkehrung eines vorhandenen Profils in achsialer Richtung ergibt sein Gegenprofil.

Gehrung Abschrägung zweier Werkstücke am Zusammenstoß.

Gehrungswinkel Die Neigung der Abschrägung bezeichnet man als Gehrungswinkel.

Gekröpfte Welle Verkröpfte Welle. In U-Form abgebogene Eisen- oder Stahlwelle (s. auch Welle).

Gewundene Säulen sind bereits in der Antike aus Stein geformt worden. Man kennt die einfach und die mehrfach gewundene Säule, seltener die durchbrochene gewundene Säule. Die Ganghöhe entspricht bei einfachem Wund dem Durchmesser der Säule. In romanischen Kreuzgängen findet man recht häufig die mehrfach gewundene steinerne Säule. Beim Doppelwund oder auch zweifachem Wund liegen in der gleichen Ganghöhe zwei Wulste, die halb so groß sind wie bei dem einfachen Wund. Bei drei- und vierfachem Wund entsprechend.

Grobjähriges Holz entsteht durch schnelles Wachsen auf guten Böden und unter günstigen klimatischen Verhältnissen. Der Anteil des Frühholzes ist groß. Geringe Festigkeit.

Gueridon Vasen- und Blumentisch.

Guillochieren ist eine Art Eingravieren von geraden oder kreisförmigen Vertiefungen in die Oberfläche gedrechselter Werkstücke. Man guillochiert mit einem Stichel, der mit Hilfe eines Supports an das sich drehende Werkstück herangeführt wird. Auch mit Oberfräsen lassen sich ähnliche schmückende Gravuren ausführen.

Hängezapfen Senkrechtes Verbandsholz mit gedrechselter, gesägter oder geschnitzter Verzierung am freien, hängenden Ende. Die Hängezapfen finden Anwendung an Hängesäulen für Dachgiebel und Treppen.

Handkreissäge Leichte Maschinenkreissäge, die von Hand bedient werden kann.

Handsäge Im Gegensatz zu den Maschinensägen die Gruppe der von Hand geführten Sägen.

Hartholz Buche, Eiche u. a. (s. auch Weichholz).

Hirnschnitt oder Querschnitt liegt quer zur Achse des Stammes. Die Schnittfläche zeigt die Jahresringe. Man nennt diese Fläche auch Hirnholz.

Hohlkehle, Kehle, Kehlung s. Zeichnung Abb. 452

Hohlmeißel s. Drechslerröhre

Horn, Naturhorn wird zum Drechseln von Knöpfen und Dosen verwendet und besteht aus harter oder elastischer Eiweißsubstanz, die wiederum hauptsächlich das schwefelhaltige und wasserundurchlässige Protein Keratin enthält. Vorkommen als Hörner, Klauen, Krallen u. a.

Jahresring Früh- und Spätholz sind im Hirnschnitt zusammengenommen als Jahresring sichtbar.

Kabinettschrank steht auf hohen Beinen und ist mit kleinen Schubladen für Kostbarkeiten (Münzen, Briefmarken etc.) ausgestattet.

Kannelieren nennt man das Auskehlen, auch Riefeln oder Rillen, von Säulen- und Pfeiler- (Pilaster-) Schäften in Längsrichtung. Die entstandenen Rillen (Kannelüren) lassen den Schaft schlanker erscheinen. Die Kannelüren der dorischen Säule stoßen scharfkantig aufeinander, während sie bei der ionischen und korinthischen Säule durch einen schmalen Steg getrennt sind. In der Renaissance wurden die Kannelüren auch spiralenförmig um den Schaft gelegt.

Kantel Zum Drechseln vorbereitetes Vierkantholz.

Karnies s. Zeichnung Abb. 452e

Kernholz entsteht mit zunehmendem Alter mancher Bäume, wenn die älteren, inneren Jahresringe des Splintholzes die Saftführung einstellen. Das Holz verkernt, indem es sich mit Gerbstoff, Farbstoff, Harzen und Wachs füllt. Das Kernholz arbeitet weniger, wird schwerer, fester und damit dauerhafter. Es liegt bei Kern- und Kernreifholzbäumen in der Mitte des Stammes.

Körbchendreherei ist eine spezielle Drechseltechnik des Berchtesgadener Landes mit filigranartig wirkenden Durchbrucharbeiten an Dosen und Körbchen. Als Material verwendet man das im Spätherbst eingeschlagene Ahornholz von besonders heller Farbe.

Körner Stahlstift mit gehärteter Spitze.

Kopierwerk Vorrichtung zur Erzeugung gleichwertiger Stücke von einer vorgegebenen Figur.

Kredenz (it. credenza) Seit der Renaissance kunstreich gearbeitete Anrichte, an welcher der Vorkoster die Unschädlichkeit von Speisen und Getränken nachgewiesen hat. Auch Geschirrschrank und Buffet.

Kreissäge Maschinensäge mit kreisförmigem Sägeblatt.

Krönung Dach- oder Giebelspitzen erhalten einen Abschluß (Krönung) zur Zierde in Form von Giebelbrettern, Giebelblumen und gedrechselten oder geschnitzten Hängesäulen.

Kronensäge Maschine oder Sägeblattvorrichtung zum Ausschneiden runder Scheiben aus Brettern und Bohlen.

Langholz s. Lang- und Querholzdrechseln S. 186 ff.

Lisene Senkrecht verlaufende Halbsäule zur Gliederung einer Fläche.

Markstrahlen In Faserrichtung liegende Speicherzellen, die strahlenförmig vom Mark ausgehen. Bei der Eiche sind sie als Spiegel sichtbar.

Maserung Natürliche Zeichnung der Holzoberfläche, die häufig bei lebhafter oder fleckiger Zeichnung auf regellosen Wuchs zurückzuführen ist. Die Maserung ist besonders bei Wurzelholz ausgeprägt.

Mechanische Einflüsse Einwirkungen durch Witterung, Druck, Zug und Verdrehung.

Meßschieber Werkzeug zum Messen von Längen, Innen- und Außendurchmessern.

Mitnehmerseite Spannen s. S. 183 ff.

Negatives Beizbild entsteht durch Auftrag von Farbstoffbeizen auf Nadelholz. Das poröse Frühholz nimmt mehr Beizlösung auf als das dichtere Spätholz. Deshalb wird das Frühholz dunkler als das Spätholz.

Parallelanschlag s. Anschlaglineal

Passigdrehen Von frz. passer = vorübergehen. Beim Passigdrehen dreht sich das Werkstück wie beim normalen Runddrechseln. Zusätzlich bewegt es sich mit Hilfe einer besonderen Vorrichtung in axialer Richtung hin und her (Längspassigdrehen) und beim Querpassigdrehen quer zur Achse in einer Pendelbewegung zum Werkzeug hin und zurück.

Pfette Träger der Sparren (s. Sparren).

Pfosten Stütze oder Säule, rund oder eckig (s. Stollen).

Phenolharz Eine Gruppe von Kunststoffen, die durch Kondensation von Phenol mit Formaldehyd gewonnen werden.

Plattenstahl Schmaler, im Querschnitt rechteckiger oder trapezförmiger Stahl zum Andrechseln schmaler, tiefliegender Platten.

Positives Beizbild entsteht, wenn für das Beizen von Nadelholz chemische Beizen verwendet werden.

Der natürliche Unterschied zwischen dem hellen Frühholz und dem dunklen Spätholz bleibt erhalten (s. auch negatives Beizbild).

Prellstange Elastische Eisen- oder Holzstange für federnde Bewegungen.

Quellen s. Arbeiten des Holzes

Querholz s. Lang- und Querholzdrechseln S. 186 ff.

Radialschnitt oder Spiegelschnitt ist ein Längsschnitt durch die Stammitte.

Randerieren ist ein sog. Einfräsen von Ornamentformen in die Oberfläche gedrechselter Dosen, Schalen und Knöpfe mit Hilfe spezieller Randerierwerkzeuge.

Rosette Kreisrunde Verzierung in Rosenform oder als plastisch gedrehte Wirbelrosette.

Ruinenmarmor Geologisch aus Böhmen stammender zweifarbiger Marmor, dessen gelbliche Muster auf grauem Fond an Ruinen erinnern. Der R. wurde als Einlegematerial für Kunst- und Kabinettschränke verwendet. Charakteristisch für Kunstschränke des 17. Jhs. aus Augsburg und Böhmen.

Rundstab s. Abb. 452

Sägeschlitten Auch Rolltisch. Vorrichtung an Maschinensägen zur besseren Auflage und Führung größerer Werkstücke.

Sandeln s. Oberflächenbehandlung S. 178 ff.

Schablone Übertragung eines vorhandenen Profils auf eine Papp-, Blech-, Kunststoff- oder Holzplatte, aus welcher dieses Profil geschnitten wird.

Schärfmaschine Maschine zum Schärfen von Schneidwerkzeugen.

Schiebestock An ihrem Ende ausgekerbte Leiste (Latte) zum Nachschieben von Werkstücken an der Kreissäge.

Schildpatt, Schildkrot Obere hornartige Platten des Rückenschilds von Seeschildkröten. S. kann in warmem Zustand gepreßt werden.

Schleifpapiere und Schleifgewebe enthalten auf ihrer Oberfläche Schleifkörner aus Glas, Korund, Siliziumkarbid (Karborundum), die mit elastischen Bindemitteln aufgeleimt worden sind. Je feiner das Korn, um so höher ist die Nummer der Körnung. Zum Feinschleifen haben sich die Korngrößen 120 und 150 gut bewährt.

Schlichten Beseitigen von Unebenheiten nach dem Schruppen des Werkstücks mit Hilfe des Schlichtmeißels oder Schlichtstahls.

Schraubenspindel, Schraubspindel Welle mit eingeschnittenem Schraubengewinde, zum Bewegen eines Körpers.

Schroten, Schruppen Grobe Spanabnahme zu Beginn des Drechselvorgangs mit der Schrot- oder Schrupproöhre.

Schweifsäge Gestellsäge mit schmalen, austauschbaren Sägeblättern von 4 bis 10 mm.

Schwimmender Estrich Durch eine Isolierschicht getrennter Feinbetonboden.

Schwinden s. Arbeiten des Holzes

Schwungrad Schweres Rad zum Speichern mechanischer Energie und zum Ziel des Ausgleichs ungleichmäßiger Antriebe. Der Hauptteil der für das Schwungmoment erforderlichen Masse ist im Schwungradkranz enthalten.

Sehnen- oder Fladerschnitt Durch die Längsachse außerhalb der Stammitte des Baumes verlaufender Sägeschnitt. Durch Verjüngung der Jahresringe nach oben werden diese bei jedem Schnitt angeschnitten, und es entsteht dadurch eine sog. Fladerung.

Sibirische Zirbelkiefer ist eine besonders feinjährige Kiefer, die durch langsames Wachsen auf kargen Böden enge Jahresringe zeigt. Durch das besonders schöne Aussehen im naturbelassenen Zustand ist sie für Drechselarbeiten sehr geeignet.

Späneofen Eisenfaßförmiger Ofen zum Verbrennen von Holzspänen und Holzabfällen.

Spätholz wird im Spätsommer und Herbst aus den dunklen, engräumigen und dickwandigen Holzzellen gebildet.

Spaltkeil liegt auf gleicher Höhe mit dem Kreissägeblatt in einem Abstand von ca. 10 mm. Er hält die Schnittfuge auseinander, so daß das Werkstück nicht zurückgeschleudert werden kann. Spaltkeil und Sägeblatt müssen in einer Flucht liegen. Die Dicke des Spaltkeils muß mindestens um ein Viertel größer sein als die Dicke des Sägeblattes, aber nicht größer als die Schränkweite.

Sparren Träger der Dachlattung, Dachschalung und der Dacheindeckung.

Spiegel s. Markstrahlen

Spiegelschnitt s. Radialschnitt

Splintholz Zum Splintholz gehören die äußeren Jahresringe am Stammquerschnitt, die der Saft- bzw. Wasserführung des Baumes dienen. Es ist weicher als das im Inneren des Stammquerschnittes liegende Kernholz. Es gibt Splintholzbäume, deren gesamter Stammquerschnitt aus Splintholz besteht (Ahorn, Birke, Weißbuche u.a.).

Stellschmiege, Schmiege Mit der Schmiege werden festgelegte oder beliebig große Winkel abgenommen und übertragen.

Stichsäge Hand- oder Maschinensäge mit schmalem Sägeblatt zum Aussägen von Rundungen.

Stollen oder Pfosten sind runde oder eckige Gestellsäulen, die durch ein Querbrett verbunden an sog. Stollenschränken oder Stollentruhen angebracht werden.

Stufenschwungrad Mehrere miteinander verbundene Schwungräder mit verschiedenen Durchmessern (s. auch Schwungrad).

Support Der S. ist ein verschiebbarer und maschinell verstellbarer Werkzeugträger. Der S. trägt den Stahlhalter und sitzt auf einer Führungsbahn des Schlittens. Er kann in Längs- oder Querrichtung zum Werkstück und schwenkbar eingestellt werden.

Taster, Tastzirkel, Greifzirkel Außen- und Innentaster. Meßwerkzeug zum Messen und Abgreifen von Längen und Durchmessern.

Teleskopschutz Sägeblattverkleidung in Form einer herausziehbaren U-förmigen Metallschiene.

Tischkreissäge Das Kreissägeblatt befindet sich inmitten eines Arbeitstisches zum Zwecke der Auflage von Werkstücken.

Tourenzahl, Touren, Drehzahl s. Drehgeschwindigkeit

Transmission Vorrichtung zur Kraftübertragung auf mehrere Maschinen, bestehend aus Lagerbökken, stählernen Wellen und aufgespannten Riemenscheiben.

Trocknen des Holzes Durch das Trocknen soll dem Holz Wasser entzogen werden. Trockenes Holz erleichtert die Verarbeitbarkeit. Das weitere und stärkere Schwinden wird durch das Trocknen eingeschränkt. Das Holz wird fester und widerstandsfähiger gegen Schädlinge und Krankheiten. Der Trocknungsvorgang soll möglichst allmählich auf natürliche Weise durch Lagerung in belüfteten Räumen erfolgen. Der Drechsler verarbeitet das Holz erst, nachdem es mehrere Jahre an der Luft vorgetrocknet worden ist. In den letzten Jahren wird das Holz immer mehr in Trockenkammern und Trockenmaschinen künstlich getrocknet. Die Trockenzeiten und der Holzverlust sind dabei geringer. Die Qualität des Holzes wird insgesamt verbessert.

Umspannen Auch Umdrehen des eingespannten Werkstücks von der Mitnehmerseite auf die gegenüberliegende Spitzdocke (Kugellager-Körnerspitze).

Verblauen Holzkrankheit, verursacht durch den Bläuepilz. Grünlichblaue bis dunkle Streifen im Holz kennzeichnen den Befall.

Verkröpfen, verkröpft, gekröpft s. Welle

Vierkantholz Aus dem Rundholz geschnittenes kantiges Holz von dreieckigem, quadratischem, recht- oder mehreckigem Querschnitt.

Vorgelege ist eine Welle mit Riemenscheiben oder Zahnrädern zur Erzielung einer bestimmten Drehzahl.

Vorschubgeschwindigkeit ist die Geschwindigkeit in Meter pro Sekunde m/sek, mit welcher das Werkstück gegen das Werkzeug geschoben wird.

Wangen Senkrechte Stützbretter an der Stirnseite eines Tisches oder einer Bank, welche die Funktion der Beine übernehmen.

Weichholz Balsaholz, Linde, Pappel, Fichte, Tanne, Kiefer zählen u. a. zu den Weichhölzern (s. auch Hartholz).

Welle Rundholz oder Rundstange aus Eisen oder Stahl, die durch Antrieb in eine Drehbewegung versetzt wird.

Wund s. gewundene Säulen

Wurzelbürste Eine Bürste, die aus besonders harten Natur- oder Kunststoffborsten besteht.

Zahnkranz wird durch die Zähne des Sägeblattes gebildet.

Zentrieren Man zentriert ein Kantel, indem man auf der Stirnseite die Diagonalen bildet. Im Schnittpunkt der Diagonalen liegt das Zentrum. Bei kreisförmigen Flächen liegt das Zentrum im Schnittpunkt der Mittelsenkrechten der Sehnen.

Zierbinder Dekorativer Aufbau bei Giebeldächern und Vordächern durch Verzierung von Bügen, Säulen, Streben, Sparren-, Balken- und Pfettenköpfen.

Literatur

ANGST, EMIL Das deutsche Möbel, Augsburg 1950

APPUHN, HORST Beiträge zur Geschichte des Herrschersitzes im Mittelalter, I. Teil: Gedrechselte Sitze, Sonderdruck aus: Aachener Kunstblätter, Aachen 1980

BAUER, MARGRIT-MÄRKER – PETER-OHM, ANNALIESE Europäische Möbel, Frankfurt/Main 1981

BAUR-HEINHOLD, MARGARETE Alte Bauernstuben, München 1980

BENKER, GERTRUD Altes bäuerliches Holzgerät, München 1979

BRAMWELL, MARTYN The International Book of Wood, London 1976

BURCHARTZ, MAX Gestaltungslehre, München 1950

CLARET, JOSÉ Mueblos de Estilo Inglés, Barcelona 1967

CLARET, JOSÉ Mueblos de Estilo Francés, Barcelona 1971

CLARET, JOSÉ – MARQUÉS DE LOZOYA Mueblos de Estilo Español, Barcelona 1968

DEININGER, JOH. W. Das Bauernhaus in Tirol und Vorarlberg, München 1979

DENEKE, BERNWARD Bauernmöbel, München 1969

DENEKE, BERNWARD Volkskunst, München 1979

DIETRICH, GERHARD Möbel, Köln 1981

DREXELIO, CHRISTIANE Kurtzer Unterricht von der Drehkunst, Regensburg 1730

FALKE, OTTO VON Deutsche Möbel vom Mittelalter bis zum Anfang des 19. Jahrhunderts, Stuttgart 1924

GEBHARD, TORSTEN Oberbayerische Bauernmöbel, München 1982

GEISSLER, I.G. Der Drechsler, Bd. 1–5, Leipzig 1796

GRAEF, A. – GRAEF, M. Musterblätter moderner Drechslerarbeiten, Weimar 1889

HANSEN, HANS JÜRGEN Meisterwerke handwerklicher Kunst aus fünf Jahrh., Oldenburg 1970

HEINEMEYER, ELFRIEDE – OTTENJANN, HELMUT Alte Bauernmöbel aus dem nordwestlichen Niedersachsen, Leer 1978

HOLM, EDITH Stühle, München 1978

KLATT, ERICH Die Konstruktion alter Möbel, Stuttgart 1973

KRAUTH, TH. – MEYER, F.S. Das Zimmermannsbuch, Leipzig 1899

KREISEL, HEINRICH Die Kunst des deutschen Möbels, Bd. 1–3, München 1968

MANNES, WILLIBALD Technik des Treppenbaus, Stuttgart 1979

PLUMIER, CHARLES L'Art Tourner, Die Kunst zu drechseln, Leipzig 1776
RITZ, GISLIND M. Alte geschnitzte Bauernmöbel, München 1974
RITZ, JOSEF M. – RITZ, GISLIND Alte bemalte Bauernmöbel, München 1971
RODEKAMP, VOLKER Das Drechslerhandwerk in Ostwestfalen, Münster 1981
SAUERACKER, J.E. HERMANN Die Sammlung der Nürnberger Kunstdrechslerarbeiten, Nürnberg 1908
SCHLEE, ERNST Die Volkskunst in Deutschland, München 1978
SCHMITZ, HERMANN Das Möbelwerk, Tübingen o.J.
SENNER, ADOLF Fachkunde für Schreiner, Wuppertal 1977
SPANNAGEL, FRITZ Das Drechslerwerk, Ravensburg 1948
STEINERT, HEGEWALD Der Drechsler, Leipzig 1981
STEVENSON, VICTOR Die Musik, London 1979
WARTENWEILER, ALBERT Drechseln, Köln 1976
WILHELM, FRANZ Drechseln für jedermann, Stuttgart 1972

Fachzeitschriften

Holz und Elfenbein Deutsche Drechslerzeitung, Düsseldorf, Jg. 1979–1982
Führer durch die Gewerbeschau der Drechsler- und Metalldrücker-Innung, Nürnberg 1921
Jahresbericht der Drechsler- und Metalldrücker-Innung, Nürnberg 1921
Nürnberger Schau, Nürnberg 1910

Register

Abstechstahl 174
Amulett 49
Anschlagwinkel 175
Anschlußwerte 166
Apfelschälmaschine 49
Ausdrehhaken 174
Außentreppen 84

Baluster 46, 85
Balusterbalkons 86–91
Bandsäge 168
Becher 34, 40
Befestigungsvorrichtung 172
Beizen 179
Betten 136–139
Bilderrahmen 44
Bindeknüppel 59
Blockflöten 68
Bohrfutter 171
Bohrmaschine 167
Buche 178
Büchsen 34, 40
Bürsten 179
Butterform 59

Dosen 34–43
Drechselfräsmaschine 188
Drehen 188
Dreibackenfutter 182
Dreizack 182
Dudelsack 69

Eiche 176
Eierbecher 61
Einschlagfutter 182

Färben 179
Federkielhalter 44
Fichte 176

Fiedelbohrer (Feuerquirl) 7
Flachshechel 63
Flaschen 27
Flügel 70
Fußdrehbank 7

Garderoben 103
Gehörschutz 164
Geländerstäbe 92–95
Gestell 172
Gewinde 83
Gewürzmühlen 52
Grundausstattung 165
Grundformen 158

Haspel 67
Himmelbetten 136–139
Hirtenpeitschen 58
Holzarten 89

Kabinettschränke 152
Kaffeemühlen 52
Kannen 26
Karnies 158
Kehle 158
Kelch 34
Kerbe 158
Kiefer 176
Kirschbaum 178
Klöppelkissen 50
Körnerspitze 183
Kopierwerk 188
Kreisel 48, 72, 73
Kreissäge 168

Lärche 176
Lampen, Leuchten 13
Lebkuchenmodel 48
Leuchter 18

Leuchtertische 104
Lünette 188

Magazinbeschickung 188
Mangelbretter 57
Meißel 174
Melkschemel 58
Mikroskop 82
Mitnehmer 182
Mörser 81

Nähstockhalter 50
Notenständer 45
Nußknacker 48

Oboe 68

Perlenketten 47
Pfeffermühlen 52
Pfeifenträger 46
Planscheibe 183
Plattenstahl 174
Puppenhaus 75
Puppenwagen 74
Puppenwiege 74

Reitstock 172
Rüster 178
Rundstab 158

Säulen 96
Salzstreuer, Salzmetze 61
Sandeln 179
Schablonen 187
Schablonendreheinrichtungen 188
Schachfiguren 90
Schärfmaschine 167
Schalen 26, 29, 32, 33
Schalmei 68
Schleifen 179
Schränke 142–151
Schrauben- oder Scheibenfutter 183
Schrupp- oder Schroppröhre 172
Schubladenknöpfe 154

Schüsseln 30
Schweifsägeblätter 168
Serviettenringe 60
Sitzmöbel 120–135
Spindelstock 172
Spinnräder 64–67
Spinnrocken 62
Spitzstab 158
Sprossen 156
Spundfutter 182
Stethoskop 82
Stichsäge 167

Taster 175
Teller 28
Tellerhalter 60
Tintenfaß 44
Tische 106–119
Treppen 92
Truhen 140

Uhren 56, 80, 81
Ulme 178

Verleimen 182
Viertelkehle 158
Viertelstab 158
Vierzack 182

Waage 83
Wachsen 179
Wäschepressen 54
Wäschetrockner 56
Wässern 179
Werkzeug 78, 79
Werkzeugablage 172
Wetzsteinkumpfe 59
Wiegen 98
Winkel 175
Wippdrehbank 7

Zirbe, -lkiefer 176
Zirkel 175
Zwirn- und Nadelständer 51

Standortnachweis

Aichach, Heimathaus 290
Alt-Uppsala, Schweden, Kirche 351
Altena/Westf., Museum der Grafschaft Mark 355, 356
Ambras, Schloß 258
Amsterdam, Rijksmuseum 359
Appenzell, Sammlung Bruno Bischofberger 98
Aschhausen/Kr. Künzelsau, Schloß 385
Augsburg, Städtische Kunstsammlungen 441
Bad Wiessee, Franz Lenbach 66
Bad Wiessee, Drechslerei Max Saurle 216
Bamberg, Klaus Bayer 461
Bamberg, Sammlung Lothar Schmid 263, 264, 265

Basel, Historisches Museum 208, 419, 422, 429
Basel, Schweizerisches Pharmazie-Historisches Museum 236
Baumkirchen, Bauernhaus 259
Berlin/DDR, Kunstgewerbemuseum, Schloß Köpenick 145, 308, 329, 338, 370, 424, 425, 426
Berlin, Schloß Charlottenburg 307, 388, 389
Berlin, Stadtschloß 288
Beuren, Hildegard Joos 70
Bozen, Apotheke zur Madonna 283
Bozen, Stadtmuseum 154
Bratislava (Preßburg), CSSR, Pharmazeutisches Museum 285

Braunschweig, Herzog Anton Ulrich-Museum 440
Budapest, Ethnographisches Museum 291
Bulle/Kanton Freiburg, Schweiz, Musée gruérien 287, 384
Bygdøy-Oslo, Norwegisches Volkskunstmuseum 251
Celle, Bomann-Museum 160, 185
Chur, Rätisches Museum 125, 238
Cloppenburg, Museumsdorf 411, 434
Coburg, Kunstsammlungen der Veste 74, 127, 176, 247, 248, 341, 346, 437, 438
Dettingen, Mirjam Beck 100
Dettingen, Drechslerei Werner Beck 67, 68, 72, 99, 105, 106
Dinkelscherben, Rudolf Schönknecht 45, 462
Dresden, Museum für Kunsthandwerk, Schloß Pillnitz 330
Dürnbach, Drechslerei Peter Saurle 8, 11, 12, 14, 16, 17, 18, 19, 24, 41, 42, 44, 46, 61, 279
Eichenzell, Schloß Fasanerie 297
Feuchtwangen, Heimatmuseum 418
Flensburg, Städtisches Museum 340, 350, 387
Frankfurt/M., Museum für Kunstgewerbe 331, 332, 342, 347, 349, 421, 427, 430, 432
Friedberg, Heimatmuseum 406
Glauchau, Museum 164
Gmund, Zimmerei Anton Bammer 252, 275
Hamburg, Altonaer Museum 148, 150, 163, 173, 183, 392
Hamburg, Jenischhaus 386
Hamburg, Kunsthaus Huelsmann 365
Hamburg, Museum für Kunst und Gewerbe 337, 368, 369, 374, 378, 423
Hannover, Historisches Museum am Hohen Ufer 149, 402
Hannover, Kestner Museum 379
Heidelberg, Deutsches Apotheken-Museum 108
Helsinki, Nationalmuseum 179
Hersbruck, Deutsches Hirtenmuseum 3, 152
Holzkirchen, Familie Köhler 296
Husaby, Schweden, Kirche 353
Illerbeuren, Bauernhofmuseum 404
Innsbruck, Tiroler Volkskunstmuseum 27, 28, 29, 30, 31, 32, 37, 39, 52, 55, 73, 75, 77, 78, 79, 80, 118, 126, 128, 130, 131, 132, 133, 135, 136, 146, 155, 171, 178, 180, 181, 182, 205, 206, 225, 226, 228, 229, 231, 232, 240, 345, 403, 412, 475
Innsbruck, Otto Vogth 159, 201
Isenhagen, Kloster 352, 360, 361
Jestetten, Gerhart Rieber 220
Karlsruhe, Badisches Landesmuseum 311, 324, 327, 409
Klatovy (Klattau), CSSR, ehem. Jesuiten-Apotheke 282
Köln, Einhorn-Apotheke 103
Köln, Kunstgewerbemuseum 144, 335, 336
Köln, Stadtmuseum 354
Kolsass, Bauernhaus 256
Kopenhagen, Freilichtmuseum Lyngby 417
Lindau, Auktionshaus Michael Zeller 298, 326, 397, 420, 435

Lohr, Drechslerei Leo Nätscher 284, 286
London, Courtauld Institute of Art 442
London, Victoria and Albert Museum 339, 357, 362, 364, 366, 377, 390, 410
Lübeck, Museum für Kunst und Kulturgeschichte 391
Lüneburg, Museumsverein für das Fürstentum Lüneburg 50
Marburg, Universitätsmuseum 186, 249
Meschede, Gregor Kallabis 292
Miesbach, Lebzelter 121, 122
Miesbach, Drechslerei Hans Ransberger 54, 59, 62, 200
Miesbach, Familie Schachenmeier 51, 109
Miesbach, Drechslerei Benno Schieder 13, 76, 84, 85, 95, 123, 124, 134, 165, 204, 209, 210, 211, 299
Miesbach, Staatliche Berufsschule 243
Moers, Familie Dr. H. Schmitz-Habben 375
München, Bayerisches Nationalmuseum 293, 294, 317, 401, 428
München, Deutsches Museum 177, 187, 188, 189, 190, 191, 192, 193, 194, 195, 196, 197, 230, 241, 242, 244, 465, 467
München, Musikhaus Hieber 113
München, Fa. Killinger 466, 468, 469, 505, 508
München, Auktionshaus H. Ruef 382
München, Drechslerei Peter Seiler 47, 48, 443, 444, 449
Nürnberg, Drechslerinnung 217
Nürnberg, Germanisches Nationalmuseum 38, 174, 175, 348, 381, 416
Nürnberg, Fa. Hempel 506, 507, 509
Nürnberg, Familie Saueracker 214, 218, 219, 221, 222, 223
Nürnberg, Johann Wild 207, 213
Nürnberg, Drechslerei Leonhard Wild 63, 92, 93, 111, 161, 212, 227, 237
Oldenburg, Landesmuseum für Kunst und Kulturgeschichte, Schloß 151, 333, 334
Osterhofen, Familie Schaupner 104, 239
Paris, Musée des Arts Décoratifs 358, 367
Potsdam-Sanssouci, Schloß Charlottenhof 344
Regensburg, Städtisches Museum 289, 436
Reutlingen, Drechslerei Karl Pfänder 69, 71, 102
Reutlingen, Karl-Heinz Pfänder 101
Rottach-Egern, Zimmerei Klaus Erlacher 252, 276
Rottach-Egern, Einrichtungshaus Rohrbach-Hugenberg 21, 140
Rottach-Egern, Gretel Schultes 115
Rottach-Egern, Zimmerei Johann Strohschneider 115, 252, 254, 278, 281
Ruhpolding, Bartholomäus-Schmucker-Heimathaus 405
Ruhpolding, Menzel Werkstätten 23, 112
Schliersee-Neuhaus, Erwin Born 9, 10, 25, 40, 43, 49, 56, 57, 114, 116, 120, 167, 168, 202, 203, 254, 295, 300, 301, 321, 322, 393, 400, 413, 460
Schliersee-Neuhaus, Familie Schram 172
Schliersee-Neuhaus, Thomas Schram 246
Seiffen, Erzgebirgisches Spielzeugmuseum 119
Speyer, Museum der Pfalz 433

St. Quirin, Der Kunstladen 20, 22, 26, 35
St. Ulrich, Grödner Heimatmuseum 199
Starnberg, Alpenland Kunstwerkstätten 215
Starnberg, Städtisches Museum 129
Tegernsee, Drechslerei Hans Strecker jun. 90, 117, 162, 166
Tegernsee, Drechslerei Hans Strecker sen. 91, 110, 224
Tegernsee, Drechslerei Rolf Strecker 15, 33, 34, 36, 58, 60, 64, 65, 81, 82, 83, 86, 87, 88, 89, 91, 94, 170, 245, 272, 277, 280, 446, 447, 451, 457, 459
Tittmoning, Heimathaus des Rupertiwinkels 53, 169, 414
Trossingen, Selva-Technik 233, 445, 448, 450
Ulm, Museum der Stadt Ulm 408
Urach, Ursula Meyer 96, 97, 198

Weer, Bauernhaus 261
Weerberg, Bauernhaus 260, 267, 268, 269
Weikersheim, Schloßmuseum 302, 303, 304, 305, 306, 309, 310, 312, 313, 314, 315, 316, 318, 319, 320, 323, 325, 363, 371, 372, 373, 380, 383, 439
Weilburg, Schloß 328
Weiler, Heimatmuseum 153
Wetzlar, Haupt-Apotheke 107
Wien, Österreichisches Museum für angewandte Kunst 396, 398, 399
Wien, Österreichisches Museum für Volkskunde 415
Würzburg, Mainfränkisches Museum 431
Wuppertal, Uhrenmuseum 234, 235
Zürich, Museum der Zeitmessung Beyer 147
Zürich, Schweizerisches Landesmuseum 407

Bildnachweis

Altena/Westf., Günther Haunschild 355, 356
Amsterdam, Rijksmuseum 359
Augsburg, Städtische Kunstsammlungen 441
Bad Homburg v. d. H., Verwaltung der Schlösser und Museen 328
Bad Wiessee, Horst Dubotzky 277, 451
Badendorf, Herbert Jäger 391
Bamberg, Klaus Bayer 461
Bamberg, Foto-Limmer 250
Basel, Historisches Museum 208, 419, 422, 429
Berlin, Jörg P. Anders 307, 388, 389
Berlin, Archiv für Kunst und Geschichte 288
Berlin/DDR, Kunstgewerbemuseum, Schloß Köpenick 338
Berlin, Staatliche Museen zu Berlin/DDR 145, 308, 329, 370, 424, 425, 426
Braunschweig, Herzog Anton Ulrich-Museum 440
Bulle/Schweiz, Musée gruérien 287
Celle, Bomann-Museum 160, 185
Chur, Rätisches Museum 125, 238
Cloppenburg, Museumsdorf 411, 434
Coburg, Kunstsammlungen der Veste 74, 127, 176, 247, 248, 341, 346, 437, 438
Dettingen, Werner Beck 67, 68, 72, 96, 97, 99, 100, 105, 106, 198
Dresden, Deutsche Fotothek 119, 164, 330, 344
Flensburg, Städtisches Museum 340, 350, 387
Frankfurt/M., Museum für Kunsthandwerk 331, 332, 342, 347, 349, 421, 427, 430, 432
Freilassing, Josef Wegner 53, 169
Friedberg, Gerhard Mayer 406
Hamburg, Altonaer Museum 148, 150, 163, 173, 183, 386, 392
Hamburg, Fotowerkstätten Kleinhempel 365
Hamburg, Museum für Kunst und Gewerbe 337, 368, 369, 374, 378, 423
Hanau, Karl Klöckner 251, 253
Hannover, Kestner Museum 379
Helsinki, Nationalmuseum 179
Hersbruck, Deutsches Hirtenmuseum 3
Innsbruck, Tiroler Volkskunstmuseum 27, 28, 29, 30, 31, 32, 37, 39, 52, 55, 73, 75, 77, 78, 79, 80, 118, 126, 128, 130, 131, 132, 133, 135, 136, 155, 171, 178, 180, 181, 182, 205, 206, 225, 226, 228, 229, 231, 232, 240, 345, 403, 412, 475
Innsbruck, Otto Vogth 146, 159, 201, 255, 256, 257, 258, 259, 260, 261, 267, 268, 269
Jestetten, Gerhart Rieber 220
Karlsruhe, Badisches Landesmuseum 311, 324, 327, 409
Karlsruhe, Landesgewerbeamt Baden-Württemberg 102
Kilchberg-Zürich, H. R. Bramaz 147
Köln, Rheinisches Bildarchiv 144, 335, 336, 354
Kronberg/Taunus, Kurhessische Hausstiftung 297
Lindau, Auktionshaus Michael Zeller 298, 326, 397, 420, 435
Lohr, Leo Nätscher 284, 286, 502
London, Courtauld Institute of Art 442
London, Victoria and Albert Museum 339, 357, 362, 364, 366, 377, 390, 410
Lüneburg, Horst Appuhn 351, 352, 353, 360, 361
Lüneburg, Pressefoto Makovec 50
Marburg, Bildarchiv Foto Marburg 186, 249
Meschede, Gregor Kallabis 292
Miesbach, Michael Hörmann 20, 22, 26, 35, 63, 64, 65, 92, 93, 111, 113, 114, 115, 161, 207, 213, 214, 217, 218, 219, 221, 222, 223, 227, 237, 262, 263, 264, 265, 266, 492, 493, 494, 495, 496, 497, 498, 499, 500, 501
München, Helmuth Baur 156, 158, 394
München, Bayerisches Nationalmuseum 293, 294, 317, 401, 428
München, Elisabeth Bernrieder 137, 138, 139, 141, 142, 143
München, Deutsches Museum 1, 2, 4, 5, 6, 177, 187, 188, 189, 190, 191, 192, 193, 194, 195, 196, 197, 230, 241, 242, 244, 453, 465, 467, 474, 480
München, Gert von Hassel 129
München, Fa. Killinger 466, 468, 469, 470, 471, 472, 473, 481, 486, 487, 488, 489, 490, 491, 503, 505, 508
München, Monika Miller 405, 414

München, Auktionshaus H. Ruef 382
München, Martin Weilhart 9, 10, 11, 13, 15, 16, 18, 19, 25, 33, 34, 36, 41, 42, 43, 44, 46, 47, 48, 51, 54, 56, 57, 58, 59, 60, 61, 62, 76, 81, 82, 83, 84, 85, 86, 87, 88, 89, 90, 91, 94, 95, 110, 116, 117, 120, 121, 122, 123, 124, 134, 165, 166, 167, 170, 200, 202, 203, 204, 209, 210, 211, 224, 252, 254, 272, 275, 276, 278, 280, 281, 295, 296, 299, 300, 301, 321, 322, 323, 400, 443, 444, 446, 447, 449, 476, 477, 478, 510
Nürnberg, Germanisches Nationalmuseum 38, 174, 175, 381
Nürnberg, Walter Hempel 506, 507, 509
Oldenburg, Landesmuseum-Schloß 151, 333, 334
Ortisei/Italien, Sevi 212
Paris, Musée des Arts Décoratifs 358, 367
Regensburg, Städtisches Museum 289, 436
Reutlingen, Christel Danzer 69, 71
Reutlingen, Karl Pfänder 70, 101
Ruhpolding, Menzel Werkstätten 23, 112
Schliersee-Neuhaus, Erwin Born 14, 17, 21, 24, 140, 184, 279, 375, 376, 395
Schliersee-Neuhaus, Wiltrud Schauper 8, 12, 40, 49, 66, 104, 109, 157, 162, 168, 172, 216, 239, 243, 245, 393, 413
Schliersee-Neuhaus, Thomas Schram 246

Schöntal-Aschhausen, Gräfin v. Zeppelin 343, 385
Sonthofen, Lala Aufsberg 153
Speyer, Historisches Museum der Pfalz 433
St. Ulrich, Grödner Heimatmuseum 199
Starnberg, Alpenland Kunstwerkstätten 215
Stuttgart, Deutsche Verlagsanstalt, mit freundlicher Genehmigung aus: Willibald Mannes, Technik des Treppenbaus, Stuttgart 1979 270, 271, 273, 274
Stuttgart, Helga Schmidt-Glassner 103, 107, 108, 149, 154, 236, 282, 283, 285, 290, 291, 348, 384, 402, 404, 415, 416, 417, 418
Teufenthal/Schweiz, Fa. Inca 479, 504
Thannhausen, Foto-Studio Gisela 45
Trossingen, Selva-Technik 233, 445, 448, 450
Ulm, Hans Siegel 408
Vorra a. d. Pegnitz, S. Reinfart 152
Weikersheim, Manfred Schuler 302, 303, 304, 305, 306, 309, 310, 312, 313, 314, 315, 316, 318, 319, 320, 325, 363, 371, 372, 373, 380, 383, 439
Wien, Nabutt-Lieven 396
Wien, Ingrid Schindler 398, 399
Würzburg, Lichtbild Alfred Burkholz 431
Wuppertal, Europa Verlag 482
Wuppertal, Uhrenmuseum 234, 235
Zürich, Fotostudio Roland Reiter 98
Zürich, Schweizerisches Landesmuseum 407

Drechseln macht Spaß

Drechseln – ein uraltes Handwerk, das heute unter Laien und Hobbyisten immer mehr Freunde gewinnt. Kunsthandwerkliches Gestalten mit den Händen: das intensive, sinnliche Erlebnis von Konzentration und Entspannung.

Vielleicht ist es der Kontrast zu unserem hektischen Leben, der das schöpferische Arbeiten mit Holz und Drehbank so attraktiv macht. Aber Drechselbank ist nicht gleich Drechselbank. Bitte vergleichen Sie selbst.

eine Maschine — 4 Möglichkeiten

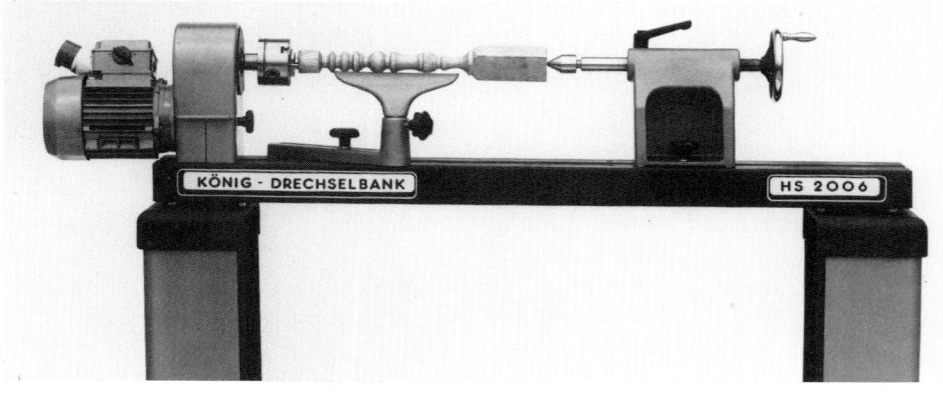

❶ Antrieb normal montiert zum Drechseln langer Teile bis 150 cm Länge

❷ Antrieb geschwenkt montiert zum Drechseln großer Scheiben bis 70 cm Durchmesser

❸ Kopieren — die Kontour des Musterstückes wird gleichmäßig auf das Werkstück übertragen — alle Stücke werden gleich.

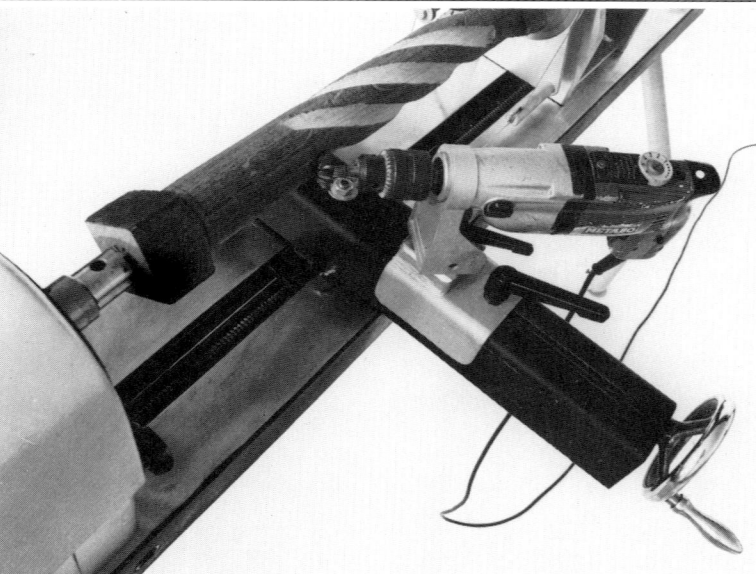

❹ Kannelieren — es entstehen Wendel-Kannülen unterschiedlicher Art. Kreative Möglichkeiten führen zu den herrlichsten Formen.

König - Drechselbank HS 2006
variabel · solide · sicher · bis ins Detail durchdacht.

die Einzige mit schwenkbarem Antrieb

König-Drechselbank · Eisenbahnstraße 3 · 4410 Warendorf-Freckenhorst · Telefon 02581/44360

Holz-Dreh-, Bohr-, Fräs- und Schleifautomaten

für die rationelle Herstellung von runden, ovalen, kantigen Möbelfüßen, Sprossen, Schubladenknöpfen, Werkzeuggriffen, Pinselstielen, Textilspulen, Schachfiguren, Querholzteilen etc.

KANTELDREHAUTOMAT VKG mit Magazin

Drehen, Bohren und Abstechen von kleinen Artikeln bis 64 mm lang und 64 mm ⌀ vom langen Stab, vollautomatisch

WALTER HEMPEL GmbH & Co. KG
Maschinenfabrik · Erlenstraße 36 · D-8500 Nürnberg 70
Telefon (0911) 41951 · Telex 622866

KILLINGER Holzdrechselbänke
die Richtigen für Einsteiger und Könner!

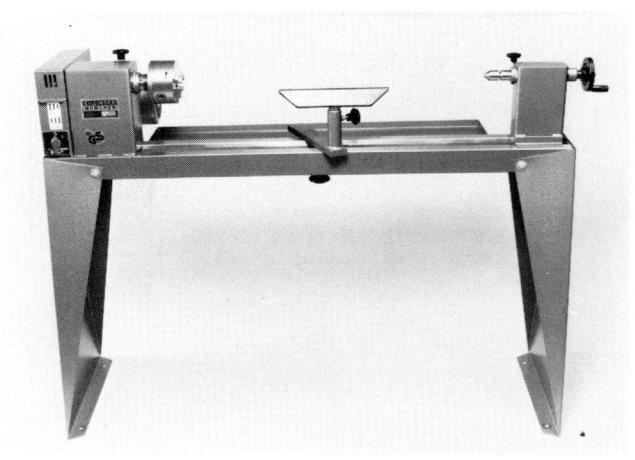

Unsere Neuheiten:
Drechselmaschine KM 2000 S
Kopierdrehmaschine KM 5000 S

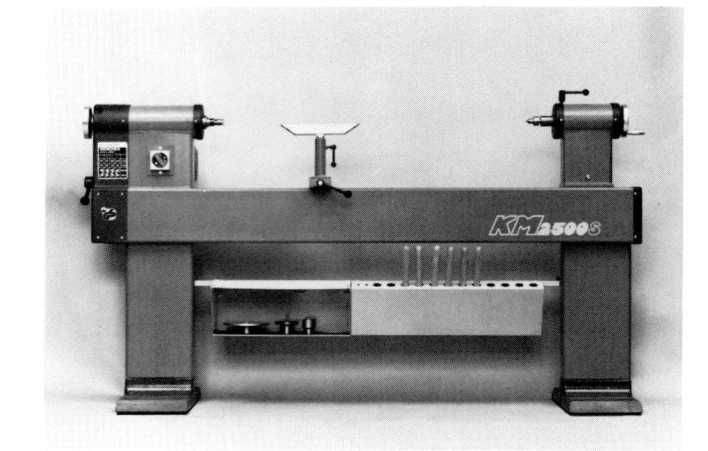

KM 1000 – die preisgünstige, stabile Drechselbank.
Spitzenhöhe 200 mm   Spitzenweite 900 mm

KM 2500 S – die schwere, leistungsstarke Holzdrehbank.
Spitzenhöhe 250 mm   Spitzenweite 1000–1500 mm

Für unsere Maschinen haben wir auch die richtigen Längs- und Querkopiereinrichtungen.

Fordern Sie ausführliche Prospekte an:

Killinger GmbH · 8000 München 21 · Lautensackstr. 2b · Tel. (089) 572001

…weil beim Möbelbau die Bastelei aufhört:

INCA®

Schweizer Präzisionsgeräte für ein perfektes Ergebnis!

INCA® Bandsäge

Robuste Bauart, exakte Arbeitsqualität. Bearbeitet Holz, NE-Metalle, Kunststoff. Mikrofein einstellbare Bandführung, kugelgelagert. **2 Jahre Garantie!** Durchlaßbreite 505 mm. Schnitthöhe 203 mm. Arbeitstisch 520/520 mm, schrägstellbar bis 450. Längs- und Tiefenanschlag! 3 Geschwindigkeiten. Gewicht 60 kg. Sonderzubehör für Modellbau: Feinschnittblätter, Gehrungslineal mit Skala.

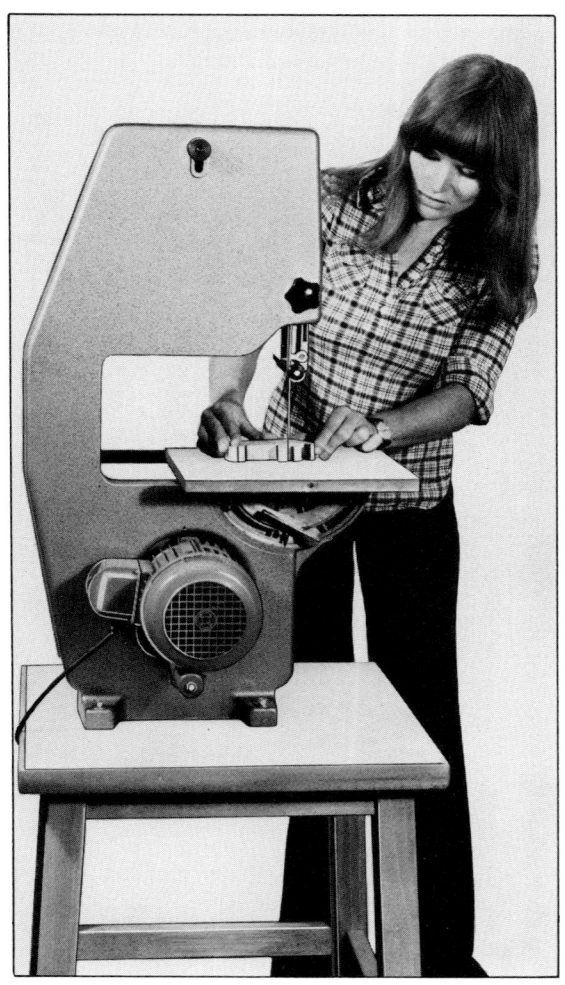

INCA® Holzdrehbank

Industriepräzision, unübertroffen in Bauart, Handhabung und Ergebnis. Mit Kopieranlage! Damit wird eine Drehbank erst perfekt. Reiches günstiges Zubehör-Programm.

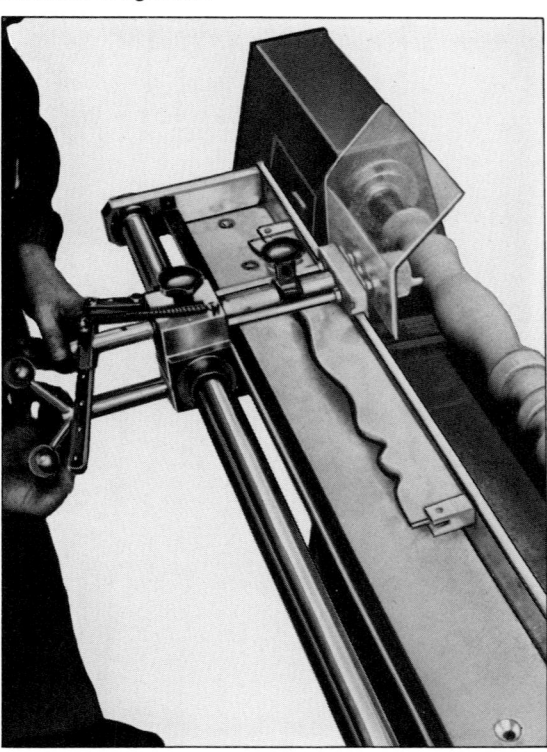

Alle INCA-Maschinen sind aus Aluminium-Druckguß: Absolut rostfrei und durch selbstschmierende, staubgeschützte Lager wartungsfrei. 2 Jahre Garantie auf jede Maschine!

INCA® Feinschnitt-kreissäge Universal Compact

Damit wird Möbel bauen perfekt: Exakt sägen, nuten, zapfenschneiden, zinken, kehlen, langlochbohren und schleifen – kein Problem. Das Gerät ist handlich kompakt und braucht wenig Platz. Wichtiges Sonderzubehör: Langlochbohrapparat.

…wer das Perfekte sucht schreibt an **INCA**®

Inca Maschinen- und Apparate GmbH
Postfach 1307, D-7640 Kehl 1

Inca Injecta AG, Postfach, CH-5723 Teufenthal

Inca Maschinen, Helmut Huemer
A-4792 Münzkirchen

Callwey

Bücher über Bauernmöbel

Torsten Gebhard
Oberbayerische Bauernmöbel
212 Seiten mit 265 einfarbigen und
26 vierfarbigen Abbildungen.
Linson DM 88,–

Das Buch bietet einen detaillierten Überblick und neue Erkenntnisse über ein Teilgebiet der Bauernmöbelforschung: den Raum Oberbayern. Der Autor betrachtet Bauernmöbel nicht isoliert, sondern stellt sie als einen wichtigen Teilaspekt des altbayrischen Schreinerhandwerks heraus. Dabei wird die Geschichte lokaler Werkstätten immer wieder herangezogen.

Gislind M. Ritz
Alte bemalte Bauernmöbel (II)
Europa
3. erweiterte und durchgesehene Auflage.
238 Seiten mit 272 einfarbigen und
84 vierfarbigen Abbildungen.
Linson DM 79,–

Das Buch umfaßt das gesamte europäische Verbreitungsgebiet des bemalten bäuerlichen und ländlichen Möbels weit über die Alpenländer hinaus. Bedingungen, Geschichte und Erscheinung des bemalten Möbels und seiner Umwelt werden analysiert und interpretiert.

Siegfried Seidl
Niederbayrische Bauernmöbel
zwischen Isar und Inn, im Rott- und Vilstal
148 Seiten mit 183 einfarbigen und
28 vierfarbigen Abbildungen sowie 1 Karte.
Linson DM 58,–

Niederbayern wurde in der Möbelforschung bisher wenig beachtet. Der Verfasser brachte unbekannte, unpublizierte Objekte zutage, in Privatbesitz, bei Sammlern und in Heimatmuseen. Düstere Farbigkeit wechselt mit leuchtendem Glanz, Heiligen und Blumen. Häuser und Landschaften erscheinen in vorzüglichen Abbildungen.

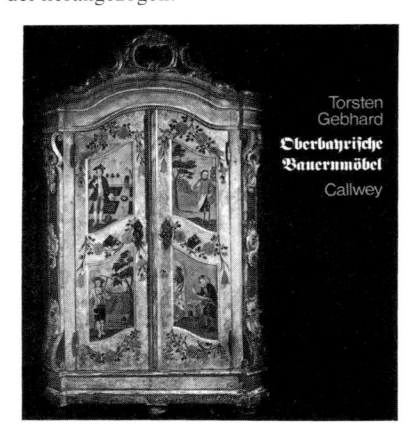

Gislind M. Ritz
Alte geschnitzte Bauernmöbel
Aufnahmen von Helga Schmidt-Glassner.
3. Auflage. 212 Seiten mit 351 einfarbigen Abbildungen und 18 Farbtafeln sowie vielen Strichornamenten. Linson DM 79,–

Die Vielfalt der Schmuckmöglichkeiten und die Schilderung der einzelnen Möbellandschaften in ihrer Eigenart sind die zwei großen Themenkreise dieses Buches. Ein Vergleich zwischen den deutschsprachigen und benachbarten europäischen Kulturlandschaften wird kurz angeschnitten.

Gislind und Josef M. Ritz
Alte bemalte Bauernmöbel (I)
*Geschichte und Erscheinung –
Technik und Pflege*
9. Auflage. 192 Seiten mit 284 einfarbigen und 70 vierfarbigen Abbildungen.
Leinen DM 79,–

Wissenschaftlich exakt und doch allgemeinverständlich wird die Entwicklungsgeschichte des bemalten bäuerlichen Möbels und seine Herkunft aus der mittelalterlichen Formenwelt dargestellt. Ein Standardwerk, das rundum informiert und kein Detail ausläßt.

Margarete Baur-Heinhold
Alte Bauernstuben
*Dönsen, Küchen, Kammern –
Von den Alpen bis zur See*
2. Auflage. 216 Seiten mit 358 einfarbigen und 26 vierfarbigen Abbildungen sowie vielen Strichzeichnungen. Linson DM 88,–

Das Buch gibt eine umfassende Darstellung der Bauernstuben im deutschsprachigen Gebiet. Neu aufgenommen wurden die Freilichtmuseen. Der Bildteil gibt mit vollendeter Technik die jeder Stube eigene Atmosphäre wieder.

Verlag Callwey München